二战战术手册

U艇、滑翔机和日本坦克战术

［英］格尔顿·威廉森　［英］格尔顿·L.罗特曼　［日］泷泽彰　著
［英］伊恩·帕尔默　［英］彼得·丹尼斯　绘
邢天宁　译

民主与建设出版社
·北京·

© 民主与建设出版社，2025

图书在版编目（CIP）数据

二战战术手册.U艇、滑翔机和日本坦克战术 /（英）格尔顿·威廉森，（英）格尔顿·L.罗特曼，（日）泷泽彰著；（英）伊恩·帕尔默，（英）彼得·丹尼斯绘；邢天宁译. -- 北京：民主与建设出版社，2025.5. -- ISBN 978-7-5139-4900-2
Ⅰ.E83-62
中国国家版本馆CIP数据核字第2025D9E575号

U-boat Tactics in World War II by Gordon Williamson
© Osprey Publishing, 2010
World War II Glider Assault Tactics by Gordon L.Rottman
© Osprey Publishing, 2014
World War II Japanese Tank Tactics by Gordon L.Rottman、Akira Takizawa
© Osprey Publishing, 2008
This translation of *U-boat Tactics in World War II*, *World War II Glider Assault Tactics* and *World War II Japanese Tank Tactics* is published by Chongqing Vertical Culture Communication Co. Ltd. by arrangement with Bloomsbury Publishing Plc.
Chinese simplified translation rights © 2025 Chongqing Vertical Culture Communication Co. Ltd
All rights reserved.

著作权登记合同 图字：01-2025-0768

二战战术手册：U艇、滑翔机和日本坦克战术
ERZHAN ZHANSHU SHOUCE U TING HUAXIANGJI HE RIBEN TANKE ZHANSHU

著　　者	［英］格尔顿·威廉森　［英］格尔顿·L.罗特曼　［日］泷泽彰
绘　　者	［英］伊恩·帕尔默　［英］彼得·丹尼斯
译　　者	邢天宁
责任编辑	彭　现
封面设计	但佳莉
出版发行	民主与建设出版社有限责任公司
电　　话	（010）59417749　59419778
社　　址	北京市朝阳区宏泰东街远洋万和南区伍号公馆4层
邮　　编	100102
印　　刷	重庆长虹印务有限公司
版　　次	2025年5月第1版
印　　次	2025年6月第1次印刷
开　　本	710毫米×1000毫米　1/16
印　　张	19
字　　数	300千字
书　　号	ISBN 978-7-5139-4900-2
定　　价	109.80元

注：如有印、装质量问题，请与出版社联系。

目　录

英制—公制单位换算表 …………………………… I

第一部分
二战德国 U 艇战术 ……………………………… 1

简　介 …………………………………………… 3
船队夜间水面攻击 ……………………………… 5
甲板炮攻击 ……………………………………… 19
单艇任务 ………………………………………… 27
"狼群"攻击 …………………………………… 36
德军海空合作 …………………………………… 45
相关装备 ………………………………………… 49
攻击武器 ………………………………………… 53
防御设备 ………………………………………… 61
防御战术 ………………………………………… 69

第二部分
二战滑翔机突击战术 …………………………… 99

主要缩略语表 …………………………………… 100
简　介 …………………………………………… 102
滑翔机 …………………………………………… 107
滑翔机机型 ……………………………………… 118
牵引机 …………………………………………… 130

滑翔机飞行员……………………………………………136
滑翔机机降部队…………………………………………146
滑翔机作战………………………………………………163
总　　结…………………………………………………179

第三部分
二战日本坦克战术………………………………………209

简　介……………………………………………………211
部队组织…………………………………………………214
条　令……………………………………………………230
战　术……………………………………………………234
战车兵……………………………………………………244
通信和维修………………………………………………249
战　例……………………………………………………256
总　结……………………………………………………280

英制—公制单位换算表

功率

1 马力 ≈735.5 瓦

长度

1 英里 ≈1609 米

1 英尺 ≈0.305 米

1 英寸 ≈0.025 米

1 海里 ≈1852 米

1 码 ≈0.914 米

重量

1 磅 ≈0.454 千克

速度

1 节 ≈1.85 千米 / 时

二战德国 U 艇战术

第一部分

1943年4月,德国海军战地记者韦尼希(Wenig)从指挥塔后部高射炮平台(即"冬季花园")上拍摄的潜艇瞭望员——当时,大西洋之战已达到巅峰。海上波涛起伏,所有瞭望员均身穿油布雨衣。另外值得注意的是,为尽量避免被敌军发现,该艇还收起了2具潜望镜。

简　　介

　　为满足战争需求，德军一直在改进潜艇的设计和生产。最初，德军潜艇的主力是Ⅱ型小型近海潜艇，但在战争的最后几个月，他们已经制造出先进的XXI型和XXIII型潜艇，而且其中一小部分已出海执行任务。在此期间，盟军的反潜战（anti-submarine warfare）效率始终在提升，成为德军潜艇的最大威胁，同时德军也在不断分析和调整战术，试图提高潜艇的有效使用率。

　　潜艇的任务多种多样，包括在近海进行巡逻，在大西洋和更远海域进行单艇游猎，以及在北大西洋组成"狼群"进行协同伏击等。为帮助潜艇指挥官赢得战斗，

德军潜艇部队司令卡尔·邓尼茨海军元帅。他后来成为德国海军总司令，他的小儿子于1943年5月随U-954号潜艇丧生。邓尼茨曾在一战中担任潜艇军官，并积累了丰富的战斗经验——也正是因此，他相当关心艇员福利，并注重改进潜艇战术。（德国潜艇博物馆供图）

ⅦC型潜艇U-458号的艇长库尔特·迪金斯（Kurt Diggins）海军上尉正在使用观察潜望镜（又名"对空潜望镜"）。这张照片拍摄于指挥舱内，舱内空间相对宽敞，一共安装有2具潜望镜，其中观察潜望镜尺寸较大，主要用于观察地平线和天空。该潜望镜不仅可以搜寻战舰和敌机，还能用于确定方位。U-458号在1943年8月沉没，但库尔特·迪金斯幸免于难，并活到了战争结束。（德国潜艇博物馆供图）

德军制定过许多战术。德国海军最高司令部（Oberkommando der Kriegsmarine）甚至编写过一本《潜艇指挥官手册》，试图分享最成功的艇长的实战心得。

虽然我们如今知道，英军在1941年8月左右破译了德军潜艇与潜艇部队司令部（即卡尔·邓尼茨将军的指挥部）的"恩尼格玛"（Enigma）加密无线电通信，但德军对此一无所知，这对潜艇部队的行动影响极大。这意味着，英军破译机构——"布莱切利园"（Bletchley Park）——能不断截获和破译无线电信号，并将其作为"超级机密"情报提供给部队。这样一来，盟军就可以调整船队航线，避开德军拦截，甚至还能部署舰艇在远海设伏，攻击德军补给船与潜艇的汇合点。然而，若是盟军未能截获和解密德军的无线电信号，而德军潜艇又能有效运用必要战术，就能给航运造成灾难性损失，并给欧洲战场的命脉——北大西洋航线——以沉重打击。

船队夜间水面攻击

这种攻击模式由奥托·克雷齐默尔（Otto Kretschmer）少校首创。作为二战德军头号潜艇王牌艇长，克雷齐默尔在战争初期就已经发现——潜艇在夜间从水面发起对船队的攻击更为有效。

这种战术之所以能成功，首先是因为潜艇轮廓低矮，指挥塔尺寸极小，很难被商船或军舰的瞭望哨发现。其次，潜艇的水面航速比水下航速更快（潜艇在水面使用柴油发动机，在水下则使用电动机，以Ⅶ型潜艇为例，其水面最高航速和航程分别为 17 节和 8100 海里，而水下航速和航程则分别为 7.3 节和 69 海里），能够超过商船船队和部分小型护航舰艇，而且不会被护航舰艇的"反潜探测设备"（Asdic，即声呐，用于水下声音定位和测距）探测到。

在发动此类进攻前，德军潜艇会预先潜入水下，接近护航船队，并尽量在其侧面略微靠前处就位。如果护航舰艇警戒幕出现缺口，该艇将浮出水面，冲过外围警戒网，并进入船队中心。其理想攻击位置应当与各平行商船纵队呈直角，以便尽量增加目标选择余地。最有价值的攻击对象是大型油轮和弹药船——这些船只一般位于船队中心，因而得到了较好的保护（潜艇很难从水下进入船队中心，而且容易被声呐发现），但这样的保护对防范水面攻击而言却并不理想。

随后，潜艇会在 400 米到 1000 米的距离上发射鱼雷（其引信直到约 300 米外才会解除保险），这也是理想的攻击距离。通常情况下，潜艇将齐射鱼雷，在短时间内攻击多个目标，而非一次攻击一艘船。德军这样做的原因很简单，因为一旦鱼雷爆炸，护航船队就会被惊动，从而令后续攻击变得更加困难和危险。

一般情况下，德军潜艇会用第一枚鱼雷攻击最远的目标。由于这枚鱼雷航行时间最长，因此潜艇将利用剩余时间瞄准后续目标，并按既定顺序发射鱼雷，以便使所有鱼雷都能几乎同时命中目标。例如在 1940 年 8 月 23 日—24 日，埃里希·托普（Erich Topp）上尉曾指挥Ⅱ C 型小型潜艇 U-57 号采取过这种战术，并用艇首鱼雷击沉了 3 艘货轮。①

---

① 译者注：原文如此。不过，有一些资料显示，托普只击沉了 2 艘货轮，第 3 艘——"哈维达尔"号（Havildar）——最终并未沉没。

攻击得手后，德军潜艇将趁乱从水面溜走，并远离护航船队。而盟军护航舰艇很可能认为攻击者位于远方水下，并向怀疑的方向加速驶去。如果潜艇在撤退时没有被盟军发现，它将重新装填鱼雷，以便准备后续行动。如果被盟军发现，潜艇可以在水面高速航行甩开敌人，并以此积累动能，缩短紧急下潜时间（通常需要25—30秒）。但这种战术对有些军舰不起作用，而且风险巨大——一旦耐压艇壳被军舰主炮击中，潜艇将无法下潜，并沦为"俎上鱼肉"。

大西洋潜艇战大事时间表

1939年

1939年9月：战争爆发时，德军拥有潜艇57艘，其中23艘位于西部海域，而且只有25艘是能在大西洋作战的Ⅶ型潜艇。这些潜艇必须从德国北部基地出发，通过两条航线前往任务区域。其中一条航线要经过危机四伏的英吉利海峡，另一条航线是从北海绕过苏格兰北部，然后进入爱尔兰水域和大西洋。与此同时，德国国防军最高统帅部（OKW）也对潜艇战缺乏重视，并将其视为一项次要任务。

1939年10月：U-47号潜艇侵入英国皇家海军斯卡帕湾（Scapa Flow）舰队基地，展现了潜艇单独执行任务的潜力。德军潜艇部队指挥官、海军上校卡尔·邓尼茨也因此晋升为将军。到1939年年底，德军一共击沉了106艘盟国和中立国货船，其中102艘是单独航行的货船。

1940年

1940年年初：英国护航船队系统缓慢成形，由于鱼雷问题，德军潜艇攻击效果不佳。

1940年7月：德国占领法国大西洋港口，德军潜艇出击航程大为缩短，从而极大扩展了它们在大西洋的作战半径和空中支援覆盖范围。

1940年8月：新交战规则出台，德军潜艇可任意攻击英国商船。在这段

"快乐时光"期间，德军在1940年6月至8月击沉的船只总吨位约833740吨，在同年9月至11月击沉的船只总吨位约784400吨。

1940年11月：英军首次使用雷达辅助反潜，但未获成功。德军大部分Ⅱ型小型潜艇撤回波罗的海，并转入训练部队；年底，大西洋上德军潜艇只剩22艘。

在整个1940年，德军共有54艘新潜艇服役，损失了26艘潜艇，共击沉货船492艘（总吨位约237万吨）。

1941年

盟军反潜能力稳步提升，"快乐时光"在1941年春季结束；配备ASV Mk Ⅱ雷达的英国皇家空军飞机开始猎杀在水面航行的德军潜艇。

1941年3月：美英两国签订《租借法案》，英国获得50艘旧驱逐舰，护航力量得到极大增强；从4月开始，随着英国在冰岛建立海军和空军基地，以及美军进驻格陵兰岛，盟军反潜力量在大西洋的覆盖范围扩大，但巨大的"缺口"依旧存在。作为参战前奏，美军开始接管格陵兰岛以西的护航任务，虽然德军潜艇仍被禁止攻击美国船只，但一些零星攻击事件仍时有发生。

1941年5月：英国军舰首次安装改进版271型搜索雷达。"斗牛犬"号驱逐舰登船队完整俘虏了德军潜艇U-110号，并在艇上起获"恩尼格玛"密码机和涉密文件。

1941年7月：英国军舰首次安装高频无线电定位设备，该设备可拦截德军潜艇的无线电信号，并对其进行远距离定位。同年10月，该设备已得到广泛使用。

1941年12月：德国对美国宣战。

在1941年，德军共有202艘新潜艇服役，损失了38艘潜艇。德军潜艇部队宣称击沉了约445艘船只（总吨位约210万吨）。

1942年

1941年12月—1942年7月：在"第二次快乐时光"中，德军潜艇在大西洋击沉的船只总吨位约300万吨。仅1941年2月，德军潜艇就在美国/加拿大水域击沉69艘船只。

1942年6月：英国皇家空军首次使用"利式探照灯"（Leigh Light）在夜间拦截水面潜艇；皇家空军海岸司令部（Coastal Command）不仅拥有"卡塔琳娜"和"桑德兰"等飞艇式水上飞机，还有2个B-24和B-17轰炸机中队。迫于盟军反潜能力不断增强，德军一些潜艇南下前往加勒比海和南大西洋的巴西和非洲海岸，并在当地斩获颇丰。

1942年9月—11月：盟军在大西洋上被击沉的船只总吨位约有510000吨。1942年10月，邓尼茨麾下的潜艇已多达212艘，并且能有70艘同时在海上执勤。但与此同时，英军也有大量新式反潜护卫舰和7艘护航航空母舰服役。

通常情况下，指挥塔的人员数量都会受到严格限制——通常只有艇长或值班军官，外加足以观察各个方向的瞭望人员。命令规定，在水面行动期间，瞭望员绝对不能分心，而且必须始终注视指定区域。（作者收藏）

1942年11月：为支援在法属北非登陆的"火炬"行动，盟军向南方派遣了大量舰船，包括新组建的"支援群"和护航航空母舰；当月盟军被击沉的船只总吨位约有743320吨，达到月度被击沉总量之最。

在1942年，德军共有238艘新潜艇服役，损失了88艘潜艇，击沉货船约1094艘（总吨位约580万吨）。

1943年

由于冬季风暴严重，双方在1943年年初都未开展重大行动。

1943年1月：英国皇家空军海岸司令部订购首批ASV Mk Ⅲ厘米波测距雷达。该雷达较以往型号有重大改进。由于德国海军水面舰队未能切断盟军援助苏联的"北方航线"，希特勒恼羞成怒，将德国海军司令雷德尔撤职，并让邓尼茨取而代之，但雷德尔依旧担任德国潜艇部队司令。

1943年1月—3月：盟军被击沉的船只总吨位约119万吨。

1943年3月：盟军最后一个苦难月份。

1943年3月16日—20日：规模最大的船队攻防战爆发。44艘德军潜艇向HX-229和SC-122护航船队（共91艘船）所在的"交通拥堵"区域接近。最终有19艘潜艇发起攻击，其中13艘命中目标，击沉船只22艘（总吨位约146600吨），德军损失1艘潜艇。

1943年3月底：随着投入"火炬"行动的盟军舰船返回大西洋，盟军反潜部队再次彻底夺回主动权。更多护航舰艇和小型航空母舰也投入作战，并和来自美国、加拿大、冰岛和英国的远程飞机一同填补了大西洋中部的"空中缺口"。盟军还部署了多个单独行动的支援群，它们可以紧急加强护航力量，或在护航编队保护船队期间专职猎杀潜艇。此时盟军舰艇和飞机已大量装备短波厘米雷达，其精度极高，可以有效引导水面舰艇编队，甚至令潜艇难以在夜间进行水面航行。由于德军潜艇大部分时间只能使用电动机潜航，因此航速极为缓慢，这使得它们拦截船队愈发困难。盟军反潜武器和战术也在不断改进，使德军潜艇更容易蒙受损失。德军损失的潜艇数量在1943年3月时为16艘，4月时为15艘，在1943年5月则骤然上升到42艘（总部署数量为112艘）。直到5月24日，邓尼茨命令潜艇暂时撤出北大西洋。

1943年9月：由21艘潜艇组成的"吕滕"艇群（Gruppe "Leuthen"）重返盟军船队航线附近。该艇群配备了雷达探测器、T5声导鱼雷，以及"阿芙罗狄蒂"（Aphrodite）和"博尔德"（Bolde）干扰诱饵。该艇群击沉了6艘货船，还用T5声导鱼雷击沉了4艘护航舰艇，而自身则损失了3艘潜艇。

1943年9月—10月：由21艘潜艇组成的"罗斯巴赫"艇群（Gruppe "Rossbach"）击沉盟军船只2艘，而自身则损失了6艘潜艇，另有4艘潜艇遭重创。

1943年10月：由13艘潜艇组成的"施里芬"艇群（Gruppe "Schliefen"）仅击沉盟军117艘货船中的1艘，而自身则损失了6艘潜艇，迫使邓尼茨再次下令叫停潜艇行动。德军多次攻击行动都被盟军飞机所挫败——德军的雷达探测器只能探测舰载雷达，而对机载厘米波雷达完全无效——在这种情况下，德国潜艇仅能勉强躲藏，根本无法扭转劣势。至于声导鱼雷的表现，也令人失望。

1943年9月—11月：盟军商船每月平均损失吨位仅60000吨——不到1942年数据的10%，而且在下半年，德军潜艇在大西洋的平均存活时间更是下降到平均每艘1.5次巡航。

在整个1943年，德军共有290艘新潜艇服役，损失了245艘潜艇，共击沉盟军货船451艘（总吨位约239万吨，不到1942年的一半）。

在技术领域，双方优势此消彼长，这种情况一直持续到战争结束。在战争末期，德国建造了一些极为先进的潜艇，其中一些潜艇更是取得了不少出色战绩，甚至对战后潜艇设计产生了极大影响。但在1943年5月之后，德军潜艇已对战争进程毫无贡献，反而成了浪费资源的无底洞。同时盟国海军不断发展壮大，其装备愈发精良，战术愈发实用。盟军对德国的战略轰炸严重破坏了德国潜艇建造计划。由于人员损失惨重，很多德军潜艇只能带着仓促训练的乘员出海，并由缺乏经验的军官指挥。盟军在雷达反潜领域长期领先，而德军则未能找到破解之道。在德军中，老资历的潜艇指挥官大多已身亡。协同作战的"狼群"很快成为"过去式"。

1944年1月至3月,盟军共有105支护航船队、约3360艘货船穿越大西洋,其中只有3艘被德军潜艇击沉,而德军则损失了36艘潜艇。1944年1月—6月,德军潜艇每个月的巡逻损失率高达20%到30%,还有很多潜艇因被飞机重创而放弃任务。1944年6月—8月,随着法国大西洋港口相继失守,大西洋潜艇战已临近尾声。

1944年,德军共有230艘潜艇服役,但损失了多达264艘潜艇,幸存的潜艇躲藏在偏远的挪威,或者在德国北部饱受轰炸之苦。在此期间,德军潜艇只击沉了131艘盟军舰船(总吨位约70.2万吨)。

1945年1月至4月,德军共有92艘新潜艇服役,但损失了多达139艘潜艇。5月初德国投降时,德军仍有约50艘潜艇在海上,但大多数艇长一心只想保全性命。

从1935年6月到1945年5月,德军共有1100多艘潜艇服役,其中约920艘进行过战斗巡航,约有800艘被击沉,而且被军舰和飞机击沉的比例大致相同。约四分之三的德军潜艇从未击中过任何一艘盟军舰船,但其余潜艇仍为德国的战争做出了贡献:在所有海域损失的约5150艘盟国和中立国商船中,被德国潜艇击沉的有2840艘,总吨位约为1430万吨(相比之下,德军飞机击沉了约800艘商船,水雷击沉了540艘商船)。

"克雷齐默尔战法",1940年—1941年

1940年4月,奥托·克雷齐默尔接管了崭新的ⅦB型潜艇U-99号。此时他已是一名战场老兵,之前成功进行过8次战斗巡航。在一次夜间训练中,克雷齐默尔冒着恶劣海况追踪一支"船队",当月亮即将被大片云层遮住时,他命令潜艇立刻实施水面拦截,这让所有艇员大吃一惊。随后克雷齐默尔指挥潜艇从护航舰艇旁溜过,占据了完美攻击位置,然后打开探照灯表示进攻,面对这种情况,防守方只得认输。

潜艇在水面用鱼雷发起攻击期间，发射命令将由首席值班军官（First Watch Officer）在指挥塔内下达。这需要他使用潜艇攻击望远镜（U-Boot Zieloptik，一种安装在固定基座上的重型双筒望远镜，该望远镜连接着鱼雷瞄准系统（这是一种电动机械计算器，安装在指挥塔内的艇长战位附近）。（德国潜艇博物馆供图）

  训练结束后，U-99号开启了短暂但辉煌的战斗生涯。1940年8月1日，克雷齐默尔与OB-191船队相遇，并决定将之前的战术再次付诸实践。他白天跟踪护航船队，努力试着占据一处完美攻击阵位，过了一段时间后，他高兴地看到护航舰向北急速驶去，可能是试图追击另一艘可疑潜艇。夜幕降临后，U-99号浮出水面，悄悄混入船队。8月2日凌晨，U-99号在600米外射出1枚鱼雷，击中了排水量为10970吨的油轮"斯特林达"号（Strinda）。随后，该艇又在500米外发射第二枚鱼雷击中了另一艘油轮，即排水量为6550吨的"卢瑟纳"号（Lucerna）。接下来，克雷齐默尔将第三枚鱼雷射向了一艘大型商船，但这枚鱼雷没有命中目标，而是从旁边划过并扎进另一艘油轮——排水量为8000吨的"阿列克夏"号（Alexia）

中部。护航船队见状四散开来，而 U-99 号则凭借着低矮的轮廓继续潜伏着，甚至还险些被一艘商船撞到。但克雷齐默尔很快长舒了一口气，因为没过多久，他就看到两艘商船为规避这艘看不见的潜艇撞在了一起。

"阿列克夏"号虽然受损，但仍漂浮在海面上，由于周围没有护航舰，克雷齐默尔决定趁机使用 8.8 厘米甲板炮。U-99 号向油轮船体发射了约 30 发炮弹，试图让"阿列克夏"号尽快沉没。这时，潜艇上一名瞭望手发现了探照灯光，这意味着可能有一艘护航舰正在逼近。随后，克雷齐默尔命令在夜色的掩护下从海面撤退。就这样，他成功验证了自己的理论，并实现了"一枚鱼雷击沉一条船"的目标。

1940 年 9 月 21 日，U-99 号对 HX-72 护航船队发起攻击。克雷齐默尔再次率领潜艇从水面渗透进商船队列，并用第一枚鱼雷击中了排水量为 9150 吨的油轮"因弗香农"号（Invershannon）。该船随后开始缓缓沉没。接下来，克雷齐默尔又盯上了排水量为 3660 吨的货船"布莱斯伍德男爵"号（Baron Blythswood），并在大约 800 米外射出鱼雷。在 40 秒内，该船就被送入了海底。透过"布莱斯伍德男爵"号沉没后留下的队列缺口，排水量为 5150 吨的货轮"埃尔姆海岸"号（Elmbank）突然映入克雷齐默尔的眼帘——这艘货轮很快就被下一枚鱼雷击中。与此同时，英军护航舰还以为德军潜艇位于水下，依然在周围忙着搜索潜艇。在此期间，不断有船只从 U-99 号身旁驶过，但它仍然保持上浮姿态，从来没有试图下潜或撤退。

由于装载着木材，"埃尔姆海岸"号并未立刻沉没，甚至在被 U-99 号的另一枚鱼雷和更多的炮弹击中后都是如此。令人难以置信的是，克雷齐默尔随后命令艇员从耐压艇壳外取出备用鱼雷，以便重新装填——这项工作极为耗时和复杂，如果有护航舰出现，U-99 号甚至不可能有机会下潜。等到装填完毕，克雷齐默尔立刻向"因弗香农"号发射了一枚鱼雷。因为在他看来，这艘油轮显然下沉得太慢了。最终，这枚鱼雷成功将"因弗香农"号击沉。接下来，克雷齐默尔又将注意力转向"埃尔姆海岸"号，这时，另一艘德军潜艇——京特·普里恩（Gunther Prien）海军少校的 U-47 号——也出现在附近，并前来攻击 HX-72 护航船队。这两艘潜艇一起向货轮倾泻炮弹，直到 U-47 号弹药耗尽。最终，"埃尔姆海岸"号被 U-99 号用几枚燃烧弹击沉。

尽管有盟军护航舰艇存在，克雷齐默尔还是在水面完成了整场战斗，甚至用了不少时间补充鱼雷，但他的潜艇一次也没有被盟军发现。后来，他在一份长篇

U-99号潜艇艇长奥托·克雷齐默尔海军少校是二战德国潜艇"击沉吨位头号王牌",在其作战生涯于1941年3月结束前,他击沉的船只总吨位高达263682吨。他是于夜间在水面用鱼雷发起攻击的顶尖高手,绰号"沉默的奥托"——这并不是由于他沉默寡言,而是因为他极少使用无线电。克雷齐默尔相信,这种习惯有助于躲避英国军舰,并避免遭到跟踪。在德国海军中,很多人认为他完全是杞人忧天,但事实上,他们从未意识到盟军无线电拦截和测向技术的威力。对于与敌军的意外遭遇,德国海军中的很多人都始终认为其"罪魁祸首"是德军从1942年开始配发的原始雷达探测设备,并认为该设备存在某种信号泄露。(作者收藏)

报告中对潜艇战术提出了若干建议。以下是其中几个要点：

1. 高素质的瞭望手最为重要。
2. 不仅要发现目标，还要及时发现目标。
3. 由于鱼雷价格昂贵，可以在水面用甲板炮攻击落单船只。
4. 应尽量救助幸存者。
5. 只有在无法等到夜幕降临时，潜艇才应在白天对船队发动攻击。
6. 在夜间，潜艇应从船队的较暗一侧发起攻击。这样可以确保目标在明处、潜艇在暗处。
7. 如果月光昏暗或没有月光，则应从迎风的一侧发起攻击（以避免逆风航行时出现醒目的船首波浪）。
8. 对每个目标发射一枚鱼雷，但不要进行扇面齐射。
9. 在近距离发射鱼雷。
10. 在发起攻击后，不要潜入水下，除非情况特别危急。切记，在海面上，你发现敌人比敌人发现你更容易。
11. 每天只在黎明前下潜两小时，让船员休息，并用声呐等设备进行扫描，此外其他时间都应留在水面。

关于第 8 点，《潜艇指挥官手册》有不同看法，并建议在某些情况下仍进行扇面齐射，尤其是在目标特别重要时（如战列舰或航空母舰），以及几艘舰艇"重叠"或目标区域背后还有其他舰船队列时。此时，潜艇应尽量掌握可靠目标数据，并在近距离实施扇面齐射——这样就可以有多枚鱼雷命中目标，从而确保将对方击沉。德国海军还认为，在某些情况下，潜艇也可以对 1000 米外的目标发动扇面齐射——此举至少会让 1 枚鱼雷命中目标。不过，在进行齐射时，指挥官也必须时刻牢记鱼雷的数量有限（最多只有 14 枚）。该部分内容可参见插图"战争初期，潜艇水面进攻的理想方法"。

1940 年 10 月 18 日—19 日，克雷齐默尔又参加了对 SC-7 护航船队的攻击，并在此战中击沉 6 艘商船，击伤 1 艘商船，总吨位约为 30500 吨。在 1941 年 3 月 16 日攻击 HX-112 船队时，他又击沉了 6 艘船，总吨位约为 43100 吨。由于克雷齐默尔在夜间水面攻击行动中斩获惊人,上述战术得到了广泛运用。虽然很少有艇长能取得类似战绩,但事实依旧表明,只要他们能利用黑夜的掩护从水面潜入船队中间,并保持冷静,不贸然发射全部四枚鱼雷,而是对目标进行单鱼雷攻击,他们就完全有可能取得骄人战绩。

讽刺的是,在1941年3月17日,克雷齐默尔在最后一次攻击护航船队时恰好待在艇内,值班军官并没有像他一样选择从水面逃脱,而是命令下潜。随后他们立刻被英军驱逐舰"沃克"号(HMS Walker)发现,并遭到深水炸弹猛烈攻击。由于艇身严重受损,U-99号只能上浮。随后克雷齐默尔和大多数部下都被救起,并在战俘营度过了余下的战争岁月。

本页和下页的照片均拍摄于潜艇发动机舱内。在这张照片中,我们可以看见2组MAN柴油发动机(Ⅶ型潜艇为2800—3200马力,Ⅸ型潜艇为4400马力),它们负责在水面推动潜艇,并为水下航行电动机(Ⅶ型潜艇为750马力,Ⅸ型潜艇为1000马力)的电池充电。(德国潜艇博物馆供图)

官方条令，1943年

德军在1943年版《潜艇指挥官手册》中，对在夜间发起水面攻击提出了以下建议：

如果潜艇有可能在夜间遭遇敌军，其鱼雷发射管内必须至少有1枚鱼雷。而且，艇员要打开鱼雷发射管随时待命。

谁先发现对手，谁就能掌握优势。在夜间发起攻击时，视力最好的艇员应在指挥塔上就位。在海况恶劣时，水汽会沾在望远镜上，因此指挥塔内应有专人为瞭望手提供干望远镜，并随时把被打湿的望远镜擦干。

发现目标后，潜艇应以最快速度赶到目标的侧前方。

在本照片中，左侧的是资深轮机军士长（Obermaschinist），右侧的是潜艇总工程师（Leitender Ingineur）。由于潜艇需要连续航行数周或数月时间，全程无法入坞维修，且无法携带太多备件，因此艇上的轮机工程人员都必须技艺精湛、富有创新精神。他们必须始终紧盯着刻度盘、阀门和操纵设备，这足以让很多外行人抓狂。每艘潜艇上约有52名各级官兵，其中大约三分之二的人是各种轮机工程士官和士兵。（作者收藏）

在发起攻击时，潜艇应选择最有利的方向。

如果被敌方发现，一定要设法在水面避开敌人。

在命中第一个目标后，潜艇应立即攻击第二个和第三个目标，因为第一枚鱼雷的爆炸会引发混乱，从而为我方攻击创造有利条件。

攻击结束后，潜艇应留在水面观察结果；只能在情况紧急时下潜……潜艇应朝敌方船队后方做急转向，从而尽量减少碰撞和被发现的可能性。

如果可以留在海面上，潜艇应撤退一段距离，以便重新装填鱼雷。如果情况紧急，潜艇应以最快的速度下潜，并直线航行摆脱敌人。鱼雷命中目标时发出的声响将让敌方声呐几乎无法查明潜艇的位置。

甲板炮攻击

在战争第 1 年，德国海军曾备受 G7 鱼雷（见下文"攻击武器"部分）引信问题困扰。例如在 1940 年春季的挪威战役中，德军对盟军战舰的 42 次攻击中有 30 多次因鱼雷故障而失败。虽然德军认为其中一些情况只是军官们的托词，其真正目的是想掩盖自己的无能。但不可否认的是，也确实有人听到了鱼雷击中船体但没有爆炸的声响。这些问题弹药不仅令德军多次错失良机，还造成了资金浪费。不过，即使在鱼雷质量正常时，德军也偶尔拒绝频繁使用这种武器。这是因为其潜艇大多尺寸较小，携带的鱼雷数量有限，因此更倾向于把鱼雷留给高价值目标（如油轮），至于 8.8 厘米或 10.5 厘米甲板炮则会被用来击沉在低风险水域（即不太可能遭遇盟军战舰或飞机的水域）单独航行的小型商船。在一战中，甲板炮曾

本照片拍摄于一艘Ⅶ型潜艇上，当时该艇正在某港口进行炮击训练，注意艇员们都没有系安全绳。炮击由值班军官指挥，他将在指挥塔内下达命令。此外，我们还可以在本照片中看到炮组人员所在的甲板空间是多么狭小，右侧的装填手和弹药手几乎站在木甲板最边缘。在甲板炮附近的甲板下方有一个水密弹药箱，里面装有待用弹药，可以满足最初几轮开火需要，但后续的弹药需要很多艇员手忙脚乱地从甲板下运上来——就像本照片所展示的一样。（德国潜艇博物馆供图）

"缔造"了很多潜艇王牌艇长,并为他们击沉了大量商船。在二战中,虽然德军已较少使用这种武器,但它们仍然有不少战绩。而且甲板炮攻击还有一个好处:几轮炮击就可能让商船船长投降。

甲板炮攻击总体可分为两类:纯甲板炮攻击;对被鱼雷击中的商船"补枪"。第一类攻击主要发生在战争初期。事实上,在1939年9月,有大约25%的商船是德军潜艇用甲板炮而非鱼雷击毁的。这一情况也促使盟国为商船安装自卫火炮,虽然其炮手训练水平低、命中率差,但仍有可能让潜艇瘫痪。

我们可以从这张向后拍摄的照片中看到,与Ⅶ型潜艇相比,Ⅸ型潜艇的甲板更宽。Ⅸ型潜艇比Ⅶ型潜艇长约21米,水面排水量约1616吨[①],而Ⅶ型潜艇的水面排水量只有约770吨。然而,Ⅸ型潜艇带来的"舒适"是有代价的:其机动性较差,下潜时间较长。在高速航行状态下紧急下潜时,Ⅸ型潜艇需要45秒才能下潜到20米深度,而Ⅶ型潜艇只需要35秒;如果是在静止状态下,两者都需要至少1分钟才能下潜到20米深度——在遭遇空袭时,这种问题将极为致命。(德国潜艇博物馆供图)

---

① 译者注:此处是Ⅸ D型潜艇的数据,该潜艇是专为在南大西洋等远海水域执行任务设计的,因此尺寸明显更大,而Ⅸ型其他子型号——如Ⅸ B型和Ⅸ C型——水面排水量只有约1100吨。

理论：商船拦截规则

德军要求将所有商船都视为可疑目标。在拦截落单船只时，潜艇艇长应谨慎行事，以防看似无害的目标暗藏火炮。这种谨慎绝非杞人忧天，在一战期间，英军曾利用"Q 船"（即伪装猎潜舰。这种船看似无武装，实则暗藏武器，船员会引诱潜艇进入武器射程）让德军潜艇付出了惨重代价。

在遭遇落单船只时，潜艇应潜入水下，并尽量靠近检查，确定其真实身份，尤其是要检查可能隐藏火炮的船体结构。同时，艇上应至少有 2 枚鱼雷随时准备发射。随后，潜艇将浮出水面，并在商船后方 4000 米外下达停船指令。此外，潜艇艇长还必须熟悉战利品规则。[1]

如果商船试图抵抗，或拒绝听从命令，潜艇将发起打击，毫不留情。虽然德军禁止艇员直接登船，但会要求商船派出一艘小艇交出航行文件。在此期间，潜

许多IX型潜艇在后甲板上安装了 1 门 3.7 厘米高射炮，在前甲板上安装了 1 门 10.5 厘米主炮，并在"冬季花园"内安装了轻型防空武器。IX型潜艇高射炮炮组人员的工作空间相对更宽裕。（德国潜艇博物馆供图）

艇应始终位于商船后方，并将艇首直接指向商船。潜艇还应指派一名特别可靠的值班人员监视商船动向，以便让潜艇能在必要时转向和保持相对位置。潜艇还应随时准备紧急下潜，无关人员一律不得走上甲板。

如果目标商船载有军事物资，潜艇应在近距离用一枚鱼雷将之击沉。如果需要用炸药凿沉目标，那么登船队最好将炸药分别安置在水线以下的多个大型舱室（如货舱和发动机舱）内，以便海水能在炸药爆炸后大量涌入。登船队还应打碎船上舷窗，以便在海水涌入时空气能从窗口排出。

实践

奥托·克雷齐默尔虽然以夜间在水面用鱼雷发起攻击而闻名，但他有时也会使用甲板炮。1940年7月11日晚间，U-99号发现了一艘单独行驶的小型货轮"梅里萨尔"号（Merisaar）；在一枚鱼雷射失后，克雷齐默尔浮出水面，不想再浪费宝贵的"电鳗"，并在大约200米外朝船首方向开火示警。出乎德军意料的是，"梅里萨尔"号船员们立即开始弃船。克雷齐默尔于是命令他们回到船上，并驶往德国占领下的波尔多。他还吓唬他们说，他将驾驶潜艇在后方跟踪，如果他们胆敢逃跑就会将其击沉。但不幸的是，"梅里萨尔"号后来被一架不明情况的德国空军飞机炸沉。这让克雷齐默尔失去了一项殊荣：成为二战中唯一一名完好俘获敌方商船的德军潜艇指挥官[1]。

1940年9月1日，U-99号[2]又拦截了单独行驶的小型蒸汽船"利默里克"号（Luimneach）。由于这艘排水量不足1000吨的商船[3]不值得浪费鱼雷，克雷齐默尔[4]让潜艇浮出水面，像往常一样鸣炮示警。"利默里克"号的船员们见状马上发出遇难信号，并立即弃船。U-99号逼近到大约100米内，向该船发射了大约20发穿甲弹和若干发燃烧弹，很快将其击沉。出于人道主义精神，克雷齐默尔给了幸存者（其中有两人受伤）一些物资之后，才驾驶潜艇离去。

---

[1] 译者注：此处有误。首先"梅里萨尔"号是一艘爱沙尼亚货船，严格地说属于中立国船只。另外，在1939年，德军潜艇还曾俘获过一些芬兰和挪威商船，理由是它们试图前往敌国港口，因此有可能为敌国服务。
[2] 译者注：原文如此，此处有误，拦截该船的是U-46号，该艇艇长是恩格尔伯特·恩德拉斯（Engelbert Endrass）。
[3] 译者注：原文如此，此处有误，该船排水量实际为1074吨——刚过1000吨。
[4] 译者注：原文如此，应为恩德拉斯，下同。

能巧妙运用甲板炮的"大王牌"不只有克雷齐默尔一人。1940年6月27日，京特·普里恩指挥U-47号在爱尔兰以西海域拦截了"莱蒂西亚"号（Leticia）——这是一艘2500吨级的小型油轮。在300米外，普里恩开炮命令对方停船。看到敌方船员已经离开，普里恩重新开始炮击，并看到藏在船上的另外3名船员在"莱蒂西亚"号沉没时跳入海中。普里恩命令部下把他们接上救生艇，并与其他"莱蒂西亚"号船员安置在一起。在离开攻击现场之前，他还为幸存者提供了干衣服、食物和一些酒。最终，这些幸存者都在当天晚些时候被过路船只救起。事实上，这只是德军潜艇指挥官为保护商船船员而做出的众多事例之一，这种情况在战争初期持续了较长时间。例如在1939年9月7日，U-33号艇长汉斯－威廉·冯·德雷斯基（Hans-Wilhelm von Dresky）海军上尉甚至将商船"橄榄树丛"号（Olivegrove）幸存者搭乘的小艇拖曳了数个小时，以便让这些幸存者更靠近陆地，还发射信号弹让中立国船只前来救援。

在商船被炮火截停后，可能会被炮火或近距离鱼雷攻击击沉。这是从潜艇指挥塔上拍下的一个戏剧性镜头，可见1艘被鱼雷击中的商船船尾进水，正在慢慢沉没。德军《潜艇指挥官手册》建议："一旦目标不再抵抗，应集中火力攻击其船头或船尾区域，因为船只从船头或船尾下沉的速度比平缓下沉更快。"潜艇在附近巡弋和拍照的事实表明，这艘受害商船似乎正在单独航行，周围海面和空域也没有任何盟军活动。（作者收藏）

虽然炮击小型船只可以节省鱼雷，但对8.8厘米炮弹消耗很大。1940年6月24日，京特·普里恩拦截了小型汽船"凯瑟琳"号（Catherine），在2枚鱼雷射失后，他用甲板炮发出警告，迫使后者停船投降。由于海况恶劣，瞄准困难，普里恩用113发炮弹才解决掉这艘货轮。不过，他仍为幸存者提供了口粮，最终使其平安得救。该部分内容可参见插图"单艇拦截船队"。

有时，潜艇还会用甲板炮逼迫落单商船停船，然后再用鱼雷攻击这一静止目标。1943年5月27日，Ⅸ D-2型潜艇U-181号[艇长:沃尔夫冈·吕特（Wolfgang Luth）海军少校]与排水量为1600吨的"西西里"号（Sicilia）相遇，随后用几发炮弹将其截停。在商船船员离开后，吕特立刻驾驶潜艇运动到理想攻击阵位，并发射鱼雷将该船击沉。

虽然上述例子中的船只大多是排水量不足2000吨的小船，但在有些情况下，德军也会炮击大船。1942年11月30日，吕特指挥U-181号潜艇向"克兰蒂斯"号（Cleanthis，排水量为4150吨）发射鱼雷，但不幸全部射失。U-181号是所谓的"季风艇"（monsoon boat），主要在南大西洋和印度洋活动（U-181号属于Ⅸ D-2型大型远洋潜艇，该型号共被建造了30艘，内部空间非常宽敞，航程达32000英里，但缺点是不够灵活，不适合在北大西洋攻击船队。这些潜艇的巡逻时间有时会超过200天，因此经常遭遇补给问题。而且，潜艇上的鱼雷也必须得到小心维护）。见状，吕特让潜艇浮出水面，用10.5厘米甲板炮开火。尽管该武器比Ⅶ型潜艇上的8.8厘米甲板炮更强大，而且其发射的80发炮弹中的大部分都命中了目标，还有3.7厘米和2厘米高射炮配合攻击，但"克兰蒂斯"号仍在沉没前挣扎了约90分钟。此外，炮击还有安全风险。例如在1943年4月11日，当U-181号试图用甲板炮解决被鱼雷击伤的"帝国杓鹬"号（Empire Whimbrel，排水量为5980吨）时，其第一发炮弹就导致甲板炮炸膛，一名炮手也伤重身亡。

潜艇的甲板极窄，炮组人员甚至很难在风平浪静时保持平衡，因此不是理想的射击平台。毫不奇怪，这种战术经常会因为天气和海况限制而无法施展。在操作期间，炮组人员需要系上安全绳，以防止坠入大海（在海况恶劣时，指挥塔人员也是如此）。另外，由于许多商船都有自卫武器，因此潜艇必须小心接近。在此期间，艇员不仅会操纵甲板炮和高射炮，甚至还从艇内搬出机枪架在指挥塔上。出于明显原因，他们会重点打击商船上可辨别的炮位。此外，他们还会重点攻击舰桥，并向后一区域发射燃烧弹，阻止无线电室发出求救信号，从而避免暴露潜艇位置。一旦目标丧失抵抗能力，甲板炮手就可以从容攻击其水线位置，但击沉该船仍可能耗费大量炮弹，这将取决于船只尺寸和货物的浮力性质。

与在水面用鱼雷发起攻击一样，在使用甲板炮时指挥塔人员也必须专心致志，并保持全方位警戒。在此期间，任何疏忽都可能酿成大祸，例如导致甲板炮未能在下潜前收起，或者是令炮组与弹药输送人员无法及时返回艇内。

根据开战时的交战规则，在截停1艘商船后，艇长应命令对方派出1艘小艇交出详细文件，以便检查商船上的货物和商船的目的地。同时，潜艇艇员应在指挥塔上架设自动武器（如MG 34机枪和冲锋枪），以防小艇上的人员发起攻击（如投掷手榴弹）。这张拍摄于二战期间的照片，显示了1艘Ⅶ C型潜艇的上部高射炮平台，其中可见2座双联装2厘米高射炮。另外，我们还可以在照片左侧看到2挺双联装7.92毫米机枪。（德国潜艇博物馆供图）

官方条令

德军《潜艇指挥官手册》明确规定，潜艇"仅应在拦截蒸汽船或应对无武装（弱武装）船只抵抗时"使用甲板炮。其指示可归纳如下：

在浮出水面前，炮组人员应在指挥舱集合，做好行动准备，并携带所有必要装备，以便（在上浮后）尽快投入战斗。

炮长和炮组人员必须及时就位（特别是在夜间发起攻击时，应让炮组人员的眼睛预先适应黑暗环境）……炮长（即值班军官）须从指挥塔瞭望位确认准备就绪后，方可下令"准备开火"……为防止甲板炮炸膛，必须避免弹药受潮。

炮击开始后，潜艇应向目标船只的舰桥发射10枚燃烧弹，用火光指引后续炮击。如果艇上有3.7厘米高射炮，则应用其压制敌船的尾炮；如果3.7厘米高射炮卡壳，艇员只有在指挥官下令后才可使用2厘米轻型高射炮。

如果确定敌船拥有武器，潜艇最好从目标后方接近，并在艇身与目标齐平时立刻开炮。潜艇应尽量确保在第二次开火时命中目标（第一次开火为测距试射）。在此期间，炮手应集中瞄准目标的一个区域，而不是分散瞄准各处。

如果敌船在遭到炮击后继续抵抗，潜艇应让主炮和3.7厘米高射炮集火攻击敌船的火炮，（3.7厘米高射炮）应进行6发至8发连射……如果炮击已达到预期效果，潜艇应移动到目标的另一侧，以保持警惕（避免其他敌船从另一侧悄然接近）……如果敌方炮术精湛，发射的炮弹落在潜艇附近，潜艇必须转向或下潜，而不是冒着受损的风险继续战斗。

随着战争的持续，盟军的反潜能力不断增强，德军潜艇已很难安全使用甲板炮了，大部分艇长也不敢冒险上浮发动攻击——后来很多新潜艇在建造时已不再配备甲板炮。从1943年中期开始，大多数Ⅶ型潜艇都拆除了8.8厘米炮——因为它们不仅毫无用处，还会额外增加重量和阻力。只有一些Ⅸ D2型远洋潜艇仍保留着10.5厘米甲板炮，以便在遥远海域打击敌方落单船只。

单艇任务

在单艇行动时,德军潜艇可执行多种任务,其典型示例包括:

单艇哨戒(Einzelstellung):在指定巡逻区域活动,定期向作战指挥部门报告天气情况和敌船运动情况——只有在接到命令后,该艇才能发动攻击。

自由狩猎:单艇在指定巡逻区域内活动,指挥官可根据情况,在必要时发动攻击。

埋伏(Lauerstellung):单艇前往盟军船只预定途经水域,并在当地"潜伏",力求拦截目标。

其他特殊单艇任务还可能包括:派遣特工登陆、在敌方港口外海布设水雷,以及攻击敌军港口(例如U-47号曾攻击英国海军斯卡帕湾基地)等。

在战争的头几个月里,英军护航系统尚不完备,大多数船只都是单独航行的,德军并没有让少数潜艇组成巡逻线。相反,德军会为各潜艇指定一片海域,并让它

U-47号指挥塔上的京特·普里恩海军上尉,本照片摄于他在1939年10月14日—15日夜间成功突入英国海军斯卡帕湾锚地,并击沉"皇家橡树"号之后。这次行动之后,他赢得了一个绰号——"斯卡帕湾的公牛"。1名艇员在潜艇指挥塔上画上了"喷着鼻息的公牛"漫画形象——它不仅是U-47号的艇徽,后来还成了驻圣纳泽尔的第7潜艇分队队徽。(德国潜艇博物馆供图)

们单独行动。如果德军的"B处"(B-Dienst)①在拦截的无线电信息中发现当地有船只出没，就会向最近的潜艇发送加密信息，并命令其前往拦截。在此期间，潜艇内的人员要经常忍受寂寞，在茫茫大海上巡逻，聆听"B处"发给其他潜艇的攻击指示，并盼望着下次机会降临到自己身上。

该部分内容可参见插图"船队队形"。

U-47号在斯卡帕湾

战争初期，U-47号（艇长：京特·普里恩海军上尉）潜入位于奥克尼群岛斯卡帕湾的英国海军舰队锚地，将英军战列舰"皇家橡树"号（HMS Royal Oak）击沉。由于这场战斗已广为人知，笔者就不再赘述了，但它确实凸显了几个因素（尤其是在浅水区航行和操船）的重要性。

1939年10月13日晚11时30分左右，U-47号开始穿过柯克海峡（Kirk Sound），从水面进入斯卡帕湾。当时天空中有极光，因此在一定程度上影响了"夜幕的掩护效果"。不过，这次攻击恰好赶上了一次"潮涌"（slack water），U-47号在潜入时可以得到涨潮帮助，在离开时则能得到落潮帮助。即便如此，U-47号的龙骨还是一度刮到了海底。另外，由于海峡入口处两艘阻塞船之间的缺口非常狭窄，该艇还一度被一艘阻塞船的锚链缠住。

凌晨0时27分，U-47号终于进入了广阔的港湾。由于许多军舰都不在港内，普里恩被迫用了半个多小时在锚地周围寻找目标。凌晨0时58分，他向"皇家橡树"号发射了第一枚和第二枚鱼雷。一枚鱼雷没有爆炸，一枚鱼雷击中了锚链。令人咋舌的是，英军几乎无动于衷。普里恩冷静地下令重新装填鱼雷，并再次向"皇家橡树"号开火。他的冒险得到了回报——"皇家橡树"号发生了大爆炸。而且对他来说幸运的是，英军最初不相信港内有德军潜艇，因此没有发起追击。U-47号的导航员也凭借精湛的技术，顶着10节的横向海流将潜艇带出了狭窄缺口。尽管该艇一度被岸上汽车的灯光照射到，但还是在10月14日凌晨2时15分左右安全驶入开阔水域。

---

① 译者注："B处"是德国海军情报局的下属部门，负责拦截和记录、破译和分析敌国情报。

普里恩上尉对斯卡帕湾的大胆攻击表明，至少在战争初期，德军完全可以通过严密规划，成功对特定目标发动单艇攻击。但从1943年开始，这种战术就行不通了。由于战前的老资历艇长要么已经战死，要么去了岸上的高级指挥岗位任职，德军艇长的素养开始急剧下降。根据统计，在大西洋上，盟军船只损失中的近30%都来自32名最成功的王牌艇长（约占艇长总数的2%）；这些艇长在战争爆发时平均年龄为28岁，已在海军服役近十年。出于无法避免的原因，在战争期间，尤其是1942年之后，德军艇长的训练变得更加仓促，而且战斗也更加危险，导致其战绩大不如前。以大西洋和北海方向为例，在整个战争期间，只有321艘潜艇对盟军舰船造成过损伤——仅占邓尼茨麾下潜艇总数的四分之一——换言之，有多达850艘潜艇从未击中过任何目标。个人的指挥能力往往意义重大，但战争似乎只激发了少数人的这种才能，而且通常是有长期海上服役经历的人。（作者收藏）

在潜艇指挥舱右侧,艇员正在密切关注着深度计——其位置在升降舵手(planesmen)头顶。德军潜艇大多质量不错,甚至能在比建议最大下潜深度更深的地方安全航行。1941 年 11 月 24 日,U—331 号潜艇艇长、海军上尉冯·蒂森豪森男爵攻击英军"巴勒姆"号战列舰时,由于 4 枚鱼雷瞬间出膛,其产生的重量变化导致艇首突然上扬,并使指挥塔在英军战列舰"刚勇"号(HMS Valiant)前方露出水面。"刚勇"号试图撞击潜艇,这迫使 U—331 号紧急下潜。这次下潜差点让 U—331 号艇毁人亡:由于深度计出现故障,该艇急速下坠,并超过了预估的 100 米"压碎深度",直到到达可怕的 250 米深度后才控制住态势。最终,U—331 号在 1942 年 2 月 21 日平安返回了希腊的萨拉米斯港。(德国潜艇博物馆供图)

从1942年夏季开始，德军将潜艇派往南大西洋，并在当地斩获颇丰。虽然在这片海域执行巡逻任务的盟军较少，但指挥塔值班人员仍需要保持警惕。如果天气晴朗，他们的任务会轻松不少。1943年中期，德军更是使用IX D-2型远洋潜艇将行动范围扩展到印度洋，并在日本占领的马来亚（Malaya）地区建立了基地。德军还试图让这些潜艇在返回时带上一些高价值战略物资——当时，由于盟军封锁，德国和日本之间已根本不可能进行水面运输。（德国潜艇博物馆供图）

地中海：U-81号和U-331号

在二战中，英军只有两艘战列舰被德国潜艇击沉，而且"罪魁祸首"全部是单独行动的潜艇。

1941年9月下旬，德军潜艇首次进入地中海。[①] 次月，进入这一战区的潜艇已达到25艘之多。虽然该海域水深较浅，充满危险，但有两艘潜艇仍在11月取得了重大战果。11月13日，U-81号发现了英国海军H舰队（Force H），其中包括英军"皇家方舟"号航空母舰（HMS Ark Royal，当时该舰刚完成向马耳他运送"飓风"战斗机的任务，正在返航途中）。U-81号的艇长弗里德里希·古根贝格尔（Friedrich

---

[①] 译者注：原文如此。有资料显示，1939年11月，德军潜艇U-26号曾进入地中海巡航大约10天，但战果有限，只击沉了一艘法国商船。

Guggenberger)海军上尉在很远的距离上发射了鱼雷。虽然瞄准的是"马来亚"号（Malaya）战列舰，但这些鱼雷都没有命中该舰，而是阴错阳差地击中了"皇家方舟"号。与此同时，U-205号[艇长是弗朗茨-格奥尔格·莱施克（Franz-Georg Reschke）上尉]也向"皇家方舟"号发射了鱼雷。不过这些鱼雷同样偏离目标，意外击中了"马来亚"号——只是没有给该舰造成致命伤。① 随后，U-81号遭到了护航舰艇的报复性攻击。尽管护航舰艇投放的深水炸弹十分密集，但古根贝格尔仍驾驶潜艇逃过一劫。被鱼雷击中的"皇家方舟"号漂浮在海面上，受损十分严重。次日，"皇家方舟"号在被拖往安全地点的途中沉没，该位置距离直布罗陀仅25英里。

由于"皇家方舟"号坚持了很长时间才沉没，其1600名船员中仅有1人丧生。对于英军而言，这是不幸中的万幸，但11天后的另一次袭击却并非如此。在把几名特工送往北非英军防线后方之后，U-331号潜艇[艇长：海军上尉汉斯-迪德里希·冯·蒂森豪森男爵（Hans-Diederich Freiherr von Tiesenhausen）]开始向东巡航，试图前往埃及亚历山大港——英国地中海舰队基地——附近寻找猎物。11月25日，在西迪巴拉尼（Sidi Barrani）外海，该艇在潜航时从声呐中听到了多艘军舰的螺旋桨噪声。一阵追踪过后，冯·蒂森豪森从潜望镜中看到了3艘英军战列舰——"巴勒姆"号（Barham）、"刚勇"号（Valiant）和"伊丽莎白女王"号（Queen Elizabeth）——和大批护航驱逐舰。U-331号潜艇悄然穿过驱逐舰警戒网，并在水下23米处向1200米外的"巴勒姆"号左舷射出4枚鱼雷，其中3枚击中了战列舰。灾难迅速降临，"巴勒姆"号向一侧骤然倾覆，船体被巨大的锅炉或弹药库爆炸撕碎。最终，该舰在被鱼雷击中约4分钟后沉没了，共有862名舰员随舰丧生。

北美水域，1942年

随着战争继续和大西洋护航系统日趋成熟，德军潜艇攻击落单商船的机会变得越来越少。但在1941年12月德国对美国宣战后，德军潜艇又找到了新的狩猎机会。1942年上半年，美国一直对潜艇攻击疏于防范，有大量商船在东部沿海航

---

① 译者注：原文如此，此处有误，"马来亚"号并未受伤，甚至在U-205号艇长弗朗茨—格奥尔格·莱施克在作战日志中也承认，他当时无法确认这一战果。

线上单独航行，其中不乏来自墨西哥湾的油轮。但邓尼茨却没有太多潜艇可用：虽然标准的ⅦC型潜艇能够横渡大西洋，但其燃料储备有限，远不足以在目标区域巡航数周；Ⅸ型潜艇的尺寸更大、航程更远、续航时间更长，但该型号的潜艇数量较少。在"击鼓"行动（Operation "Drumbeat"）中，德军最初只能把6艘ⅨB型和ⅨC型潜艇（即U-66号、U-109号、U-123号、U-125号、U-130号和U-502号）派往美国东海岸。这些潜艇都拥有一片"自由狩猎区域"，可以在该区域自由行动。后来，被派往美国东海岸的潜艇数量达到了21艘。

燃料、物资和备用鱼雷是潜艇长期执行远洋巡逻任务的关键。这些物品都必须通过狭窄的舱口运入潜艇内——其中一个舱口为圆形，舱盖内壁为白色，通向耐压艇壳内部；另一个舱口为狭长形，通向木甲板下方的物资储藏空间（另外值得一提的是，照片中的箱子里装的不是酒，而是果汁饮料）。才开始执行巡逻任务时，潜艇内部的每个角落（包括2个厕所中的1个）都会塞满各种物资。直到几周过后，潜艇内的拥挤程度才会稍有缓解，但此时潜艇内会散发各种异味——由于潜艇内部阴暗潮湿，新鲜食物根本经不起长期保存。（德国潜艇博物馆供图）

莱因哈特·哈尔德根（Reinhard Hardegen）海军上尉的U-123号，也被派往了美国东海岸。在前往纽约外海巡逻期间，他在新斯科舍（Nova Scotia）东南海域拦截并击沉了英国货船"独眼巨人"号（Cyclops）——从而揭开了北美沿海作战的序幕,即德军艇长们的"第二次快乐时光"。由于在1940年夏季至1941年春季[①],美国方面一直对德军潜艇掉以轻心,德军艇长们有机会大开杀戒。他们发现美国船只都会点亮灯光航行,没有无线电纪律,岸上也灯火通明,潜艇可以轻易找到导航点。有些德军艇长甚至让潜艇在白天浮出水面,用甲板炮将船只击沉——这是在大西洋东部根本无法想象的事情。哈尔德根上尉在当地一直打到鱼雷用尽,他宣称击沉和击伤了10艘商船(总吨位达66100吨)。

XIV型加油/货运潜艇的出现,极大提高了VII型潜艇在远航作战中的战术作用。德军一共建造了10艘该型潜艇,这种潜艇的排水量为1688吨,绰号为"奶牛"(Milch-Kuhe)。在本照片中,2艘德军潜艇正在南大西洋与1艘"奶牛"会合并补充燃料。"奶牛"可以携带440吨重的燃油(相当于2艘潜艇的全部载油量,在实际使用中,可以满足更多潜艇的燃油需求)、4枚鱼雷和数吨重的食物,艇上甚至还有烤箱,可以烤出新鲜的面包。但对邓尼茨来说不幸的是,从1942年8月起,由于密码被破译,这些潜艇纷纷因遭遇伏击而沉没(大部分都是被飞机击沉的)。到1943年7月,德军已经损失了4艘"奶牛",随后又有4艘被击沉。第9艘"奶牛"于同年10月被击沉,最后一艘"奶牛"——U-488号——于1944年4月被盟军军舰消灭。(德国潜艇博物馆供图)

---

① 译者注:原文如此,此处有误,应为"1941年夏季至1942年春季"。

德军还将两艘Ⅸ型潜艇和一些Ⅶ C 型潜艇（尽管后者的航程相对较短）派往加拿大水域，在新斯科舍外海拦截护航船队。这些潜艇同样一度取得了巨大成功。然而，美国海军和海岸警卫队学习得很快，导致德军再也无法像之前一样"自由狩猎"。盟军持续加强反潜力度，反潜范围从哈利法克斯（Halifax）和纽约之间向其他海域扩展，迫使德军潜艇不断南下，去加勒比海寻找理想猎物。到 1942 年 7 月，美国东海岸的护航体系已建立起来。大部分新型Ⅸ D-2 型远洋潜艇只能前往南大西洋，在非洲和南美洲海岸之间的广阔海域活动。

远东水域，1943 年—1944 年

出于可以理解的原因，德军潜艇在远东水域一直是单艇行动。由于缺乏加油、补给和维修设施，大多数德军潜艇必须先前往南大西洋，然后绕过好望角，再进入印度洋，最后返回法国沿海基地。尽管这些行动分散了北大西洋方向的德军兵力，但由于北大西洋作战环境已极为恶劣，因此邓尼茨还是同意了日本人在 1942 年 12 月提出的建议，并尝试将部分潜艇派往东方海域。

1943 年 7 月，德军首批"季风艇群"（Monsoon Group）从法国和挪威起航，该艇群由 11 艘潜艇组成，但最终只有 5 艘潜艇在 U-178 号 [艇长最初为威廉·多姆斯（Wilhelm Dommes）少校，后来是威廉·斯帕尔（Wilhelm Spahr）上尉] 带领下抵达目的地——马来亚的槟榔屿（Penang）。至于第二批"季风艇群"，只有一艘潜艇幸存。当时，盟军船只仍然在印度洋单独航行，没有护航船只提供保护。在当地，"季风艇群"的艇长们共击沉了约 70 艘船只（总吨位超 40 万吨）。但另一方面，日军为这些潜艇提供的设施非常简陋。作为岸上指挥官，威廉·多姆斯少校一直在努力工作，但其艇员仍被健康问题所困扰，就连潜艇也饱受备件短缺之苦。

"狼群"攻击

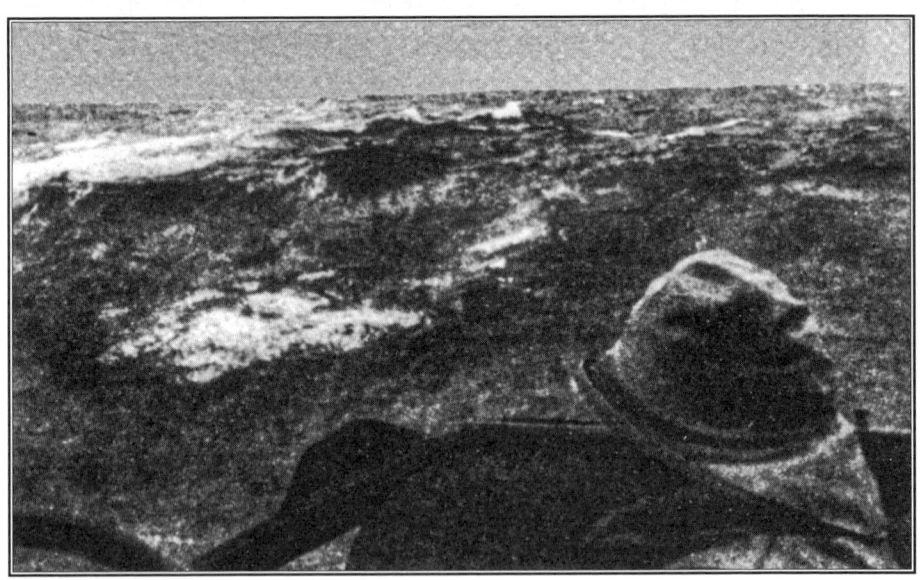

这些照片可以让我们大致了解北大西洋的典型海况——在海面上长时间巡逻时,艇员们每天都要经历狂风巨浪。在此期间,他们发现盟军船只的希望异常渺茫。而当真正的风暴到来时,潜艇将被迫潜入水下。(德国潜艇博物馆供图,作者收藏)

"狼群"（wolf pack）战术通常指几艘潜艇同时对目标船只发动攻击。事实上，在有计划采用"狼群"战术之前，德军便已经尝试过"集群"战术，只是两者之间存在一些差异。邓尼茨非常清楚潜艇集群攻击的优势，早在一战期间，其所在的潜艇部队就讨论过这种可能性。尽管关于"狼群"战术的发明者是谁这一问题至今仍存在争议，但这种战术确实是在邓尼茨领导下得以全面发展的。

战争初期，如果德军潜艇发现护航船队，就会向潜艇部队司令部报告，后者会召集附近海域的其他潜艇发动进攻。虽然此类行动早在1939年年末就已开始，但所有潜艇单位都在自行其是，彼此间缺乏协调，也没有直接联络，只是通过监听其他潜艇和司令部的无线电通信了解最新进展。这些"集群"只是在攻击时存在，之后就会立刻解散。不过这也是情有可原的，毕竟在1940年，邓尼茨能同时派往海上执行任务的Ⅶ型潜艇很少超过20艘。该部分内容可参见插图"潜艇巡逻/侦察线"。

要想确保航行准确，潜艇必须浮出水面，并利用六分仪测算天文数据、确定船只位置。与西方盟军不同，在德军潜艇上，导航工作并非由军官承担，而是由1名高级航海军士长（Obersteuermann）负责。一旦碰上风雨交加、乌云密布的天气，艇员就无法用六分仪"对准太阳"，而且在此期间，潜艇也会被大浪和强劲海流推离既定航线，从而使"狼群"的巡逻网上出现缺口。（德国潜艇博物馆供图）

值得注意的是，1943年，德国海军曾在提及潜艇集群攻击时指出："在海军战术中，潜艇的基本任务是单独行动……因此不存在集结潜艇彼此合作、相互支援的情况。在参战的艇群中，每艘潜艇应当像之前一样，作为单独个体投入战斗……"

事实上，如果多位潜艇艇长同时攻击同一支船队，问题将显而易见——他们会浪费宝贵的鱼雷，并给战果统计带来混乱。

巡逻线 / 侦察线

在发动有组织的"狼群"攻击前，德军潜艇将先组成巡逻线或侦察线。最初，艇群中的潜艇将一字排开进行巡逻，彼此间的距离应当是视野范围（8千米或5英里）的2倍。这样一来，2艘巡逻潜艇将保持16千米的距离，视野极限刚好"相切"——如果有盟军船只从两者之间穿过，它们将必定会被发现。

组成巡逻线的潜艇将在海面上慢速行驶，并沿着预想的护航船队航线搜索，从而覆盖从第一艘潜艇到最后一艘潜艇视野范围内的整个海域。理论上，如果有潜艇报告发现了护航船队，巡逻线上的所有潜艇都将群起攻击，以求给敌人制造最大损失。但即使有大量潜艇参与作战，如果它们误判了目标航向，或者是目标主动改变了航向，就算盟军船队规模庞大、目标明显，德军仍有可能在北大西洋的广袤海域中拦截失败。

至于德军潜艇，它们甚至连保持巡逻线都很困难。在风平浪静、视线良好时，各潜艇相对容易保持同一航向，但如果碰到狂风暴雨，或者是乌云密布的天气，各艇就很容易偏离航向。由于各艇的间距往往达到了能见度的极限，因此哪怕有一艘潜艇稍微偏离航向，整个艇群的监视区域都会出现一片缺口。此外，在北大西洋，暴风雨经常持续数天，此时潜艇只能转入水下航行。这会使艇上的导航人员无法用六分仪来确认当前的位置——有些潜艇之间可能会出现巨大缺口，而有些潜艇则会相互靠近。由于一线潜艇数量有限，德军只能祈求它们能遇到理想条件。

不过，这些早期战术也取得过重大成功。1940年9月20日，U-47号发现了HX-72护航船队，并向德国潜艇部队司令部做了汇报。9艘潜艇奉命攻击，其中5艘——U-32号、U-47号、U-48号、U-99号和U-100号——最终得手：U-32号和U-47号各用鱼雷击沉1艘船；U-48号击沉1艘船，击伤1艘船；U-99号击沉3艘船；U-100号（指挥官：约阿希姆·舍普克海军上尉）则击沉了至少7艘船。

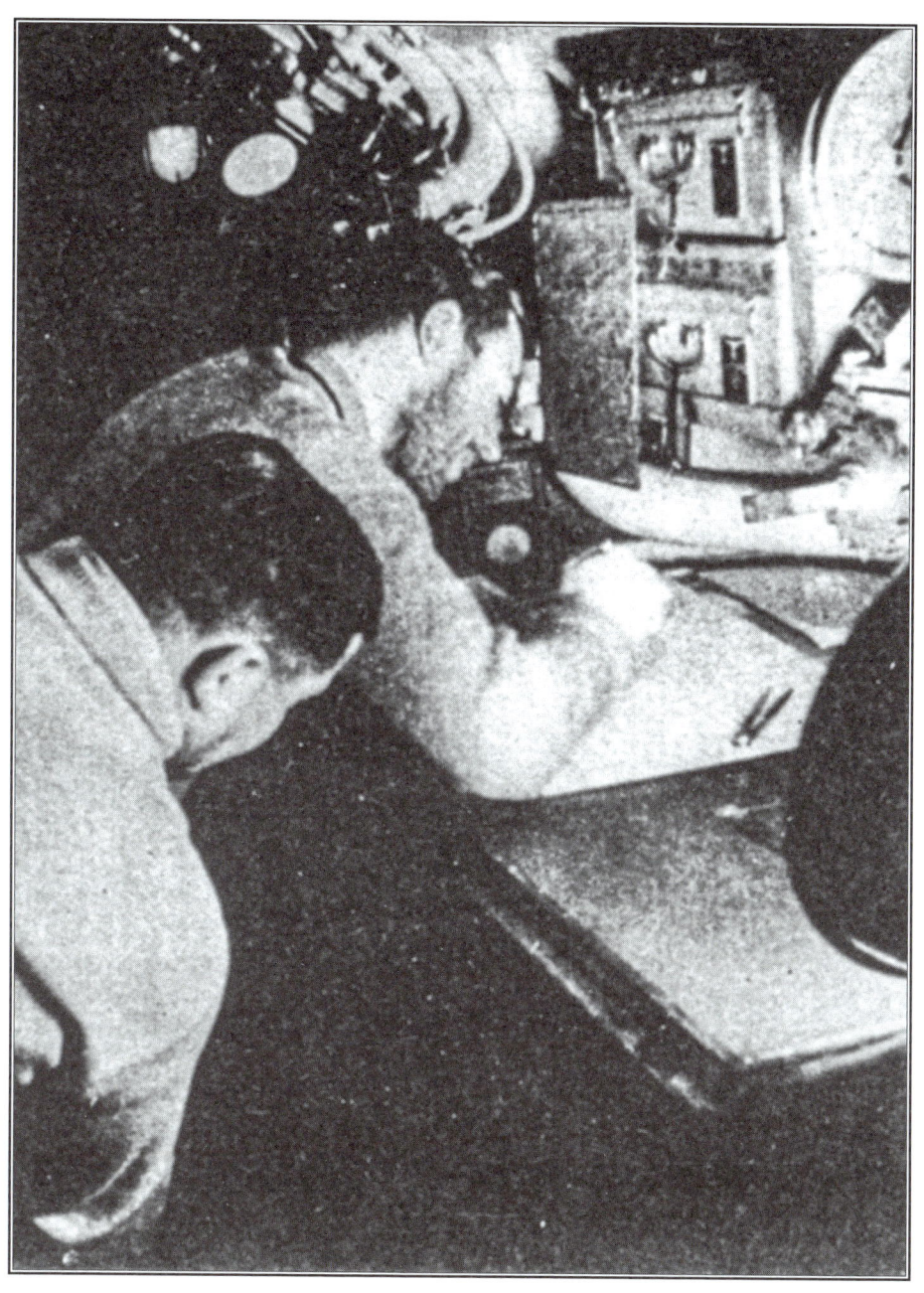

在昏暗的指挥舱里，一名高级航海军士长正在地图桌旁为潜艇绘制下一段巡逻航线。高级航海军士长的任务与传统军舰上的领航员（master）或其他技术准尉（warrant officer）类似，其职业生涯发展与指挥军官（line officer）不同。在潜艇上，他们经常兼任第三值班军官（Ⅲ WO）。（作者收藏）

另一次成功战例是对 SC-7 护航船队的攻击。1940 年 10 月 16 日，该船队的掉队商船"特雷维萨"号（Trevisa）被 U-124 号击沉。次日，在西部海口（Western Approaches）附近，该船队又有一艘掉队商船"艾诺斯"号（Aenos）被 U-38 号击沉。U-48 号潜艇也拦截了船队主力，将商船"斯科尔斯比"号（Scoresby）和油船"朗格多克"号（Languedoc）送入海底。在 U-48 号发现船队位置后，德国潜艇部队司令部立刻命令各艇采取行动，10 月 18 日，U-46 号、U-99 号、U-100 号、U-101 号和 U-123 号相继投入战斗，其中 U-46 号击沉 3 艘船，U-99 号击沉 6 艘船；U-100 号击伤 3 艘船，U-101 号击沉 3 艘船、击伤 1 艘船；U-123 号击沉 4 艘船。

在攻击船队时，德军潜艇之所以能取得初期胜利，一个原因是英军和加拿大反潜力量相对薄弱，战术也略显生疏。事实上，这段"快乐时光"很短暂，很快盟军就拿出了有效的应对战术。在 1941 年 3 月的 10 天里，形势瞬间逆转。在此期间，德军一共有 4 位艇长随全体艇员一道阵亡或被俘，其中包括 3 名顶级王牌艇长——普里恩、舍普克和克雷齐默尔。之后，德军缺乏协调的集群攻击几乎再也没有奏效。但需要指出的是，这些巡逻线之所以成效不彰，还是因为驻法德军潜艇司令部一直用"恩尼格玛"自动加密设备与前线潜艇通信，但其内容已经能被"布莱切利园"的英军专家破解，而德国人还对此一无所知。由于这些情报，英国海军部经常能准确了解德军潜艇正在哪些区域巡逻，并让船队进行规避（当然，德军"B 处"也能破解盟军商船使用的密码）。该部分内容可参见插图"'狼群'攻击"。

快速巡逻线

随着邓尼茨麾下潜艇增多，他也对战法做了重大改进——其成果名为"快速巡逻线"，其中包括多条侦察线，不仅覆盖范围更广，而且潜艇还将快速航行，从而降低了被敌军发现和锁定的概率。1941 年 9 月 9 日晚，该战术首次取得重大成功。当时，德军潜艇对 SC-42 大型船队发起拦截，并击沉了大约 20 艘船只（德军宣称的击沉数在 16 艘至 22 艘之间）。

此次攻击最初由 U-85 号发动，在其失手后，U-432 号击沉了排水量为 5200 吨的矿石运输船"穆内里克"号（Muneric），一场屠杀随之展开。U-652 号加入战斗，用鱼雷命中了货轮"彭特兰男爵"号（Baron Pentland）和油轮"塔奇"号（Tahchee）。随后，U-432 号击沉了荷兰商船"温特斯韦克"号（Winterswijk）

和挪威商船"斯塔加德"号（Stargard）；U-81 号的鱼雷击中了货轮"莎莉·马士基"号（Sally Maersk）。后来，装有弹射器的商船"帝国哈德逊"号（Empire Hudson）被 U-82 号击沉。

第二天，英军瞭望员又多次发现德军潜望镜。不久，U-85 号再次发起进攻，将货船"西斯尔格伦"号（Thistleglen）击沉，U-82 号则击沉了"石膏皇后"号（Gypsum Queen）和油船"布里西斯"号（Bulysses）。不过，并非所有情况都对德国人有利：U-501 号[指挥官：胡戈·福斯特（Hugo Forster）海军上校]被加拿大海军"尚布利"号（HMCS Chambly）和"莫斯乔"号（HMCS Moose Jaw）轻型护卫舰发现，并先后遭到深水炸弹攻击和冲撞，不过该潜艇上的大部分艇员都被加拿大军舰救起。与此同时，U-207 号用鱼雷击中了货船"贝鲁里"号（Berury）和"斯通普尔"号（Stonepool），U-432 号用鱼雷击中了瑞典货船"加姆"号（Garm），U-82 号用鱼雷击中了英国货船"帝国交嘴雀"号（Empire Crossbill）和瑞典商船"斯堪尼亚"号（Scania）。SC-42 大型船队的最后一次损失发生在 9 月中旬，当时，U-98 号击沉了货船"杰德莫尔"号（Jedmore）。在整个战斗中，英军船只损失总吨位高达 6 万余吨，还有大量物资随船沉没。

形势逆转

真正的"狼群之年"是 1942 年，在这一年，德军潜艇在大西洋击沉的盟军船只总吨位已接近 800 万吨。此外，截至 1942 年—1943 年冬季，邓尼茨麾下的一线潜艇已达 200—230 艘，其中 70—100 艘可同时执行巡逻任务。由于需要在法属北非开展"火炬"行动，以及在地中海从事后续作战，盟军在北大西洋的海军和空军力量一度相对虚弱。仅在 1942 年 11 月，"狼群"就击沉了 117 艘船只，后来因为冬季天气恶劣，交战双方各自收兵。

1943 年 3 月，交战双方又围绕护航船队爆发了几场大规模战斗。当时，德国海军改变了密码，使盟军"布莱切利园"有 3 个星期未能掌握德军行踪。然而，到 5 月，盟军的海军和空军不仅得到了大幅加强，还装备了新型厘米波雷达（比传统雷达效率更高，但德军根本不相信此事），使力量对比被骤然打破（详情见上文"大西洋潜艇战大事时间表"部分）。4 月 28 日至 5 月 6 日，德军投入"明星"（Star）、"雀鸟"（Fink）和"乌鸦"（Amsel）艇群（至少 53 艘潜艇）攻击 ONS-5 船队（拥

在战争中，德军拍摄了很多关于潜艇艇长的宣传照，这些照片大多是在相对宽敞的指挥舱中拍摄的，而且艇长都正在使用观察潜望镜。但在实际交战时，艇长会使用攻击潜望镜（位于更高一层的指挥塔内。指挥塔内的空间较小，无法让摄影师拍照）。本照片是从指挥舱高处的一处舱口向上拍摄的，展现了指挥塔内的情况，我们可以看到艇长正在使用攻击潜望镜。（作者收藏）

第40轰炸机联队第1大队的福克－沃尔夫Fw 200C "秃鹰"，本照片可能拍摄于波尔多（Bordeaux）梅里尼亚克机场（Merignac）。该大队的飞机从当地起飞，在比斯开湾和爱尔兰以西的大西洋进行大范围巡逻，并在挪威机场中转。福克－沃尔夫Fw 200C由客机改装而来，可携带5枚250千克（550磅）重的炸弹，并有1门用于扫射的20毫米机炮，以及3挺用于对空防御的7.92毫米机枪。该机最著名的对海攻击作战发生在1940年10月26日：当时，第40轰炸机联队的约佩（Jope）中尉击沉了排水量为42000吨的快速邮轮"不列颠女皇"号（Empress of Britain）。①（作者收藏）

---

① 译者注：实际上，该邮轮仅被击伤，后来才被德国潜艇U-32号击沉。

有43艘商船），并击沉了17艘商船[①]（总吨位为62000吨）。但随后一场浓雾在5月5日—6日降临，为ONS-5船队提供了"保护"。在此期间，盟军B7护航大队（Escort Group B7）连同第1支援群、第3支援群（来自纽芬兰）和远程飞机一共击沉了7艘德军潜艇。另外，德军还有1艘潜艇在蹒跚回港的途中因遭遇空袭而沉没——当时，盟军飞机已开始在比斯开湾上空定期巡航，试图截断德军潜艇出航和返回航线。白天，英国皇家空军投入"蚊"式和"英俊战士"战斗机进行巡逻——这些飞机不仅速度快，武装也很精良；晚上，英国皇家空军则会投入配有厘米波雷达和"利式探照灯"的轰炸机（装备了定深较浅的深水炸弹，能在目标深潜前发动进攻）。

ONS-5船队之战也昭示了"狼群"战术的失败：由于盟军列装了新式短波雷达，德军潜艇白天与晚上都不敢上浮。德军潜艇一有动作，盟军飞机和战舰就会赶到，迫使它们"潜入地窖"，使其无法利用快速机动伏击潜在目标。1943年5月至7月，德军损失了多达96艘潜艇，这迫使邓尼茨于5月24日下令暂停在北大西洋实施潜艇战。随后"狼群"一直蛰伏到秋季才重返战场，但战果依然不彰。1944年3月22日，德军最后一支艇群——"普鲁士"艇群（Gruppe "Preussen"）——宣告解散。

[①] 译者注：此处有误，应为13艘。

德军海空合作

帝国元帅赫尔曼·戈林一直坚称"所有能飞的东西"都归他管。这导致德国空军和其他军种关系不佳。虽然德国海军和空军合作潜力很大,但彼此矛盾颇深。在打击盟军船运方面,德国空军取得过许多成功,但其很少与其他军种进行配合。例如,在1940年年初,由于与海军缺乏沟通,德国空军轰炸机曾在一次对海攻击任务中击沉了德国海军驱逐舰"莱伯勒希特·马斯"号(Leberecht Maas),并导致另一艘驱逐舰"马克斯·舒尔茨"号(Max Schultz)在营救落水者时触雷沉没。在此次事件中,德国海军共有578名水兵丧生。事后调查显示,德国空军和海军不知道对方正在该地区活动。

在首艘护航航空母舰于1941年下半年开始保护船队前,船队的近距离空中保护主要由"飞机弹射船"提供。这些船只搭载有"飓风"战斗机——一旦起飞就无法回收。飞行员只能执行1次任务,之后就必须跳伞或迫降,并盼望着能在淹死或冻死之前被友军搭救。(加拿大国家图书馆与档案馆/加拿大国防部供图,图片编号PA-105735)

Fw 200C "秃鹰"

德国也有一些跨军种合作对潜艇战产生了积极影响。1940年夏季法国沦陷后，德国空军和潜艇部队都在大西洋沿岸获得了许多前沿基地。在当地，德国空军部署了福克-沃尔夫Fw 200C "秃鹰"（Condor）轰炸机。这些飞机隶属于第40轰炸机联队第1大队（I/Kampfgeschwader 40），并从1940年8月开始出动攻击比斯开湾和大西洋的盟军船只。它们斩获颇丰。在8月至9月，其击沉船只的总吨位达90000吨，到1941年2月初，其击沉船只和吨位数已分别达到85艘、363000吨。

然而，Fw 200却对这项工作"力不从心"。该机最初为客机，后来改为军用。事实很快证明，其机身强度不够，无法承受战斗飞行压力。许多问题更是令该机恶名昭著，例如粗暴着陆会导致机身后部断裂，机翼也会在急剧规避盟军战斗机时破碎。有鉴于此，在1941年中期，德军改让"秃鹰"搜索和跟踪盟军船队，同时发射导航信号，引导潜艇接近目标。令问题更复杂的是，德军没有建立真正意义上的海空联合司令部，导致"秃鹰"在发现船队之后必须首先向空军指挥系统报告，之后德国海军才能接到消息，而潜艇司令部可能要等待24小时，导致潜艇失去最佳拦截时机。

不过，这种系统也取得过一些成功。1941年7月，德军无线电情报部门侦测到OG-69船队的信息。"秃鹰"随即起飞，并发现了其具体位置。随后8艘潜艇立刻奔赴指定海域，同时，多架"秃鹰"飞机也在接力保持跟踪。在飞机引导下，U-68号潜艇于7月26日发现船队踪迹；次日，U-79号率先发动进攻，稍后U-126号、U-203号和U-561号也相继参战。在此期间，德军潜艇一共击沉8艘船只[①]，但由于目标都是小型货轮，因此其击沉吨位相对于上述努力显得很不成正比——仅有11000余吨。

1941年，盟军改造了一批飞机弹射船（Catapult Armed Merchantmen，可搭载1架"飓风"战斗机。该战斗机只能使用一次，即从商船上起飞，在海上迫降），后来盟军还用商船改装了一批小型护航航空母舰，可以为船队提供空中掩护。1941年8月3日，

---

① 译者注：原文如此，此处有误，德军潜艇此战击沉商船数实际为7艘。

埃弗里特（Everett）海军上尉驾驶"飓风"战斗机从"马普林"号（Maplin）飞机弹射船上起飞，成功击落1架"秃鹰"。次月，新护航航空母舰"大胆"号（Audacity）也用"野猫"战斗机击落了德军飞机。12月中旬，在为HG-76船队护航期间，"大胆"号上的飞行员们又击落了2架"秃鹰"。随着任务愈发危险，在1942年10月PQ-18北极船队之战结束后，"秃鹰"便退出了大西洋战争的舞台。①

海空联合打击

德军的海空联合行动虽然次数有限，但战绩却相当可观，其中一个知名战例是攻击PQ-17船队。PQ-17船队共有36艘船只（大部分是美国商船），从冰岛出发驶往苏联北部的摩尔曼斯克。该船队运载有大量军事物资，据估计可以装备超过5万名士兵。1942年6月27日，PQ-17船队在重兵保护下离开雷克雅未克，船队远方还有一支强大的英国皇家海军水面舰队提供掩护。7月1日，该船队被第40轰炸机联队第3中队的"秃鹰"发现，9艘德军潜艇随即在U-255号[指挥官：莱因哈特·雷歇（Reinhardt Reche）海军上尉]率领下向船队逼近。7月2日至3日，德军的一支强大的水面舰队[包括"提尔皮茨"号（Tirpitz）、"吕措"号（Lutzow）和"舍尔海军上将"号（Admiral Scheer）]出航试图拦截PQ-17船队。7月4日—5日，德国空军第26轰炸机联队和第30轰炸机联队分别出动He 111和Ju 88轰炸机进行轰炸，击沉了5艘商船。由于不知道德军战列舰和巡洋舰编队已奉命回港，英国海军部还以为一场大型水面作战迫在眉睫，就命令商船和小型护航舰艇（如武装拖船和扫雷舰）四散躲避。到7月7日夜幕降临时，德国空军轰炸机已出动超过200架次，一共击沉了8艘商船（总吨位40300吨）；德军潜艇也在7月15日前击沉了16艘商船。最后，PQ-17船队损失了24艘船只（总吨位142500吨）。盟军一共损失了100000吨物资，其中包括400多辆坦克、3300辆其他车辆和200架飞机。

对于盟军而言幸运的是，德军的这种海空合作只是昙花一现。例如，在1943年11月15日，德军的一架Bv 222飞艇式水上飞机发现了MKS-30船队。大量德军潜艇闻讯赶来，在该船队的预定航线前方就位，并设置了三道警戒线。尽管德军的判断并

---

① 译者注：原文如此。不过，有资料显示，直到1943年，"秃鹰"仍在大西洋执行侦察任务，甚至直接对盟军船只发起攻击。

没有错，而且 MKS-30 船队还与 SL-139 船队会合，形成了一个由 73 艘船只（包括护航舰艇）组成的重要目标，但德军却在攻击行动中铩羽而归。11 月 18 日—21 日，德军潜艇多次发起攻击，但战绩仅为击落 2 架盟军飞机、击伤 1 艘船只。德国空军 20 多架亨克尔 He 177 重型轰炸机也只击沉了 1 艘小型商船，击伤 1 艘船只。德军此战取得的战果与自身总损失（3 艘潜艇和 5 架飞机）完全不成正比。

1 艘Ⅶ型潜艇的艇首甲板特写，该艇当时正在北方海域巡逻，舱面已全部结冰。另外，请注意照片中的 8.8 厘米甲板炮。由于潜艇电池的使用时间有限，因此无论天气如何，只要形势安全，潜艇都会尽量在水面航行。在战争期间，盟军向苏联北部派遣了一系列北极船队。在船队攻防战中，潜艇和盟军护航舰艇都经历了不少苦难。在冬季，潜艇的瞭望人员深受严寒困扰，而且此时日照短暂、风浪大、能见度低，导致观察十分困难；在夏季，日照时间长，潜艇在水面几乎没有任何掩护。（德国潜艇博物馆供图）

相关装备

"鹡鸰"（Bachstelze）旋翼风筝

"鹡鸰"是一种旋翼风筝，它可扩大潜艇的水面搜索范围。由于潜艇自身高度较低，其指挥塔内的瞭望人员难免视野有限，甚至最好的光学设备也难以弥补这一缺陷。与之相比，水面舰艇则可以凭借桅杆瞭望台来扩大搜索范围，并在潜艇下潜之前抢先发动攻击。

由福克 - 阿赫格里斯公司（Focke-Achgelis）制造的 Fa 330 "鹡鸰"，是一种无动力旋翼风筝。由金属管制造而成的"鹡鸰"结构简单，机上有一个驾驶员座位和一个小型脚踏舵，拆卸后可收入指挥塔后部高射炮平台（即"冬季花园"）下

这张照片相当罕见，其中可见 1 架"鹡鸰"旋翼风筝已组装完毕，正停在 1 艘IX型潜艇"冬季花园"后方围栏上的专用平台上（另外值得注意的是，该艇指挥塔前上方涂有淡灰色条纹，这表明本照片是在演习中拍摄的，而不是在作战期间拍摄的）。许多这种稀有的飞行器在战争结束后幸存下来，被保存在英国达克斯福德（Duxford）的帝国战争博物馆（Imperial War Museum）、美国俄亥俄州代顿（Dayton）的美国空军国家博物馆（National Museum of the US Air Force），以及德国柏林的德意志技术博物馆（Deutsches Technikmuseum）等地。（德国潜艇博物馆供图）

方的防水容器中。"鹪鸽"可在一个专用平台上迅速完成组装。潜艇高速航行时产生的气流可以让"鹪鸽"获得升力,并带动旋翼旋转。升空后的"鹪鸽"会通过缆绳与潜艇相连。在逆风航行时,如果条件允许,潜艇只需要达到每小时17千米的速度就能让"鹪鸽"保持悬停。"鹪鸽"的最大飞行高度约为120米——在这一高度,它可以将潜艇的视野范围从8千米左右扩大到40千米左右。在此期间,飞行员可以通过电话与潜艇保持联系。一旦使用完毕,艇员只需把"鹪鸽"收回平台,然后拆解存放即可。

不过,回收"鹪鸽"所需的时间较长。一旦被盟军飞机发现,潜艇就只能下潜,并切断系留缆绳。届时,飞行员将只能从"鹪鸽"上跳伞,并在海上自求多福。虽然一旦危险过去,潜艇就可以上浮救回飞行员,但这只限于在极端理想情况下。最终,德军建造了约200架"鹪鸽",由于效果有限,它们很快就退出了现役。

本照片拍摄于1944年。这张照片展示了IX D型潜艇U-873号 [艇长:弗里德里希·施泰因霍夫(Friedrich Steinhoff)] 的服役仪式。有趣的是,我们在这张照片中不仅可以看到U-873号的整个后部高射炮平台,还可以看到固定在指挥塔上层平台围栏上的小平台(位于照片左上方、军旗下方)——"鹪鸽"旋翼风筝的组装地点。另外,虽然该潜艇尚未安装后部高射炮,但我们仍可以看到用于存放待用弹药的防水和耐压容器。(德国潜艇博物馆供图)

U—295号[艇长：维博尔德（Wieboldt）海军上尉]是为携带袖珍潜艇而接受改装的几艘Ⅶ型潜艇之一。U—295号的前后甲板上安装了特制支架，可以安放2艘"海狸"袖珍潜艇。德军一共改装了3艘此类潜艇。1945年1月5日，德军派遣它们去击沉1艘停泊在锚地内的苏联战列舰。不过，这次行动后来被取消了。这次行动的意义很值得怀疑。就算行动成功，德军也不过是击沉了1艘老旧主力舰，对战争进程几乎没有影响——当德军在各条战线上节节败退时，它最多只能产生一点宣传效应。（德国潜艇博物馆供图）

　　除了需要牺牲飞行员之外，"鹳鸽"在理论上完全堪用。不过事实上，根据已知记录，德军只用这种旋翼风筝发现过1艘商船——1943年8月6日，在印度洋马达加斯加附近海域，U-177号在其帮助下击沉了希腊商船"埃夫塔利亚·马里"号（Efthalia Mari，参见插图"'鹳鸽'旋翼风筝"）。U-177号属于ⅨD-2型潜艇，从1942年4月起由王牌艇长罗伯特·居塞（Robert Gysae）海军少校指挥。该艇于1943年4月1日开始第二次巡逻，先是随其他6艘潜艇前往开普敦附近海域，后来又潜入印度洋（居塞在5月28日至7月29日击沉了4艘商船[①]）。直到1944年5月，盟军才知道"鹳鸽"的存在。当时，一艘ⅨD-2型潜艇——U-852号——在印度洋被英国空军的"威灵顿"轰炸机发现。当U-852号试图下潜时，轰炸机

[①] 译者注：原文如此，应为5艘。

发动攻击，将该艇炸成重伤，迫使其浮出海面。随着更多飞机抵达战场，U-852 号的伤势愈发严重，该艇指挥官海因茨 - 威廉·艾克（Heinz-Wilhelm Eck）海军上尉被迫命令冲滩搁浅。虽然 U-852 号后来被德军艇员用炸药摧毁，但盟军仍从其残骸中找到了一架"鹩鸽"。

袖珍潜艇

在战争的最后几个月，德军计划击沉停泊在摩尔曼斯克以东科拉湾（Kola Inlet）的苏联战列舰"阿尔汉格尔斯克"号 [Archangelsk，即前英军战列舰"君权"号（HMS Royal Sovereign）]。根据设想，德军将投入 3 艘Ⅶ型潜艇（即 U-295 号、U-716 号和 U-992 号），每艘潜艇都会携带 2 艘"海狸"袖珍潜艇 [分别固定在Ⅶ型潜艇的前甲板和后甲板上。有关"海狸"和其他德军袖珍潜艇的介绍，读者可参见鱼鹰出版社出版的《二战德军特种部队》（*German Special Forces of World War Ⅱ*，精英系列 177）]。这些袖珍潜艇将在港湾入口处脱离母艇（Ⅶ型潜艇），然后分别使用 2 枚鱼雷攻击苏联战列舰。

1945 年 1 月 5 日，3 艘Ⅶ型潜艇离开挪威，但问题接踵而至。与其他袖珍潜艇一样，"海狸"大多被用于近海浅水区域，Ⅶ型潜艇一下潜，"海狸"的舷窗就会被水压挤破，而Ⅶ型潜艇的浮力也会受到影响。此外，"海狸"的 2 枚外挂鱼雷也在途中被水压挤坏了。由于成功希望渺茫，上述部队最终在 1 月 8 日返回基地。

攻击武器

鱼雷

在二战的大部分时间里，德国潜艇都在使用 G7e 鱼雷（其子型号以各种后缀区分，如 G7e T4）。1943 年以前，这种鱼雷的火控模式非常简单，并且与其他攻击运动目标的弹药类似。指挥官需要估算目标距离、航向和速度，然后计算提前量。在命中目标后，鱼雷将通过一种"双保险"机制引爆（即触发引爆和磁效应引爆）。1940 年，这种鱼雷曾多次发生故障，让许多指挥官心烦意乱。事后德军查明，问题一方面和潜艇内部气压较高，导致鱼雷定深装置和磁引信失灵有关，一方面也与触发引信的验收质量把控不严有关。

在码头旁，1 艘Ⅶ型潜艇正在装载鱼雷。注意，该鱼雷尚未安装引信。在二战的大部分时间里，德军潜艇的标准武器都是 G7e 鱼雷（直径为 53.3 厘米，长 7.16 米，高爆弹头的全重为 280 千克）。G7e 鱼雷利用压缩空气从发射管中发射，并由 1 台 100 马力电动机驱动，而不是像之前的 G7a 鱼雷一样采用压缩空气驱动，因此不会留下气泡尾迹。这种武器的速度约为 30 节（即每小时 56 千米左右），T3 型的射程可达 7.5 千米。（德国潜艇博物馆供图）

在上述问题于1941年3月左右得到解决后，整个系统一直运转良好——只要艇员有充足时间准备攻击，并且没有盟军干扰，问题几乎可以杜绝。但同样需要指出的是，德军潜艇的整体鱼雷命中率仍然偏低。战后，有人曾分析过二战德军头号王牌潜艇——U-48号（1939年9月至1943年8月服役）——的攻击情况，发现该艇一共发射过126次鱼雷，但只有55次命中目标(其中96次为在水面发射，44次命中；30次为在水下发射，11次命中）。随着战争进行，盟军护航舰艇数量增多，且其指挥搜索能力不断增强，这给潜艇兵计算和实施攻击造成了很多干扰。于是，位于戈滕哈芬（Gotenhafen）的德军鱼雷实验设施（Torpedoversuchsanstalt）开发出了新技术。

G7e T4 "猎鹰"（Falke）鱼雷

G7e T4 "猎鹰"鱼雷是人类历史上第一种声导鱼雷。在发射后，该鱼雷将捕捉舰艇的螺旋桨空化噪声（cavitation noise）。由于该鱼雷是专门针对商船（在船队中航行时速度通常低于10节）设计的，因此其航速（20节）比G7e鱼雷原型更慢。1943年3月，"猎鹰"鱼雷开始服役。德军潜艇U-221号、U-603号和U-758号利用它攻击HX-229护航船队，并且获得了显著战果。其中U-221号击沉了"沃尔特·格雷舍姆"号（Walter Q.Gresham）和"加拿大之星"号（Canadian Star）；U-603号击沉了"艾琳·K"号（Elin K）；U-758号击沉了"赞恩兰"号（Zaanland），并将另一艘商船——"詹姆斯·奥格尔索普"号（James Oglethorpe，该船后来被其他潜艇击沉）——击伤。在这次战斗中，被新式"猎鹰"鱼雷击沉的商船的总吨位在30000吨左右。

G7e T5 "鹪鹩"（Zaunkonig）鱼雷

"猎鹰"鱼雷的服役时间很短，它很快被改进型——G7e T5 "鹪鹩"鱼雷——取代，后者的航速略有提高（约25节），射程也更远，但设计用途是打击护航舰艇。因此，德军对"鹪鹩"鱼雷的制导设备做了特别设计，使之能搜索小型军舰（航速一般为10—18节，比商船更快）螺旋桨的空化噪声。

"鹪鹩"鱼雷在1943年9月首次投入使用，并被用于攻击ONS-18船队。9月20日，德军潜艇U-270号和U-338号分别用这种武器攻击了英军护卫舰"拉甘"号（HMS

潜艇艇员正在将1枚鱼雷从前部装载舱口装入艇首鱼雷舱。值得注意的是，由于鱼雷重达1.5吨，而且周围空间狭窄，上述工作必须借助支架等特殊设备来完成。在港口装载鱼雷是一项麻烦的工作；在海上，艇员还需要把鱼雷从外部储存舱（位于甲板下方、耐压艇壳外部）中取出，再转移到艇内，工作难度更是有增无减。Ⅶ型潜艇可携带14枚鱼雷；Ⅸ型潜艇可携带24枚鱼雷，但通常只会携带22枚。（德国潜艇博物馆供图）

Lagan）和加拿大驱逐舰"圣克罗伊"号（HMS St. Croix），导致它们双双重伤、无法修复。随后，U-952号又用"鹪鹩"鱼雷将赶来救援的英军轻型护卫舰"报春花"号（HMS Polyanthus）击沉。次日午夜时分，U-666号潜艇也如法炮制，击沉了另一艘英军救援驱逐舰"伊钦"号（HMS Itchen）[①]——该舰很快沉没，只有3人幸存。在这些行动中，还有一些商船成为"鹪鹩"鱼雷的受害者。

在战争的其余时期，"鹪鹩"鱼雷继续有所斩获。但事实上，在德军发射的700枚声导鱼雷中，只有不到80枚真正击毁了盟军船只。这种鱼雷有几个显著缺陷。首先，在1943年下半年，盟军迅速设计出了一种诱饵设备，即"鞋面更换工"（Foxer）——它由一组空心有孔金属管组成，并由军舰在后方数百米处拖行。此时，舰船尾流会从金属管周围和内部流过，从而发出比螺旋桨空化噪声更大的声

---

① 译者注：此处有误，该舰实际是一艘"河"级护卫舰。

音。这种声音会吸引鱼雷，使其误判目标。当然，这种做法也有缺点，即可能产生巨大噪声，使舰船自身的声呐系统失效——不仅有助于德军潜艇逃避追击，还可能会暴露目标。

"鹪鹩"鱼雷的另一个问题是引信过于敏感，甚至会在水流湍急时自动引爆。更糟的是，该鱼雷有可能绕回发射它的潜艇。有消息称，至少有两艘潜艇（U-377号和U-972号）被自己发射的鱼雷击沉。面对这种情况，艇长们有两种解决方案：如果是从艇首发射管发射"鹪鹩"鱼雷，他们应立刻让潜艇下潜到鱼雷工作深度以下，即至少60米深处；如果是从艇尾发射管发射"鹪鹩"鱼雷，潜艇需立刻转入"静音航行"模式。

在装填靠上的2具艇首鱼雷发射管时，艇员需要用链条将鱼雷抬起，然后沿重型钢制顶梁将其推入鱼雷发射管。为方便海上装填，德军为所有鱼雷都涂上了油脂。在巡逻期间，艇员必须每隔四五天就从鱼雷发射管中取出鱼雷检修一次。通常来说，他们一天只会"抽出"1枚鱼雷，从而确保其他鱼雷发射管能随时发射。装填1具鱼雷发射管可能需要一个半小时[①]，而且整个活动会发出很大的噪声。因此，如果鱼雷发射管已空，但突然遭遇敌情，艇长将被迫认真考虑是否需要冒险。（德国潜艇博物馆供图）

---

① 译者注：这里指的是将鱼雷从外部储存舱运入艇内，然后再进行装填的情况，如果是直接装填艇内的鱼雷，整个过程可能只需要十多分钟。

此外，德军还试验过线导鱼雷，其成果被称为 G7e T10"蜘蛛"（Spinne）。该鱼雷的航速为 30 节，最大射程为 5000 米，但从未投入实战。

G7e T11

G7e T11 鱼雷是"鹪鹩"鱼雷的改进型，是德军在二战后期研制完成的，专门用于克服"鞋面更换工"诱饵。该鱼雷需在盟军护航舰艇前方发射，并朝最初探测到的空化噪声方向航行，不会被拖曳在舰艇后方的"鞋面更换工"诱饵欺骗。到战争结束时，这种鱼雷尚未全面参战，但肯定已超越了试验阶段；1993 年，一个欧洲团队从卡特加特海峡（Kattegat）打捞了德军潜艇 U-534 号，并在艇上发现 3 枚该型号的鱼雷。[2] 不过，目前尚未发现该鱼雷击沉盟军舰艇的记录。该部分内容可参见插图"'鹪鹩'旋翼风筝"。

配备折回装置的"弹簧鱼雷"

在二战期间，德军一共开发了两种配备折回装置的鱼雷——其中"弹簧鱼雷"（安装了折回装置的标准 G7e T3 鱼雷）较早服役。在被发射后，这种鱼雷将先笔直航行一段时间，然后有规律地反复掉头 180 度航行。在向船队侧面发射时，该鱼雷会先直冲过去，然后反复掉头，在各船只航线之间穿行，直到命中目标或耗尽动力。它的每段折返距离可以设置为 800 米到 1500 米之间。1942 年年末，"弹簧鱼雷"正式投入使用，并在同年 12 月被德军用来攻击 ONS-154 船队（参见本书第 58 页的照片）。

配备折回装置的"可变航向鱼雷"

"可变航向鱼雷"与"弹簧鱼雷"类似，但其航向更加多变和不规则，而且无须潜艇在发射时与目标保持特定角度。与"弹簧鱼雷"不同，该鱼雷将先笔直航行，然后再转向，并在进入折返模式前进一步改变航线。这样一来，鱼雷可以先与船队平行航行，然后转向 90 度朝船队航行。在到达目标区域后，鱼雷将开始有规律地改变航线，而且其转向角度可以超过 180 度，每段折返距离也可以在 0 米到 1500 米之间改变，直到鱼雷上的声导系统锁定目标。这种鱼雷于 1944 年投入使用。

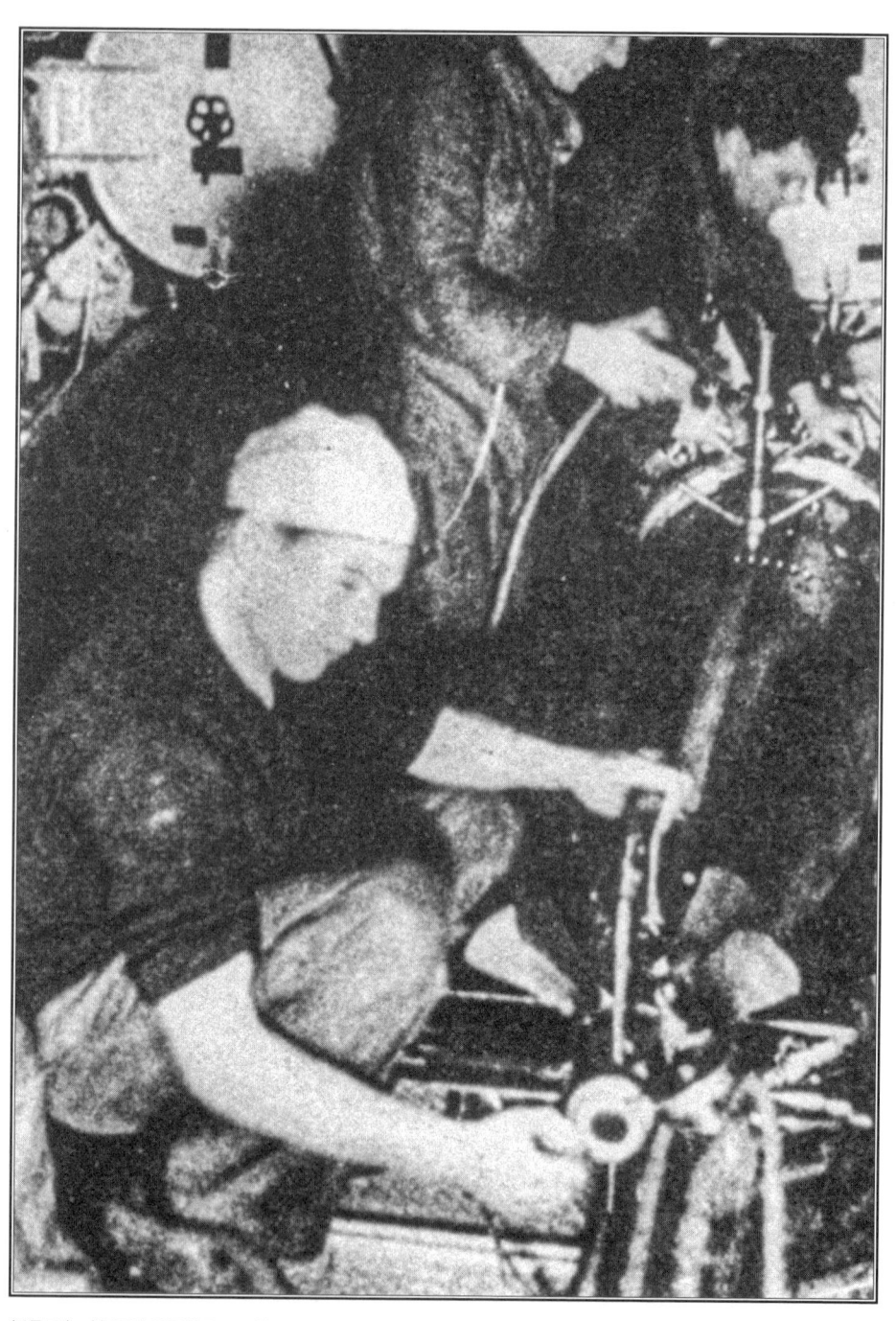

艇员正在对鱼雷的设置做最后调整,并将该鱼雷装入一具靠下的艇首鱼雷发射管。(作者收藏)

XB型潜艇是一种布雷潜艇,也是德国在二战期间建造的最大的潜艇。该型号的潜艇的满载排水量超过2700吨[1], 其水雷储存在艇身两侧的12个垂直发射管内。(德国潜艇博物馆供图)

水雷

  德国拥有许多专用布雷潜艇,如Ⅶ D型潜艇和X B型潜艇。这些潜艇主要用于大规模"战略"布雷,只要两艘一起行动,就可以迅速布设一大片雷场。虽然普通潜艇也可以携带水雷作为"战术"武器,但它们的水雷搭载数量相对较少。通常每具鱼雷发射管只能容纳2枚到3枚水雷(具体数量取决于水雷的型号和尺寸),但这种小规模布雷有时特别有用——尤其是目标海域位于布雷飞机航程外,以及水面布雷舰船因忌惮敌军而无法出动时。德军《潜艇指挥官手册》规定,在执行布雷任务时,指挥官应于夜间在敌方港口外待命,做好准备工作,并确定好航线,以备在破晓时分前往目标海域。指挥官应观察航道,并在适当位置布设水雷。该手册并不建议在夜间布雷,原因是夜间能见度低,很难准确导航,而且有可能突然遭到攻击。但各方也普遍相信,

---

[1] 译者注:此处有误,该艇满载排水量只有约2100吨。

夜间水面布雷①对老资格艇长来说并非难事。事实上，不少德军潜艇王牌艇长的战果都来自水雷而非鱼雷。例如在1941年春，于尔根·奥斯滕（Jurgen Oesten）海军上尉奉命指挥U-106号进行第二次巡逻。在西非近海，他用水雷击沉了8艘船只（总吨位近45000吨），并因此荣获骑士十字勋章。②

俯瞰 X B 型潜艇两侧的水雷发射筒舱盖。该艇的甲板可谓相当宽阔。（德国潜艇博物馆供图）

---

① 译者注：原文如此。事实上，在二战中，大部分德军潜艇都具有在水下布雷的能力。另外，由于在水面布雷非常危险，德军在实战中很少采取这种做法。

② 译者注：原文如此。不过，有资料显示，这8艘船只全部是被鱼雷所击沉。

防御设备

"阿佛洛狄忒"（Aphrodite）雷达诱饵

"阿佛洛狄忒"雷达诱饵实际上是一个气球，平时存放在潜艇甲板上的容器中。充入氢气后，该气球将迅速膨胀（直径将增加到 1 米）。在被释放后，"阿佛洛狄忒"会通过一根约 50 米长的绳索系留在一个小筏子或浮标上，其球身上悬挂着 3 条铝箔，可反射盟军飞机或军舰发射的雷达脉冲。在被释放后，"阿佛洛狄忒"可以在空中停留 4 小时到 6 小时，可吸引盟军的反潜力量，让潜艇能趁机下潜逃逸。

"忒提斯"（Thetis）雷达诱饵

这种设备在理论上有效，但在实战运用中完全无效。该诱饵是一个小型浮标，由若干钢管和钢板组成。和"阿佛洛狄忒"一样，该诱饵平时也以分解状态存放，需要在潜艇上浮后从甲板上投入海中。不过后来德军开发了一种更先进的型号，能直接从鱼雷发射管中发射。"忒提斯"的原理与"阿佛洛狄忒"一样，都是模拟潜艇在水面的雷达信号，德军计划将它们大量布设在比斯开湾各处，以保护己方潜艇穿越由盟军飞机构成的"黑洞"，让潜艇可以从法国大西洋沿岸基地安全出发和返回。该诱饵和英国皇家空军夜间轰炸机投放的"窗口"金属箔条类似，都旨在迷惑敌方雷达，制造众多假目标，使对手无法分辨。但对德军来说不幸的是，这些诱饵并不能欺骗更先进的盟军雷达，在战场上收效甚微。

声呐诱饵："博尔德"（Bolde）和"西格林德"（Sieglinde）

"博尔德"也被称为"气泡投掷器"（Pillenwerfer）。该设备简单有效，可以迷惑水面舰艇的声呐，影响其搜索潜艇。"博尔德"的主体是一个直径约 10 厘米的圆筒，圆筒内装满了氢化钙。在被投入大海后，圆筒上的一个阀门将让海水进入筒内，海水随即与氢化钙发生化学反应，从而释放出大量气体。该设备将在同一深度停留，在随后的 20 分钟内，它将不断开启和关闭阀门，并释放出大量气泡。这些气泡在声音信号特征上与潜艇类似，可以迷惑声呐操作人员。当护航舰艇被其吸引时，潜艇就可以悄悄逃走，并在"博尔德"内部的氢化钙耗尽前与军舰拉开距离。该部分内容可参见插图"水面和水下探测"。

这张有趣的照片展示了从指挥塔外向塔内和指挥舱俯瞰时的景象，在梯子底部还能看到艇长的白色便帽。指挥塔值班人员一般为5人。后来，由于德军在潜艇上安装了更多的高射炮，指挥塔值班人员的数量更是超过了10人。在紧急下潜时，他们必须通过这个小舱口在25—30秒内进入艇内——其难度之大可想而知。（作者收藏）

为提高潜艇下潜速度，德军修改了艇身设计，尤其是收窄了艇首后方的外部艇壳（例如本照片中的IX C 型潜艇 U-190号），水在流过潜艇"腰部"区域时，其重量会加速潜艇下潜。值得一提的是，盟军飞机用雷达发现位于水面的潜艇后，飞机机组人员通常会关闭雷达，并尝试在云层掩护下进行跟踪。一旦距离目标只有 40—50 秒航程，盟军飞机就会突然从云层中钻出并发动攻击。对于潜艇而言，下潜时间每差一秒都可能事关生死。（德国潜艇博物馆供图）

"博尔德"也有缺点：一旦潜艇试图逃逸，盟军的护航舰艇就会探测到两个声呐信号——其中一个是静止的，而另一个则在不断运动。此时，护航舰艇自然会选择追击运动的目标。因此，德军又开发了一种名为"西格林德"的声呐诱饵，该诱饵拥有一部微型电动马达，能以大约 6 节的航速航行，从而更逼真地模仿潜艇声音信号。德军还经常同时使用"西格林德"和"博尔德"，使盟军的声呐操作员更难做出正确判断。

"西格蒙德"（Siegmund）

该装置虽然不能产生误导信号，却能引爆一连串的炸药，使盟军声呐设备短暂"失聪"。在第一次爆炸后，德军潜艇将趁机短暂加速，然后停船等待下一次爆炸，如此循环往复，直到与攻击者拉开一定距离。

这张颇具视觉冲击力的照片是透过观察潜望镜拍摄的，我们可以看到一艘IX型潜艇的艇首突然钻出水面。这张照片是一个反映潜望镜观察视野的绝好例子。（德国潜艇博物馆供图）

"阿尔贝利希"（Alberich）

"阿尔贝利希"是一种采用特殊合成橡胶材料的吸声覆盖层，它可以粘贴在潜艇的艇壳上，从而抑制发动机噪声。此外，"阿尔贝利希"还可以将潜艇的声波反射减弱约15%。"阿尔贝利希"采用的合成橡胶材料是一种专利产品，名为"欧巴诺尔"（Oppanol），即聚异丁烯（polyisobutene）。德军潜艇部队使用的"阿尔贝利希"厚约4毫米。"阿尔贝利希"的初步测试在一艘Ⅱ型潜艇上大获成功，随后，德军决定把它用在新建的Ⅸ C型潜艇U-67号上。

尽管这一创意具有合理性（而且至今仍在广泛运用），但在1941年，德军却未能找到合适的黏合剂。1941年8月，U-67号奉命开赴其首个作战基地——洛里昂（Lorient），并加入第2潜艇分队。在这次短暂航行中，该艇有约60%的吸声覆盖层脱落。而且这些"贴片"会在松动后产生水下乱流，增大航行阻力。不仅如此，带着"剥落"的吸声覆盖层的潜艇还可能会比没有吸声覆盖层的潜艇更加"吵闹"。

一名神情忐忑的艇员（中）抬头仰望，其同伴正在拧紧阀门。当潜艇潜入深海时，随着水压不断增大，艇身会发出许多清脆或沉闷的异响，在被深水炸弹攻击时，由于船体可能在高压下破裂，情况将更加令人紧张。（德国潜艇博物馆供图）

在指挥舱右前方，2名艇员正在操作水平舵。当潜艇需要紧急下潜时，他们将发挥重要作用。（德国潜艇博物馆供图）

潜艇上的厨师也被称作"Smutje",军衔一般较低,他需要利用有限条件为大约50名士兵提供热食和饮料。由于这项工作对士气至关重要,厨师可以不用在指挥塔上值班。当潜艇在"静音航行"状态下躲避配备主动声呐的敌舰时,厨师还将承担另一项重要工作,这就是看好锅碗瓢盆,不要让它们在潜艇遭受深水炸弹攻击时发出声音。(德国潜艇博物馆供图)

最终，德军直到1944年才找到一种适合的黏合剂。这种黏合剂在Ⅶ型潜艇U–480号上表现良好。1944年8月25日，在艇长汉斯–约阿希姆·福斯特（Hans-Joachim Forster）海军中尉指挥下，U–480号在英国兰兹角（Lands End）外海对BTC–78船队发动攻击，一举击沉货船"奥明斯特"号（Orminster）。① 在战争后期，德军潜艇一旦被水面舰艇发现便凶多吉少。但U–480号却在被盟军追击7个小时后，安全撤退。不管这是得益于"阿尔贝利希"发挥了作用，还是艇长技术高超，德军很快出台命令，要求将这种吸声覆盖层用于所有的XXIII型和XXVI型潜艇。② 但在战争结束前，只有一艘XXIII型潜艇（U–4709号）完成了吸声覆盖层的铺设工作，而且该艇在自沉前没有进行过任何战斗巡逻。

"抗侦测橡胶涂层"（Tarnmatte）

为提高潜艇隐蔽性，德军还在潜艇通气管（即吸气/排气管）露出水面的部分覆盖了合成橡胶涂层（"抗侦测橡胶涂层"）。这种改进相对较为成功。1943年春，盟军开始列装厘米波雷达，该雷达能在昼间和夜间探测到在水面航行的潜艇，这迫使德军潜艇大部分时间只能在水下蛰伏，从而严重削弱了它们的目标拦截能力，还让潜艇无法安全上浮充电。1944年5月，德军开始装备可伸缩式通气管，它可以为柴油机吸入新鲜空气，并排出柴油机产生的废气，让潜艇理论上能全天在水下航行（但速度非常慢），并同时给电池充电。不过，该设备操作难度较大，而且存在众多安全隐患。另外，这种通气管露出水面的部分也很容易被盟军飞机用雷达发现。

德军潜艇通气管露出水面的部分所覆盖的合成橡胶涂层，采用了一种名为"丁钠橡胶"（Buna）的合成材料。合成橡胶涂层的厚度取决于盟军雷达的波长——为应对波长为9.7厘米的Mk Ⅲ空对海雷达，"抗侦测橡胶涂层"的厚度一般为2厘米。据说，"抗侦测橡胶涂层"的有效率可以达到90%。

---

① 译者注：此处有误，该船队的编号实际是FTM—74，"奥明斯特"号被击沉的地点也不是兰兹角外海，而是英吉利海峡中部。
② 译者注：XXVI型潜艇是德军在战争末期推出的潜艇，该型号的潜艇的水面排水量为842吨，水下排水量为926吨。XXVI型潜艇配有瓦尔特过氧化氢发动机，水面最大航速为11节，水下最大航速为24节，乘员总数为33人，装备10具鱼雷发射管[艇首4具，另外6具位于艇身侧面的"施内管风琴"（Schnee Organ）装置中]。与传统潜艇相比，XXVI型潜艇的艇身设计更具流线型，水下阻力大幅降低，更适应水下攻击行动。德军计划建造100艘XXVI型潜艇，但在战争结束前无一竣工。

防御战术

对舰防御战术

德军潜艇指挥官应首先避免被敌人发现，为实现这一目标，他们会采用多种基本和复杂"潜行战术"。其中一项重要工作是采用简单的伪装涂装。德军一般会把潜艇水线以上的侧面涂成浅灰色，以便在阳光下隐藏自己。虽然也有一些潜艇会采用复杂迷彩，但这种情况相对罕见。一般来说，德军会把潜艇的水平表面（即可以从上方看到的表面）涂成深灰色，以便让它与黑暗的海面"融为一体"。上级曾对艇长们下达指示："甲板上所有明亮物体（如电线上的绝缘体部分）都应涂成深色。艇上应备有深色油漆，以防油漆在行动中剥落。"在潜航状态下，潜艇很难被飞机从空中发现，但在海面非常平静，且天气极为晴朗时，浅水中的潜艇便很难躲过空中搜索了。

德军艇长经常接到一则提醒："谁先发现，谁就能赢。"但他们也需要在提高索敌能力和保持隐蔽性之间取得平衡。其中一些秘诀包括：为保持隐蔽，白天在水面

一艘ⅦC型潜艇的指挥塔和高射炮平台。ⅦC型潜艇的对空火力有所加强，拥有1座单管3.7厘米高射炮和2座2厘米双联装高射炮。（作者收藏）

航行时禁止升起潜望镜，以免反射太阳光；下潜时，只有在潜艇完全入水后才能升起潜望镜；上浮前，潜艇必须完全收回潜望镜。不过，上级也提醒艇长们需要在一些水面航行场合升起潜望镜，例如在安全区域内航行时，以及进行维修工作时。为看得更远，潜艇还可以让一名瞭望手爬到潜望镜顶部。

艇长们还经常被提醒小心地平线彼端的敌人。如果地平线上有疑似敌舰桅杆的物体出现，他们应在看见敌舰的烟囱之前让潜艇潜入水中。由于军舰桅杆上可能有瞭望员，桅杆顶端可能有测距仪，因此潜艇越早下潜越好。《潜艇指挥官手册》中还特别提道："早下潜胜过晚下潜，晚下潜可能意味着没法下潜。"

德军还经常建议潜艇在能见度较低时（如大雾天气）保持潜航状态。在这种情况下，瞭望手的视野有限，但如果潜艇下潜，艇员就至少能用水听器察觉有船只逼近，从而避免遭到突然攻击。

德军还告诫艇长们不要在海面上留下油迹，以免敌军跟踪而来。在下潜后，潜艇应迅速驶离，以远离可能留下的油迹。

这艘Ⅶ型潜艇不仅加强了对空火力，还在指挥塔上部加装了厚重的装甲板，从而能在一定程度上抵御盟军飞机的攻击。（德国潜艇博物馆供图）

官方条令

德军官方对潜艇的防御机动提出了多种建议，其内容包括：

如果追击持续时间长，潜艇应尽可能借助黑暗从海面逃离。

潜艇被敌人发现并开始下潜时最危险。此时潜艇的位置和前进方向已被敌人察觉，因此需要深潜并全速离开现场，并忽略声音被敌方探测到的危险。

一旦敌人开始（使用声呐）发起追击，潜艇应尽量降低艇内噪声，并关闭所有辅助机械，艇上的尾舵和水平舵应改为人工操作。艇员只能小声说话，工作时应尽量保持安静，并穿着袜子走动。

潜艇下潜的深度越深，敌军声呐越有可能误判。因此，潜艇应尽量深潜。

不要过度使用"之"字形机动，此举会与敌舰拉近距离。当敌舰加速时，或者深水炸弹爆炸时，潜艇发动机噪声会被掩盖，此时潜艇应加速前进。如果敌舰停船，潜艇应将发动机转速降至最低，以便尽量减小噪声。在此期间，潜艇应尽量以艇尾

通过这张照片，我们可以看到 2 厘米双联装高射炮的尺寸相当大。这门高射炮后部带软垫的弧形装置是肩靠，可以让炮手借助身体的力量将炮口指向目标。（德国潜艇博物馆供图）

朝向敌方，从而降低声呐反射面。

受到攻击后，潜艇应始终保持主动，而不是被动等待，也不能幻想敌军会在搜索未果后自行离开。

在某些情况下，潜艇可以停止前进，并在海床上停留——尤其是在海水很深、潜艇难以被声呐发现的地方。但这只是一种权宜之计，因为此时燃油可能从油舱泄漏，从而暴露潜艇位置。如果潜艇遭到深水炸弹攻击，艇上人员需密切留意所有接头和接缝部位，以防有燃油泄漏。该部分内容可参见插图"规避战术——舰潜对抗"。

潜艇艇长必须考虑被迫上浮的可能性，并做好自沉准备，包括在柴油机冷却水进水口、柴油机排气管和鱼雷舱海水进水阀等位置安放炸药。此外，关键设备（如无线电、声呐和潜望镜）附近也应安放炸药。

如果存在秘密文件被夺的可能性，那么（相关人员）必须在关键时刻用强酸销毁它们。至于其他文件，则应在悬挂重物后扔入海中。

不同的潜艇的高射武器差异很大：这艘潜艇上层平台上安装的是单管而非双管2厘米高射炮，但潜艇后方下层平台上安装了1座2厘米四管高射炮——这是一种颇具威力的武器。该潜艇上的全部6门2厘米高射炮每分钟可发射约2520发高爆弹或燃烧弹。据估计，有大约120架飞机在攻击潜艇时被击落。另外，虽然有数百艘潜艇被飞机击沉，但其中只有约30艘是在使用高射炮自卫时被击沉的。（德国潜艇博物馆供图）

最后一次上浮后，潜艇应打开柴油机的顶置阀（head valve）和底阀（foot valve），并排空压缩空气罐。同时，艇员应使用一切武器来对付敌人，以便为潜艇自毁、销毁秘密文件与设备争取时间。

为甩掉盟军战舰，德军潜艇艇长会使用上述一种或多种战术。他们非常清楚盟军声呐的不足，而且知道在探测距离上，潜艇的被动声呐比军舰的主动声呐更远。

在主动声呐操作员捕捉到潜艇的回声之前，主动声呐发出的"砰"声就会被潜艇察觉。如果潜艇与军舰相距不到 300 米，"砰"声和潜艇的回声几乎会同时出现，导致军舰很难准确查明潜艇的位置。此外，如果军舰在发动攻击时全速前进，螺旋桨噪声将非常大，会掩盖潜艇的回声。因此潜艇艇长可能会在最后关头冒险放弃静音潜航，选择全速前进，并机动远离军舰的固定搜索航线。老练的艇长还会利用不同深度的海水的温度与盐度差异——这些差异会妨碍主动声呐信号传播。如果潜艇正在遭受深水炸弹攻击，艇长还可以指挥潜艇在海底潜伏，并保持静默，同时用鱼雷发射管发射少量柴油和可漂浮的碎片，营造出一种潜艇已被击沉的假象。

对空防御战术

在战争爆发之初，盟军飞机对于潜艇而言是一大威胁。不过，由于盟军空投深水炸弹的表现不佳，而且机载搜索雷达尚未完成研制，因此飞机在当时只能对潜艇进行骚扰，无法算作严重威胁。但从 1941 年年中开始，随着飞机弹射船登场，飞机的威胁开始逐渐增大。盟军舰载战斗机可以向军舰报告潜艇的位置，并扫射潜艇舰桥人员。从 1943 年春季开始，船队还常有搭载"剑鱼"（Swordfish）和"复仇者"（Avenger）反潜攻击机的护航航空母舰随行。在冰岛南部的"空中缺口"消失后，德军潜艇指挥官愈发担心会在比斯开湾和大西洋遭到空袭：即使声呐探测一无所获，潜望镜也显示周围海面空无一物，但如果他们让潜艇浮出水面，仍然可能有飞机钻出云层发动突袭。在黑夜中，这种情况尤其令人紧张，因为轰炸机可以在厘米波雷达引导下就位，并打开"利式探照灯"，此时潜艇的反应时间只有不到一分钟。德军应对空中威胁的推荐战术包括以下内容：

1. 在有敌机威胁的地区，必须让最优秀的艇员担任指挥塔值班员，防空武器应配备操作人员并随时待命。潜艇乘员应经常调试武器，确保它们能正常使用。

2. 一旦发现敌机，潜艇应立即下潜，除非敌机没有朝潜艇方向移动。如果敌机朝潜艇方向移动，潜艇应转向远离飞机，以减小侧影面积，同时降低航速以减少航迹。

3. 如果潜艇在装有探照灯的飞机直接飞过上空时才被发现，潜艇应立即下潜——因为在这种情况下，飞机必须先转向才能发动攻击，潜艇恰好可以利用这段时间逃跑。

4. 潜艇被飞机发现后，如果两者相距较远，但前者依然没有时间安全下潜，艇长应下令在海面上用高射炮还击，直到飞机从潜艇头顶飞过。这时，潜艇应在飞机转弯并进行下一次攻击前下潜。

Ⅶ型潜艇U-441号是第一艘真正意义上的"高射炮潜艇"。注意该潜艇后部平台上安装的3.7厘米高射炮和2厘米四管高射炮，指挥塔前方的1个四管高射炮平台，以及指挥塔上方的1具"床架"雷达天线。1943年5月24日，U-441号旗开得胜，击落了1架英国皇家空军的"桑德兰"飞艇式水上飞机。但在第二次执行任务时，该艇没有引来笨重的"桑德兰"，而是引来了多架执行"比斯开湾巡逻"任务的"英俊战士"——这种飞机快速灵活，火力也很强大。U-441号遭受重创，包括艇长克劳斯·哈特曼（Klaus Hartmann）海军上尉和所有军官在内，艇上共有10人阵亡，13人受伤。（德国潜艇博物馆供图）

这是每个德军潜艇兵在出征后都希望看到的景象——活着回来，并受到他们景仰的"老板"卡尔·邓尼茨将军亲自欢迎。事实上，在出海的约 55000 名潜艇兵中，约有 27490 人再也没有回来，死亡率高达 50%，比英国皇家空军轰炸机司令部的人员损失率还要高。（德国潜艇博物馆供图）

在有些情况下，潜艇可以用高射炮成功保护自己，甚至击落飞机，但这通常只发生在敌军只有一架巡逻轰炸机时。1943 年 3 月 1 日，U-223 号 [艇长：瓦赫特（Wachter）海军上尉] 在海面被英国皇家空军的一架 B-17"飞行堡垒"轰炸机发现。该艇措手不及，没有机会下潜，并遭到多枚深水炸弹和机枪攻击。但潜艇高射炮炮手仍然坚守岗位，用猛烈的炮火重创了"飞行堡垒"的液压设备和一台发动机。片刻之后，当"飞行堡垒"的飞行员转弯准备进行第二次攻击时，U-223 号已趁机下潜并逃之夭夭了——这证明了冷静的艇长完全可以成功执行上述第 4 项战术。

值得一提的是，U-333 号曾三次在这种遭遇中生还。1943 年 3 月 4 日夜间，英国皇家空军海岸司令部的一架"威灵顿"（Wellington）轰炸机用雷达探测到 U-333 号 [艇长：维尔纳·施瓦夫（Werner Schwaff）中尉]。当时后者正在海面航行，并在猝不及防中被"利式探照灯"锁定。这种探照灯安装在飞机腹部，直径为 24 英寸，能以特定角度照射海面，使飞行员既能确定潜艇的位置，又能判断深水炸弹的正确投掷距离。但U-333号的炮手反应迅速，将"威灵顿"打得起火燃烧，坠入海中。该机投下的4枚深水炸弹中有2枚没有击中目标，1枚撞在潜艇上弹开，1枚在击中艇壳后破裂，未能成功引爆。

1944年6月11日，U-333号[此时由绰号为"阿里"的彼得·克莱默（Peter "Ali Cremer"）海军上尉指挥]再次幸运逃脱，并在另一轮空袭中幸免于难。但盟军的这次攻击使该艇遭受重创，艇上的3.7厘米高射炮也被炸毁了，克莱默不得不让潜艇回港。次日傍晚，当该艇穿过比斯开湾跟跄返航时，再次遭到英国皇家空军"桑德兰"（Sunderland）飞艇式水上飞机攻击。尽管重型高射炮已经失灵，但该艇的2厘米高射炮又准又狠，最终将这架水上飞机打得起火燃烧并坠毁。

"原地还击"命令

战争初期，Ⅶ型潜艇一般只有一门安装在指挥塔后部高射炮平台上的2厘米单管高射炮。1943年，德军经常拆除潜艇上的8.8厘米甲板炮，并在指挥塔后方安装有两个战位（每个战位各有一座双联装2厘米高射炮）的高射炮平台。一些潜艇还用四联装2厘米高射炮取代了3.7厘米高射炮，从而形成了由8门2厘米机关炮组成的强大防空炮群。

受水下速度和航程限制，潜艇在出航或返航时必须从水面穿过比斯开湾。由于短波雷达和"利式探照灯"的出现，德军潜艇越发容易在夜间遭到突袭。这促使邓尼茨在1943年4月底下令改变战术——他要求各艇在白天航行，在夜间下潜。因为在白天，指挥塔瞭望员将有机会在最大距离上发现飞机，从而让潜艇有时间下潜躲避。就算发现飞机时，它已经离得很近了，潜艇也可以用防空火力还击，为下潜争取时间。但不幸的是，在1943年初夏，英国皇家空军大幅加强了比斯开湾的巡逻力量。而且盟军完全可以用一架飞机的损失换来击沉一艘德军潜艇，但德国人却无法承受这种损失。

盟军飞机还可以在德军潜艇周围盘旋，并呼叫空中或水面增援。如果装备雷达的飞机和装备主动声呐的军舰联手行动，它们将成为潜艇的完美克星。在面对多架飞机攻击时，潜艇将被迫向多个目标开火，从而无法发挥防御火力。1943年7月底，德军被迫取消"原地还击"命令，据估计，此时该命令已导致25艘潜艇被摧毁。

1943年6月，邓尼茨命令麾下潜艇以5艘左右为一组出航。此举旨在让各潜艇联合发挥高射炮火力，并在穿越比斯开湾时相互帮助。但这种做法有个缺陷：如果敌军的攻击持续不断，德军就只能让一艘潜艇留在海面上继续抵御空袭，而其他潜艇将潜入水下——随后，孤军作战的潜艇将只有死路一条。这种集体自卫战术并不特别成功。虽然在1944年6月16日，U-600号、U-257号和U-615号联合挫败了英国皇家空军的空袭，但在其他时候，很多潜艇都受损严重，只能被迫返回基地。1944年6月11日，一个由5艘潜艇组成的艇群遭到一架"桑德兰"攻击。虽然德军成功将该飞机击落，但U-564号不得不因重伤而放弃任务。虽然U-564号在返航期间有U-185号同行，但该潜艇最终仍在一次后续攻击中被击沉。

高射炮潜艇

为提供充足的对空防御火力，邓尼茨最终推出了所谓的"高射炮潜艇"。德军一共对7艘ⅦC型潜艇进行了改装，并在其指挥塔前后方加装了高射炮平台。但"高射炮潜艇"的概念存在根本性缺陷：由于增加了不少重量，这些潜艇的重心升高，稳定性不足。此外，上述改进还增加了潜艇的航行阻力，降低了其水下速度和作战半径。另外，新加装的高射炮还需要大量操作人员，潜艇下潜时，高射炮操作人员返回艇内的时间也将更长。不仅如此，虽然"高射炮潜艇"火力强大，但盟军飞机可以在其射程外徘徊，等待军舰赶到后报告地点。如果该艇试图下潜，飞机就可以趁其无法还击而将其击沉。虽然U-441号潜艇曾在1943年5月取得过零星胜利，但德军随后便放弃了试验。在此期间，U-621号"高射炮潜艇"在战斗中被击沉，而其他已完成改装的"高射炮潜艇"（U-441号、U-256号和U-953号）则被改回了原有配置。

战争初期，潜艇水面进攻的理想方法（本图未按比例绘制）

✣ 战争初期,潜艇水面进攻的理想方法

1. 白天

在本图中,一艘潜艇正在接近一支小型船队,对方没有护航舰艇提供保护。当时正值清晨,天气晴朗,潜艇正从东面驶来,艇首正对船队航行方向。潜艇采用这种航向可以减少艇身投影,避免被瞭望哨发现。在本示例中,潜艇还拥有一个优势,即位于上风向,艇首不会溅起明显水花。一旦确定船队的距离、航线和队形,潜艇在大部分情况下会潜入水中,并从侧翼绕向理想的攻击位置。

2. 夜间

潜艇从船队后方和上风处接近船队,并大致朝月亮的方向航行。由于潜艇的水面速度约15节,而船队行驶缓慢,速度只有8节,因此潜艇完全可以追上船队。在月光和地平线的映衬下,商船的身影格外醒目。在水面航行时,潜艇的侧影极小,而且无法被护航舰艇用声呐探测到。另外,当时盟军也没有大规模列装高效的搜索雷达。由于潜艇朝着月亮的方向航行,其指挥塔上的瞭望人员可以在执行巡逻任务的护航舰艇(通常在船队侧翼)靠近之前轻易发现对方。

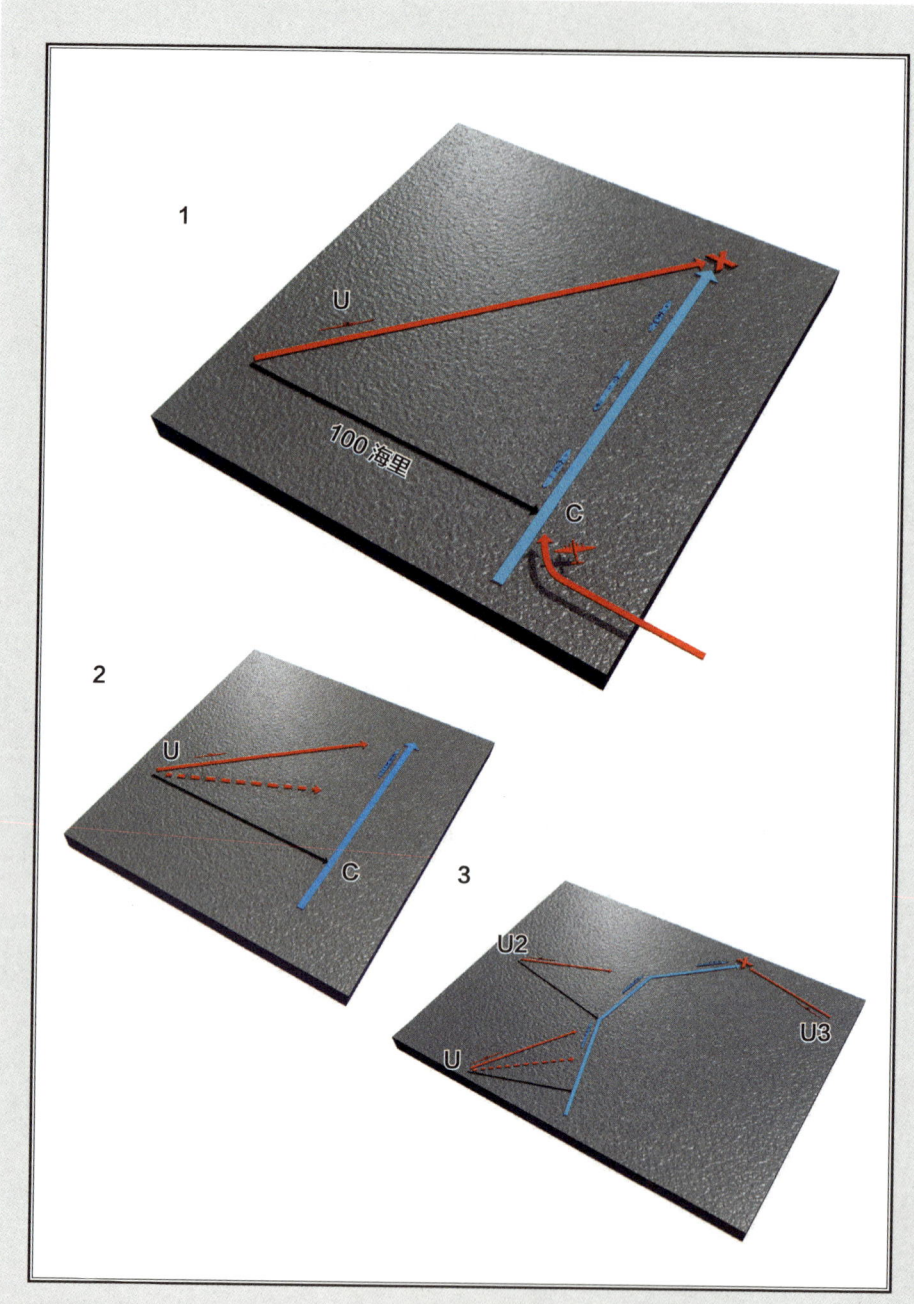

单艇拦截船队

单艇拦截船队

1. 本图显示了1940年—1941年期间，德军潜艇（在图中以"U"表示）单艇巡逻的位置，但这只是一种理想情况。1架执行巡逻任务的"秃鹰"轰炸机发现了盟军的船队。该船队（在图中以"C"表示）距离潜艇约100海里，估计航速为8节，属于"慢速船队"。"秃鹰"向位于洛里昂的"西部海军集群"（Marine Gruppe West）通报了船队航向，随后这条消息被转交给当地的潜艇部队司令部。在从潜艇部队司令部接到敌情通报后，艇长确信，他能凭借速度优势在船队前方占据适当的攻击位置，便制定了拦截航线，并计划在"X"点实施拦截。

2. 本图的情况与上图相同，但潜艇的目标是"快速船队"（最高航速至少为14节）——这种船队经常由运兵船组成，其中一些船只系从客轮改装而来，航速相当快。在收到相关情报后，艇长发现按原有航向（虚线）和更偏向东北方的新航向（实线）都无法及时拦截船队。

3. 在本图中，德军的无线电通信可能被盟军截获，导致"快速船队"改变了航向。因此，在东北方更远处的第2艘潜艇（在图中以"U2"表示）也可能无法追上和拦截该船队。只有在"快速船队"航线前方（在图中以"U3"表示）位置巡逻的第3艘潜艇才有机会抵达适当的攻击位置。不仅如此，第3艘潜艇的侧翼攻击行动还将受能见度、海况、护航舰艇活动和鱼雷发射失败等因素影响，一旦首次攻击失利，该潜艇将无法追上"快速船队"并再次发动进攻。

邓尼茨最大的问题是潜艇数量不足，无法彻底覆盖广阔的北大西洋战场。这些例子还表明，如果潜艇不能在海面上安全航行，将很难发挥作用——因为它们的水下最高航速只有约7节，完全不足以展开机动和攻击高速目标。

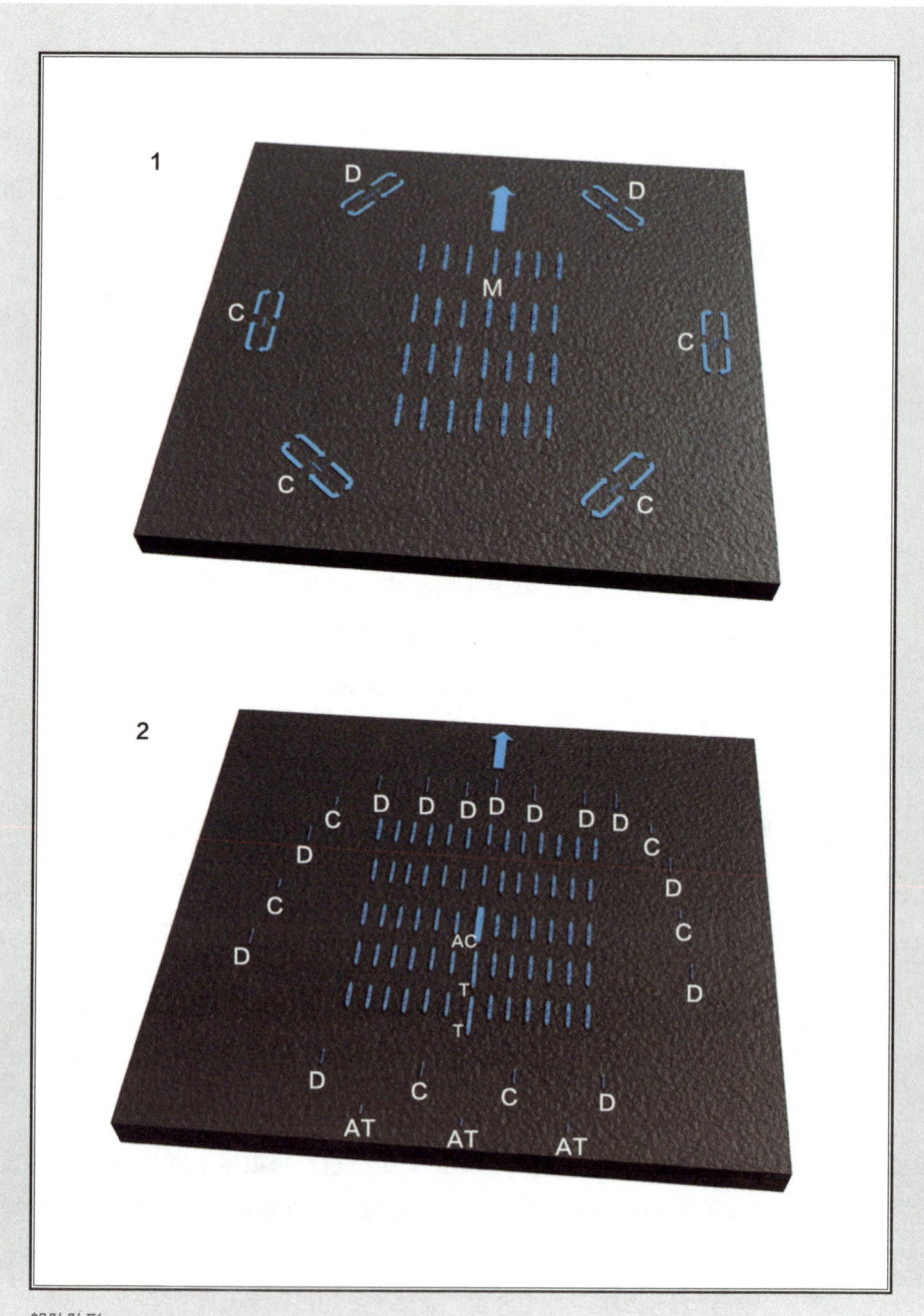

船队队形

82

✦ 船队队形

1. 战争初期

　　战争初期，保护商船（在图中以"M"表示）的英国和加拿大护航舰艇数量有限。在本图中，2艘驱逐舰（在图中以"D"表示）位于船队前方，2艘较小的轻型护卫舰（在图中以"C"表示）位于船队左翼和右翼，另有2艘轻型护卫舰在船队后方。由于需要负责"监控"大片海域，这些护航舰艇在大部分情况下都会像牧羊犬一样在"责任区"内往返机动。这些机动虽然必要，但也会留下大片空隙。如果艇长技术高超，就可以指挥潜艇从这些空隙间穿过。如果艇长有足够的胆量，他甚至可以在夜间指挥潜艇从海面渗透进商船队列。另外，连续机动和冬季的大风大浪还会消耗护航舰艇的燃料。有时，受海况影响，护航舰艇将很难从随行油轮上加油，只能被迫离开船队。

2. 战争后期

　　大约在1943年，盟军船队的规模更大，防护更严。就算德军集结起一支规模相当大的"狼群"，恐怕也很难从容发起攻击。在本图中，一排驱逐舰（在图中以"D"表示）位于商船前方，还有一些驱逐舰位于船队侧翼和后方。驱逐舰之间的空隙则由几艘轻型护卫舰（在图中以"C"表示）填补。船队后方是一些小型舰艇，如扫雷舰或武装拖网渔船（在图中以"AT"表示）——其任务不仅是提供后方掩护，还包括搭救沉没船只上的幸存者，以便让更强大的护航舰艇继续执行护卫任务。船队中还有1艘小型护航航空母舰（在图中以"AC"表示），可以提供空中掩护。为确保安全，盟军还会将特别有价值的货船——如弹药船和油轮（在图中以"T"表示）——安置在船队中心。

1

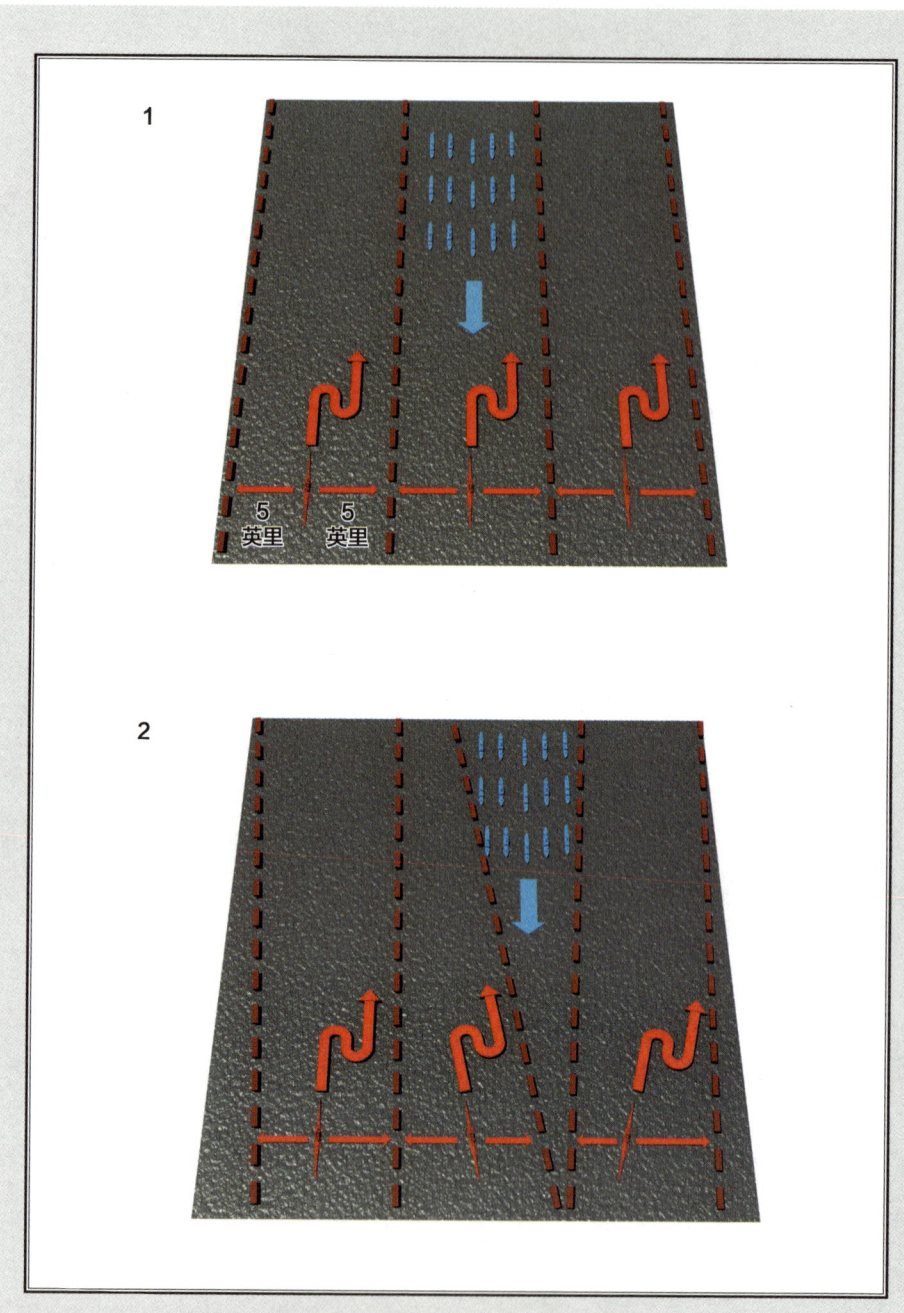

5英里 | 5英里

2

潜艇巡逻／侦察线（本图未按比例绘制）

潜艇巡逻/侦察线

1. 理论情况

本图中的巡逻线由 3 艘潜艇（实际上最多可达 20 艘）组成，旨在最大限度利用瞭望人员的视野（每艘约 5 英里，即直径 10 英里）。同时，每艘潜艇都各自拥有 1 条"航线"，它们将在其中穿梭巡逻。由于视野范围内没有缺口，加上潜艇不仅可以向前行驶，还可以不断左右改变航向，因此它们可以监控一大片海域，盟军船只完全不可能悄然穿过该海域。

2. 更有可能的现实

如果风平浪静、能见度高，上述情况可以维持下去，但这在北大西洋并不常见。即使德军潜艇数量充足，可以组成一道宽阔的巡逻线，恶劣的天气、强劲的海流、大浪和云层也会困扰潜艇上的导航人员，让他们好几天都无法使用六分仪。在这种情况下，潜艇很容易偏离航线。在本图中，中间的潜艇已略微向左偏航，右边的潜艇则向右偏航，从而在中间拉开了一道缺口。在一两天过后，该缺口的大小将相当可观，足够 1 个小型护航船队——更不用说单独航行的盟军商船——悄然溜过。

格陵兰岛

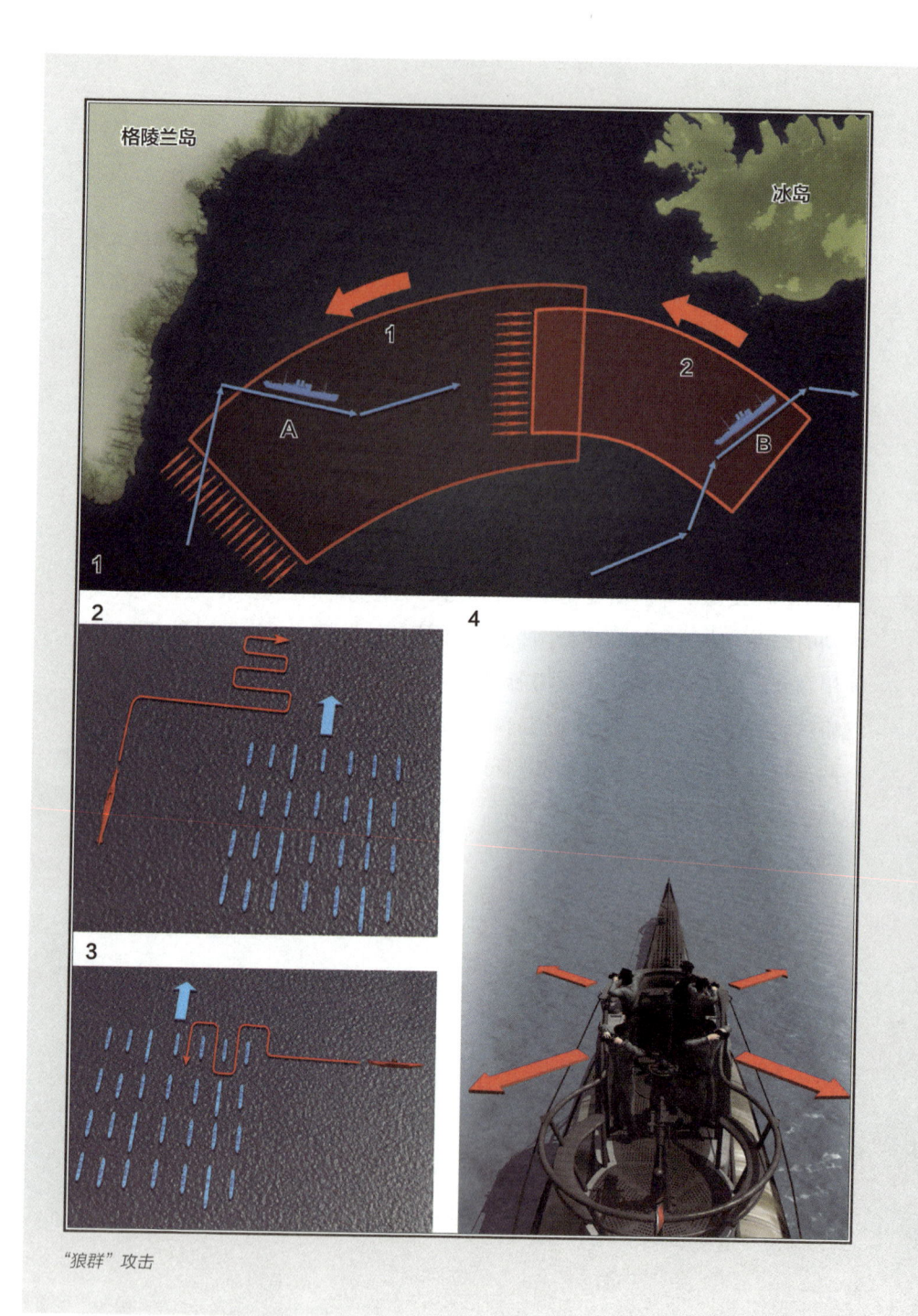

冰岛

"狼群"攻击

86

✲ "狼群"攻击

1. 典型巡逻线路，1941年秋

1941年8月28日，一支代号为"边境总督"（Markgraf）的"狼群"沿着路线1巡逻。该艇群最初有14艘潜艇，后来又有5艘潜艇加入。盟军情报部门知道它们的存在，但不知道其确切位置。与此同时，SC-42大型船队正在沿航线A行驶，该船队由64艘货船组成，仅有1艘驱逐舰和3艘轻型护卫舰同行。受浮冰影响，该船队无法改道北上。9月9日，SC-42大型船队被U-85号[艇长：埃伯哈德·格雷格尔（Eberhard Greger）海军中尉]发现，攻击随即开始。随后2天里，共有17艘商船被鱼雷击中，9月16日和19日又有2艘落单商船被鱼雷击中。SC-42大型船队被击沉的商船总吨位为68260吨，被击伤的商船总吨位为14130吨，德军潜艇无一损失。①

10月15日，SC-48船队沿航线B进入另1个德军潜艇巡逻区，遭到了多艘潜艇拦截，其中几艘潜艇来自代号为"纵火犯"（Mordbrenner）的艇群。共有13艘潜艇对至少52艘盟军船只进行了拦截，虽然后者的护航兵力强大（包括1艘驱逐舰和7艘护卫舰），但进攻方依旧击沉了9艘商船和2艘军舰，总吨位接近50000吨。

2和3. 鱼雷制导系统，1942年和1944年

上述德军在1941年取得的战绩是其潜艇利用传统非制导鱼雷获得的，后来，德军潜艇配备了带有折回装置的鱼雷，即"弹簧鱼雷"和"可变航向鱼雷"。

图2展示了1枚"弹簧鱼雷"的运动轨迹。德军潜艇从船队侧面发射（但在现实中，德军潜艇在发射鱼雷时会位于船队侧前方，而不是正侧方。而且，德军潜艇会以目标航向前方的一个点为瞄准点）了"弹簧鱼雷"。该鱼雷先直

---

① 译者注：原文如此。

线航行，直到到达目标侧面。然后，该鱼雷转向 90 度，接着再多次转向 180 度，直到命中目标或动力耗尽。

图 3 展示了"可变航向鱼雷"的运动轨迹。在发射"可变航向鱼雷"时，潜艇艇首不一定要与船队的航线垂直，而是可以朝着任何方向。在被发射出去后，"可变航向鱼雷"将先直线航行，然后再转向 90 度，最后进行一系列 180 度转弯，直到命中目标（在此期间，鱼雷将在护航船队的所在海域来回穿行）。

4. 指挥塔瞭望人员

指挥塔瞭望人员至少应包括值班军官和 4 名艇员，他们需用双筒望远镜留意相应区域，其每次值班时间可能长达 4 个小时。在此期间，潜艇不会升起潜望镜，以避免被敌人发现。

1

2

40千米

8千米

"鹞鸰"旋翼风筝

✳ "鹳鸽"旋翼风筝

"鹳鸽"是一种旋翼风筝（1），自身无动力。当潜艇高速迎风航行时，"鹳鸽"可以像风筝一样用绞盘和缆绳放飞，并将1名配有双筒望远镜和电话线的瞭望员带到约400英尺的高空。它可以将潜艇的视野范围从8千米左右扩大到40千米左右——潜艇可以利用该设备发现敌军船只的桅杆（2）。但如果潜艇需要紧急下潜，艇员就只能切断缆绳，让瞭望员听天由命。如果运气好，跳伞的瞭望员会在一段时间后被赶回的潜艇接走。"鹳鸽"的降落伞位于机身中部。

事实上，德军潜艇只利用"鹳鸽"发现过1艘商船。1943年8月5日，在马达加斯加海域，罗伯特·居塞海军少校的U-177号利用"鹳鸽"发现了排水量为4195吨的商船"埃夫塔利亚·马里"号——该船搭载着数千吨煤炭。随后，居塞开始跟踪这艘商船，并在傍晚时分进入了理想攻击阵位。下午5时45分，U-177号发射了2枚鱼雷，给"埃夫塔利亚·马里"号造成了致命损伤，但该船下沉得很慢，使船员都有机会搭乘救生艇逃生。有资料显示，还有一艘ⅨD-2型潜艇使用过"鹳鸽"[有趣的是，其空中观察员似乎是艇上的军医——海军军医中尉约布斯特·舍费尔（Jobst Schaefer）]。虽然该潜艇在2次巡航期间都携带过"鹳鸽"，但舍费尔并没有发现"猎物"。

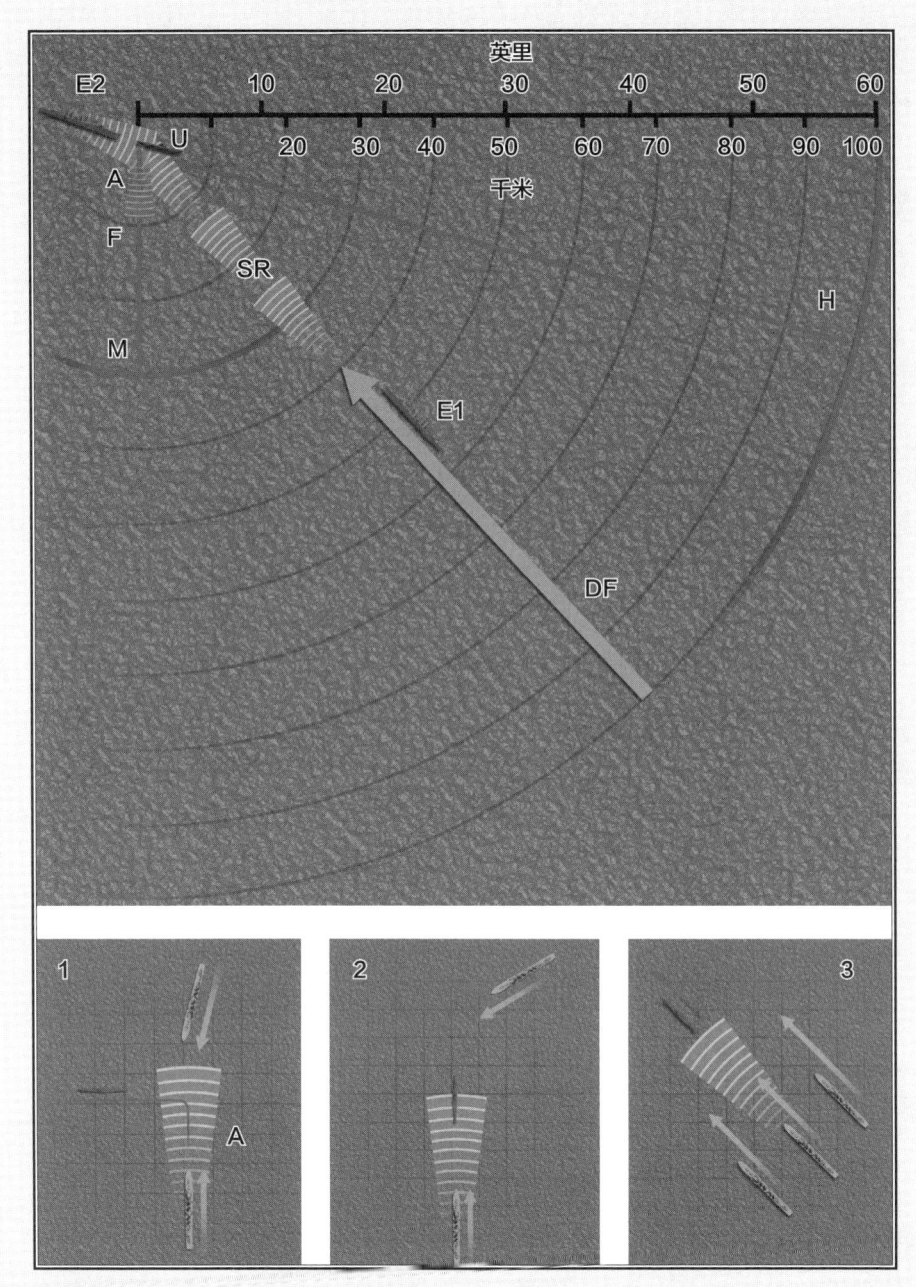

水面和水下探测

水面和水下探测

本图展示了1943年春德军潜艇和盟军护航舰艇所用探测设备的典型工作范围。其中被动探测设备的工作范围用直线箭头表示,脉冲发射系统的工作范围用一系列弧线表示。

声音在水下可以传播很远的距离,德军潜艇(在图中以"U"表示)的水听器可以接收到100千米外的舰船螺旋桨空化噪声(在图中以"H"表示),但无法确定船只的准确航向或距离。

在大西洋沿岸,盟军设置了许多无线电站,并配备了超远距离测向无线电——它们可以侦测到强大的信号源(包括与欧洲大陆司令部通信的潜艇电台),并确定其方位。如果利用多个无线电站进行三角定位,就可以将潜艇的位置锁定在50英里范围内。1941年中期,盟军军舰开始装备高频无线电测向仪(绰号"huff-duff",在图中以"DF"表示),该装置可以通过探测无线电报文来确定潜艇的方向,从而为护航舰艇和支援群舰只(在图中以"E1"表示)提供引导,使这些舰艇能将位于水面的潜艇纳入272型搜索雷达的40千米探测距离(在图中以"SR"表示。1套高频无线电测向仪仅可确定目标的方位和大致距离,如果多艘舰艇一起使用这种测向仪,就能准确锁定目标位置)内。

德军潜艇大约从1942年7月开始列装"梅托克斯"(Metox)被动雷达探测仪,该设备可以接收最远30千米的主动雷达信号(在图中以"M"表示),但无法确定信号源的距离,也不能区分主动雷达信号来自舰载雷达还是机载雷达。此外,这种设备只能在水面上使用,这会使潜艇暴露在探测距离更远的盟军雷达之下。艇长们对这种被动雷达探测仪充满了怀疑,因此经常将其关闭。从1942年下半年开始,德军潜艇开始安装主动搜索雷达,即"霍恩特维尔"(Hohentweil)雷达——虽然该雷达不如盟军的雷达有效,但它在理想条件下仍可以探测到7千米外的舰船(在图中以"F"表示)。

一旦护航舰艇(在图中以"E2"表示)与潜艇相距不到2000码,它就可以使用主动声呐(在图中以"A"表示)搜寻"猎物"。

1. 如果有至少2艘护航舰艇共同发起"猎杀"（在战争的这个阶段，这种情况经常出现），就可以用三角定位法准确测出潜艇的方位和距离，进而发动深水炸弹攻击。但在147型主动声呐于1943年列装前，护航舰艇的指挥官只能凭借经验和直觉猜测潜艇的深度。当时，英国皇家海军最伟大的潜艇杀手、第2护航大队（2nd Escort Group）的F.J.沃克中校（F.J.Walker）采用了一种"匍匐"战术，即在接近潜艇，迫使其深潜后，在其后方停船，并用主动声呐发出声响驱赶目标。此时，另1艘护航舰艇会以较慢的速度在前方绕圈，并为26枚深水炸弹设置好爆炸深度——一旦沃克发出信号，该舰就将把深水炸弹全部投下。

2. 在距离潜艇约300码时，回声几乎会在瞬间传回主动声呐，这就造成了所谓的"盲点"。如果德军艇长艺高人胆大，就可以趁机让潜艇急转弯摆脱追击（也可将潜艇隐藏在缓慢航行的护航舰艇正下方）。但随着"刺猬弹"（一种多管前装式反潜迫击炮）在1943年—1944年列装，上述"盲点"终于消失了——虽然"刺猬弹"在服役初期表现不佳，但通过配合147型主动声呐使用，盟军在1944年平均每4次攻击就能击沉1艘潜艇。

3. 为防止敌军潜艇在遭到攻击前骤然转向，沃克使用了"地毯式轰炸"战术。为此，他会先让1艘军舰将潜艇驱赶到前方，然后让另外2艘军舰在第1艘军舰的左右两舷近处就位，同时让主动声呐保持静默状态——这样一来，3艘军舰平行缓慢航行时发出的螺旋桨空化噪声很容易让对方误以为只有1艘军舰。随后，3艘军舰将一起加速，超过潜艇，并用大量深水炸弹"铺满"一整片海域，防止德军潜艇在最后一刻改变航向逃离。1943年6月，在攻击U-202号[艇长:京特·波瑟尔（Günther Poser）海军上尉]时，沃克首次尝试了这一战术。在遭到250枚深水炸弹攻击后，U-202号被迫上浮，并最终被炮火击沉（沃克是个冷酷无情的人，从不怕浪费时间和消耗弹药）。在1944年2月的一次巡逻中，沃克（当时他已经晋升为海军上校）曾率领第2支援群一举击沉了6艘德军潜艇。

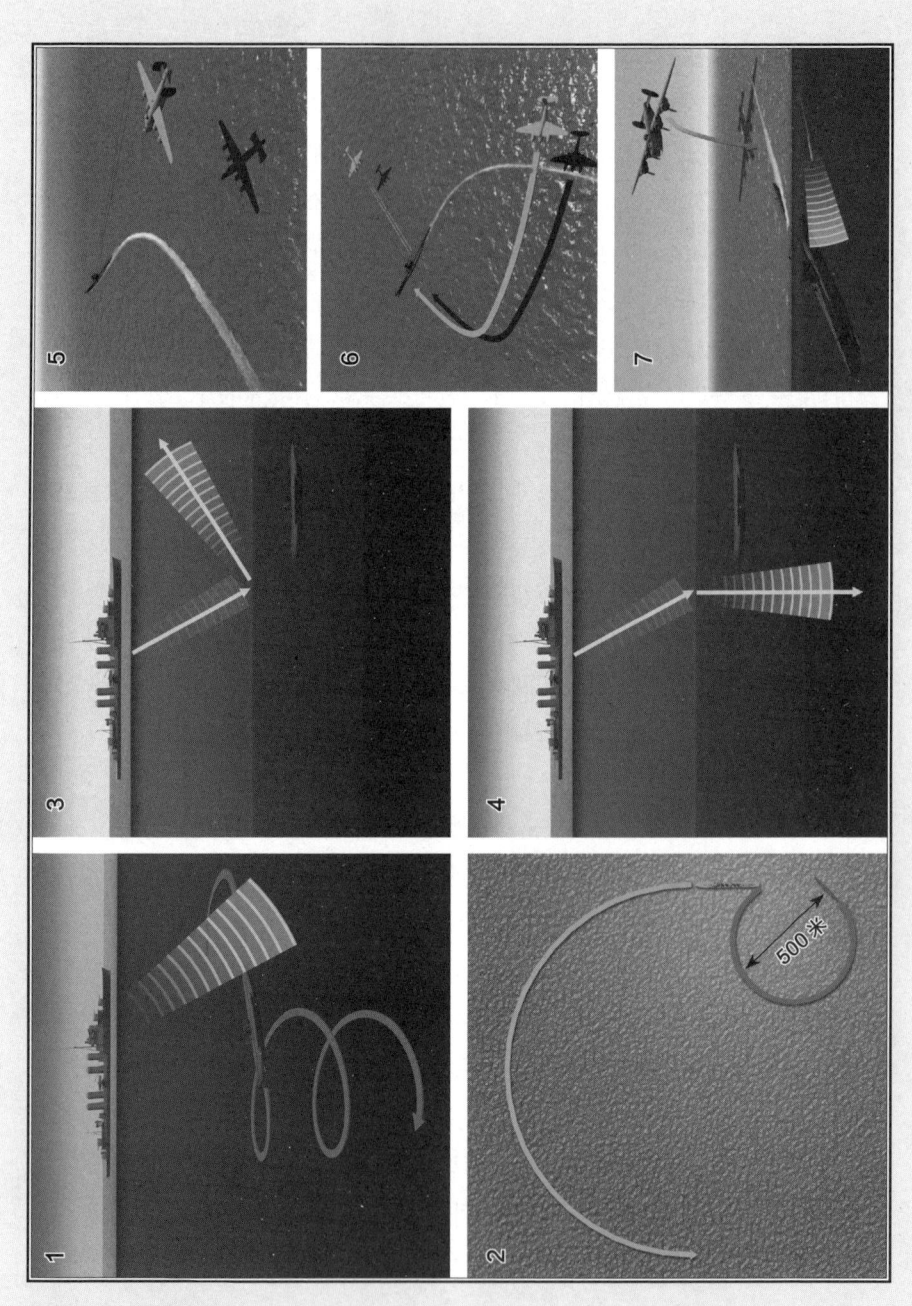

规避战术——舰潜对抗

规避战术——舰潜对抗

1. 一旦被敌人发现,潜艇就会加速、紧急下潜,然后满舵并转入"静音航行"模式。在向深海螺旋下潜期间,潜艇会不断改变方向,从而迷惑军舰上的主动声呐操作员。

2. 潜艇的转弯直径通常约为500米,而攻击它的老式四烟囱驱逐舰的转弯直径可能是潜艇转弯直径的两到三倍。潜艇艇长可以利用"小直径转弯"和更出色的机动性,通过多种方式来躲避追击者。

3 和 4. 海洋中的温跃层和盐度变化会对主动声呐信号产生影响,从而给潜艇带来机会。其中图3展示了冬季脉冲在海水中被折射回海面的情形。在图4中,潜艇悬停在温跃层下方——由于海水在温跃层中的温度变化大,两侧温度差异明显,因此主动声呐信号直接被折射到了底部。但需要指出的是,温跃层并不会让潜艇完全"隐身"。此外,温跃层的位置往往在潜艇的安全下潜深度以下。

空潜对抗

5. 在遭到攻击时,潜艇会转向,用艇尾对准飞机,从而尽量缩小目标,同时为高射炮提供最大射界。B-24等远程轰炸机由于需要多携带燃料,只能装载4—6枚深水炸弹。为在攻击时确保命中率,这些飞机可能会下降到50—100英尺的高度,沿潜艇纵轴线发起攻击。不过,这容易导致飞机被高射炮击中(机首的轻型武器无法压制高射炮)。

6. "蚊"和"英俊战士"战斗机的飞行速度快,机首的武器火力强大,可以任意选择进攻角度,让高射炮难以集中火力。在发现目标后,它们将用机炮和(或)穿甲火箭弹连续攻击潜艇指挥塔区域。

7.1944年，盟军列装了"Fido"空投声导鱼雷，使飞机面临的危险大幅降低。在使用该鱼雷时，飞机会在距离潜艇较远的地方盘旋，直到高射炮炮手回舱，潜艇紧急下潜。此时，飞机将从潜艇艇尾方向靠近，并在潜艇航迹处投下"Fido"鱼雷，该鱼雷将自动朝着声源（即潜艇螺旋桨处）航行。

注　释

1. 战争爆发时，德国海军遵循的是 1936 年制定的《战利品规则》(*Prize Ordinance Regulations*)。该文件虽然对拿捕活动做了限制性规定，但有许多条款完全是官样文章，内容也含糊其词。该文件规定，潜艇只能对有盟军战舰或飞机护航的船只发动无警告攻击，如若不然，潜艇艇长就有责任在发起攻击前确保所有商船船员的安全，甚至在商船有明显武装的情况下也不例外。1940 年 2 月，德国海军最高司令部解除了潜艇在英国东海岸和西海岸附近的作战限制，并在 1940 年 5 月将其范围扩展到比斯开湾。直到 1940 年 8 月，德军才批准在大西洋远海进行无限制潜艇战。
2. U–534 号是一艘 IX C 型潜艇，艇长为赫伯特·诺劳（Herbert Nollau）。1945 年 5 月 5 日，该艇与其他 3 艘潜艇在水面遭到英军 B–24 轰炸机攻击——这也是二战期间德军参与的最后一次空潜战斗。虽然 U–534 号被击沉，但另外 3 艘潜艇也集火将 1 架 B–24 轰炸机击落，导致后者全部乘员阵亡。U–534 号现保存在英国柴郡（Cheshire）的伯肯黑德（Birkenhead），状况良好。

参考书目

伯纳德·爱德华兹（Bernard Edwards），《邓尼茨和"狼群"》（Donitz and the Wolfpack）[武器与铠甲出版社（Arms & Armour Press），1996 年出版]

诺曼·弗兰克斯（Norman Franks）和埃里克·齐默尔曼（Eric Zimmermann），《德国潜艇对抗盟军战机》（U-Boat vs Aircraft）[格拉勃街出版社（Grub Street），1998 年出版]

博多·赫尔佐格（Bodo Herzog），《战斗中的德国潜艇》（U-Boote im Einsatz）[波宗出版社（Podzun-Verlag），1971 年出版]

伯纳德·爱尔兰（Bernard Ireland），《大西洋之战》（Battle of the Atlantic）[利奥·库珀出版社（Leo Cooper），2003 年出版]

雅克·马尔曼－肖威尔（Jak P. Mallmann Showell），《希特勒的海军》（Hitler's Navy）[希福斯出版社（Seaforth Publishing），2009 年出版]

雅克·马尔曼－肖威尔，《万字旗下的德国潜艇》（U-Boats under the Swastika）[伊恩·艾伦出版社（Ian Allan），1973 年出版]

雅克·马尔曼－肖威尔，《德国潜艇指挥官和船员，1935—1945》（U-Boat Commanders and Crews 1935-45）[克劳福德出版社（Crowood Press），1998 年出版]

雅克·马尔曼－肖威尔，《德国潜艇战："狼群"的进化》（U-Boat Warfare - Evolution of the Wolfpack）（伊恩·艾伦出版社，2002 年出版）

戴维·米勒（David Miller），《德国潜艇》（U-Boats）[查塔姆出版社（Chatham Publishing），1999 年出版]

德国海军最高司令部（Oberkommando der Kriegsmarine），《潜艇指挥官手册》（U-Boot Kommandanten Handbuch）（柏林，1942 年出版）

罗伯特·斯特恩（Robert Stern），《战斗在波浪之下》（Battle beneath the Waves）（武器与铠甲出版社，1996 年出版）

V.E. 塔兰特（V.E. Tarrant），《德国潜艇的进攻，1914–1945》（The U-Boat Offensive 1914-45）[美国海军学会出版社（US Naval Institute Press），1989 年出版]

二战滑翔机突击战术

第二部分

主要缩略语表

AA	Antiaircraft	防空/高射炮
Abn	Airborne	空降
AL	Airlanding	机降
AT	Antitank	反坦克
Bde	Brigade	旅（在英军中，其规模相当于美军的团级战斗队）
Bn	Battalion	营
CO	Commanding Officer	指挥官
Div	Division	师
DZ	Drop Zone	空投区
FABTF	1st Airborne Task Force	第1空降特遣队
GFAB	Glider Field Artillery Battalion	滑翔机野战炮兵营
GIR	Glider Infantry Regiment	滑翔机步兵团
GP	Glider Pilot	滑翔机飞行员
Grp	Group	大队
HMG	Heavy Machine Gun	重机枪
LMG	Light Machine Gun	轻机枪
LZ	Landing Zone	着陆区[英军称其为"着陆区域"（Landing Area），但笔者在本部分中全部用"LZ"来表示]
PFAB	Parachute Field Artillery Battalion	伞降野战炮兵营
Prcht	Parachute	伞兵
RAF	Royal Air Force	皇家空军
Regt	Regiment	团
O&E	Table of organization and equipment	组织装备表
USAAF	United States Army Air Forces	美国陆军航空队

哥达 Go 242 滑翔机的双人机组。哥达 Go 242 滑翔机的座椅和驾驶舱地板均配有装甲，机身侧面还可看到该机所属中队的队徽。德军每个滑翔机大队拥有 2 个哥达滑翔机中队，每个中队拥有 12 架飞机。德军滑翔机大队的第 3 个中队装备的是 DFS 230 滑翔机。（私人收藏）

简　介

二战期间，滑翔机作为一种军事工具已趋于成熟，并被投入战场，用于运送部队、装备和补给。从作战角度来看，滑翔机部队是空中突击部队，其角色与今天的直升机空中机动部队相似。但各国军队使用滑翔机的历史很短暂，二战一结束，它们便几乎销声匿迹——至于"滑翔机骑兵"（glider-rider）这一概念也在20世纪50年代退出历史舞台。

在二战前，滑翔机只能搭载一两个人，主要用于飞行员基础训练和体育竞赛。后来，各国推出了尺寸更大的滑翔机——它们不仅可以容纳更多的士兵，还可运载重型物资、火炮、反坦克炮、吉普车，甚至轻型坦克。

滑翔机着陆的危险系数很高，尤其是在夜间——如果在脱离牵引机时离着陆区太近、太远，或者弄错了目的地，就有可能酿成大祸。不过搭乘滑翔机着陆仍比抢滩登陆安全。如果行动时间是白天，着陆区适宜，并且机组人员经验丰富，那使用滑翔机来运载人员或装备更是上上之选。

滑翔机步兵之歌

身为空降兵，日日眉头皱。
踞坐机舱中，四壁颓且陋。
机长胆气壮，罔顾死与生。
可怜性命苦，薪水仍照旧。
机身似车舆，滑翔入天幕。
身姿何"蹁跹"，蠢蠢如鹅步。
一朝落地面，筋骨皆不附。
哀我时运蹇，收入仍如故。
原先为步兵，后悔错改行。
性命牵索上，降落是奢望。
可怜境遇惨，军饷仍不涨。

＊本歌曲词作者不详，并借用了《空中飞人》(*That Daring Young Man on the Flying Trapeze*) 的曲调。

在二战中，滑翔机的价值很难评估。虽然它们无法向战场投送大量兵力，但仍然别具价值。例如，它们可以把步兵与大炮和迫击炮一起运往敌军后方，而且就算敌军能察觉滑翔机的降落意图，也无法判明其降落的具体时间、地点和目标。在滑翔机机降行动中，有几场行动值得一提，如1944年6月英美联军在诺曼底的大规模机降，1944年9月在荷兰的机降，以及1945年3月在横跨莱茵河行动中的机降。另外，在1944年3月，英军纵深渗透部队——"钦迪特"部队（Chindit）——下属各旅也用滑翔机在缅甸日军防线后方进行了机降和补给行动，虽然该行动的名气不大，但非常成功。滑翔机还可被用于向地面部队运送增援人员、装备和补给，比如日军就以这种方式支援过困守菲律宾的友军。

二战时期，"最具代表性"的滑翔机行动还包括一些小规模精确攻击——尤其是各种突袭。例如1940年德军夺取埃本 - 埃马尔要塞（Fort Eben Emael）的行动，1943年德军营救墨索里尼行动，以及英军在诺曼底登陆日凌晨对"飞马桥"（Pegasus Bridge）发起的攻击。虽然滑翔机经常与伞兵共同行动，并且是空降师不可或缺的组成部分，但在有些情况下，滑翔机也会被单独投入作战。一些小规模的支援行动被证明很有价值，例如派遣"手术小组"进入巴斯托涅（Bastogne）包围圈，以及在新几内亚营救坠机幸存者等。

在本部分中，我们不会详述某场战斗——与具体战斗相关的内容可见鱼鹰出版社出版的其他书籍。[1] 本部分将讨论军用滑翔机的特点、运转方式、能力和局限性，飞行员的培训，牵引机，滑翔机和牵引机部队如何整合，以及滑翔机步兵和炮兵部队的组织、装备和武器等。另外，由于日本和苏联对滑翔机的使用有限，因此我们将重点关注美国、英国和德国的滑翔机行动。

起源

尽管有争议，但人们相信，第一个乘坐比空气重的飞行器进行持续滑翔飞行的人是一个身份不明的10岁男孩，他乘坐的飞行器由约克郡（Yorkshire）布伦普顿庄园（Brompton Hall）的乔治·凯莱（George Cayley）爵士制造，并在1852年或1853年由人力拖拽下山，迎着微风升入空中。不久后，乔治·凯莱又让他的马车车夫做了一次试飞——虽然这名车夫活了下来，但据一位目击者称，该车夫随后就辞了职。1856年，法国人让 - 玛丽·勒布里斯（Jean Marie Le Bris）也利用从马车上起飞的滑翔机进行了一次飞行。从 1891 年开始，德国人奥托·李林塔尔（Otto Lilienthal）用悬挂式滑翔机进行了 2000 次飞行，被誉为"滑翔机之王"。奥托·李林塔尔后来在 1896 年死于坠机事故，是世界上第一位为滑翔机献身的人。1884 年，约翰·蒙哥马利（John J. Montgomery）在加利福尼亚的一座山丘上进行了美国首次"载人、可控、比空气重的滑翔机飞行"，之后他也一直在参加试验，直到 1911 年在事故中丧生。

1944 年 9 月，列队中的英国皇家空军"霍萨"滑翔机——它们正在等待前往荷兰。"霍萨"的有机玻璃座舱盖都被布盖了起来，以此作为保护。跑道远处还可看到几架瓦科 CG-4A 滑翔机。英国人一共购买了 750 架瓦科 CG-4A 滑翔机，并根据滑翔命名规则将其称为"哈德良"，但它们通常会保留美军标志，很少涂有英国皇家空军徽标。[汤姆·莱姆林（Tom Laemlein）/装甲板出版社（Armor Plate Press）供图]

20 世纪 20 年代初，滑翔成为流行运动，不久，滑翔机航程赛和滞空时间赛逐渐发展起来。1920 年，德国人创造了在 2 分钟内飞行 2 千米的纪录。11 年后，滑翔机最远滑翔距离已达到 272 千米。

一战后，德国一度被禁止发展动力飞机，但该国从 1922 年起被允许发展民用飞机。在政府资助下，滑翔机项目引起了广泛兴趣。在 1936 年的柏林奥运会上，滑翔机项目属于表演项目。到 1937 年，德国已培养出约 50000 名滑翔机飞行员，其中许多人后来为德国空军服务。

世界上首个获得官方认可的滑翔机组织是"罗恩－罗西滕协会"（Rhön-Rossitten Gesellschaft），该协会不仅是德国滑翔机运动的先驱，还推动了滑翔机运动在全球传播的进程。1933年，"罗恩－罗西滕协会"被纳粹政府解散，德国滑翔机飞行研究所（Deutsche Forschungsanstalt für Segelflug）接管了所有滑翔机的研发工作，其中也包括研发军用滑翔机。希特勒青年团飞行队（Flieger-Hitler-Jugend）和国家社会主义飞行军团（Nationalsozialistische Flieger-Korps）则分别接管了青少年和成人的滑翔机训练和比赛。1937年，德国制造了一架气象研究滑翔机，该机可搭载1名飞行员、2名气象人员和研究仪器——它也是德国运兵滑翔机的前身。

在俄罗斯，滑翔机运动兴起于20世纪初。1923年，滑翔机运动开始获得苏联政府全力支持。1927年，苏联成立了"全苏国防、航空和化学建设促进会"（Union of Societies of Assistance to Defense and Aviation-Chemical Defense of the USSR），开始为青少年和成人提供各种入伍前培训，其中也包括滑翔机训练。到1934年，苏联已拥有57000名滑翔机飞行员。1941年，全世界18项滑翔机记录中已有13项被苏联人获得。

二战前的运动型滑翔机多为单人或双人机，重量非常轻，而且注重速度和航程。20世纪30年代初，苏联开始试验多座滑翔机——其初代产品安装了发动机，载重可达1吨，主要用于运送物资。该机可由其他飞机牵引起飞，随后在空中脱离，并依靠低功率发动机延长航程，将货物运往偏远地区，弥补铁路和公路的不足。1935年，苏军开始试验运兵滑翔机。当时，米哈伊尔·图哈切夫斯基（Mikhail Tukhachevsky）元帅提出了"垂直包抄"理论，即利用空降部队开展纵深作战，直捣敌军后方防御薄弱的地点。在此影响下，苏军加大了对滑翔机和降落伞的投入。由于苏联允许德国在利佩茨克（Lipetsk）开办一所秘密学校，以求培养战斗机飞行员，一些德国空军军官也观摩了苏联的滑翔机表演，并因此影响了德国人的理论。

在德国，最初倡导发展运兵滑翔机的人是谁？这一问题目前还没有定论。有人说是库尔特·斯图登特（Kurt Student）将军，即未来的德军伞兵部队司令。还有人说是恩斯特·乌德特（Ernst Udet），即德国空军的另一位创新先驱。斯图登特认为德军可以用滑翔机快速派遣突击部队，直接攻击敌军阵地，而乌德特认为滑翔机更适合运载少量部队在敌后隐蔽降落，并夺取桥梁和道路要隘等关键目标。但最终，这两种设想都被德国空军采纳了。

1940年5月10日，10架德国滑翔机将78名伞兵送往比利时的列日（Liège）附近，并在埃本－埃马尔要塞顶部着陆。这也是滑翔机首次被用于实战。该要塞安装有远程火炮，具有战略价值。尽管德军人数不到守军人数的十分之一，力量对比悬殊，但德军仍在半小时内瘫痪了整个要塞，而且自身伤亡轻微。要塞的1100名守军后来在次日投降。一年后，德军又派遣750名士兵搭乘滑翔机登陆克里特岛，以支援10000名伞兵、5000名空运山地步兵和7000名海运士兵。虽然滑翔机贡献有限，但它仍帮助德军夺取了关键目标。同时，盟军也注意到滑翔机颇具价值，并开始大批量部署滑翔机。

1944年，英国，一群美国滑翔机飞行员在一架瓦科CG-4A滑翔机前合影。在执行战斗任务时，飞行员通常身穿M41或M43野战服，有时还会佩戴织物绑腿。他们还配发有带羊毛衬里的飞行夹克，但很少穿着，原因是它虽然保暖性良好，但在野战环境下过于笨重，而且一旦着陆，就会让飞行员在众人之中变得格外显眼。在诺曼底登陆中，美国陆军航空队第9部队运输司令部拥有584架C-47运输机/滑翔机牵引机和近1120架"瓦科"滑翔机，每架"瓦科"都需要2名飞行员。由于滑翔机飞行员伤亡率总是高于搭乘滑翔机的部队，盟军之后每次行动都在饱受飞行员短缺之苦。（汤姆·莱姆林/装甲板出版社供图）

滑翔机

在娱乐和飞行员训练领域，各国主要使用单人和双人滑翔机，它们重量极轻，机身纤细，机翼狭长，从而最大限度地降低了阻力，提升了升力。它们可以由小型单引擎飞机牵引升空，也可由车辆或动力绞盘在地面拖曳，从而达到起飞速度。升空后，飞行员将利用热气流（即空旷田野或建筑区反射的上升热空气）越飞越高。由于这些滑翔机的"滑翔比"（glide ratio，即滑翔机前进距离和损失高度的比值）普遍较高，可以达到 20∶1 或 30∶1（例如每水平飞行 30 英尺，高度只下降 1 英尺），因此其滞空时间极长，飞行距离也很远。最后，它们将使用机腹滑橇在草地机场着陆。

军用滑翔机的特点

军用滑翔机必须运载至少 8 名人员、重型装备、货物甚至车辆，因此尺寸明显比运动滑翔机更大，而且机身流线型较差。军用滑翔机结构总体较轻，但仍需足够牢固。这首先是为了承载较大重量，其次是为了能在崎岖地面降落，并克服障碍物。对于降落后的滑翔机，虽然各国军队都渴望回收利用，但这在现实中几乎不可能——大多数进行战斗着陆的滑翔机都会被直接遗弃，机上可用部件将被拆下，其余部分则会被付之一炬。但即使如此，英军还是拆解了许多滑翔机，并将其运回国内进行翻新，而美国人则用低空飞行的 C-47 飞机将一些能飞的滑翔机"钩"回空中，以便带回后方重新使用（参见插图"滑翔机回收——'星期四'行动，缅甸，1944 年"）。

为增加内部空间，军用滑翔机机身通常较为"方正"，但很多型号在机身上仍采用了圆形或椭圆形截面设计。军用滑翔机的机翼位置通常较高，与机身顶部齐平，其骨架材料通常有木材、铝管或钢管（以及它们的组合），其蒙皮材料通常为薄胶合板、飞机蒙布（aircraft fabric），或覆盖着织物的胶合板。这种飞机蒙布覆有一层增塑漆涂料，坚韧性、气密性和防水性都非常出色。在不同部件上，生产者可能把多种蒙皮材料混合使用。滑翔机的降落装置可能是滑橇，也可能是着陆轮。有些滑翔机则借助轮架起飞，并在升空后抛弃轮架，最后再利用滑橇着陆。

军用滑翔机的机身一侧通常会有舱门（还有一些机型的机头或机尾可以被打开），以便人员通行或货物装卸。人员座椅通常沿货舱两侧朝内排列，但也可能是横向朝前或朝后排列。为放置重型装备或散装货物，机内座位可以拆卸，地板上也会设置货物系留固定点。座椅上有安全带——系好之后，士兵们剩下的就是听天由命，并忍受不时出现的颠簸。由于在机舱内走动会给飞行员带来麻烦，乘客必须手持武器（德军在滑翔机设置了武器托架）、保持坐姿。此外，他们还不能制造任何光亮，以免干扰飞行员的夜间视线。一般而言，机身侧面不会为部队设置观察孔，因此部队在下机前都无法确定方位。另外，由于这些滑翔机都是为运输部队或货物设计的，因此训练飞行时都会携带一些沙袋作为压载物，以保持必要的重心。

C—47运输机牵引下的瓦科CG—4A滑翔机，其队形相当紧密，并且采用了"两机一组""两组一队"编队模式。它要求牵引机和滑翔机飞行员必须密切留意相对位置——如果滑翔机左右偏移，就可能切断另一架滑翔机的牵引索。（汤姆·莱姆林 / 装甲板出版社供图）

大多数滑翔机都有两名飞行员，他们并排坐在前方，驾驶舱大多设计良好，视野宽阔，有助于飞行员确定着陆区的位置。有些飞机还能提供优良的向下视野——这一特点同样非常重要。机上仪表极少：例如美军瓦科 CG-4A 滑翔机只有空速表、爬升率表、转弯侧滑表、高度表、指南针，以及仪表灯、着陆灯和识别灯开关。虽然这些设备都很重要，但空速表最为关键，并需要格外留意。在起飞时，飞行员必须关注速度，确保滑翔机达到升空要求。他还要确保牵引机的速度不过快或过慢，滑翔机在脱离时速度适当。在接近着陆区时，飞行员应设法减速，同时避免失速（避免失去升力），最终在接地前保持正确降落速度。

滑翔机的飞行控制并不复杂，飞行员需要用方向盘或操纵杆操作机翼副翼和水平尾翼，并用脚踏板控制方向舵。由于军用滑翔机重量大，而且在设计上更关注提升货舱空间，因此几乎无法爬升。在脱离牵引机后，它们会立刻下降。因此，其降落地点或紧急备降地点必须在视线范围内。军用滑翔机的滑翔比一般为 10∶1，即每水平飞行 10 英尺，高度就会降低 1 英尺；但德军装备的 DFS 230 小型滑翔机滑翔比可以达到 18∶1——在 1941 年 5 月的克里特之战中，这种性能使其得以在 5000 英尺高度，从距离海岸 2—5 英里处脱离。在 1945 年横渡莱茵河期间，美军在 400—800 英尺的高空释放滑翔机，其间有一半被地面火力击中，但只有 6 架被击落。在同一次行动中，英军则选择在 2500—3500 英尺高空释放滑翔机，其中三分之二被击中，10 架被击落。

运兵滑翔机的牵引速度一般为每小时 150 英里至每小时 160 英里，但在此基础上再增加每小时 30 英里仍能确保安全。其失速速度为每小时 50 英里至每小时 70 英里，并需要在着陆时略高于这一水平。

滑翔机飞行

当牵引机进行机动、试图加入编队时，以及在巡航高度飞行时，都可能遭遇间歇性晴空乱流。这些乱流是因区域温度不同所致（热空气会使飞机上升，冷空气则使其下降），这在牵引机飞行期间相当常见。有一种情况被称为"气阱"（air pocket，虽然其描述并不准确），即一种冷空气区域，会导致飞机突然下降——虽然高度变化可能不大，但乘客的感觉可能会非常明显。

牵引机通常是双引擎运输机或中型轰炸机，但德军也经常使用容克斯 Ju 52

三引擎运输机。对于轻型滑翔机和短程牵引，各国还偶尔使用单引擎飞机，但这种情况极少出现在作战任务中。至于重型货运滑翔机则需要四引擎轰炸机牵引。

在有些情况下，牵引机会同时牵引2架滑翔机，即从1个钩子上用2条牵引索牵引2架滑翔机，而且一条绳索相对较长。但这会导致一个问题，较短绳索上的滑翔机可能被较长的绳索缠住。因此两架滑翔机的飞行员必须时刻保持警惕，确保彼此相距75英尺。这种方式也将给牵引机带来更大负担，增加其燃料消耗，并需要更长的跑道。因此，英军从未在实战中使用过这种方式，美军也只在缅甸和1945年横渡莱茵河时少量使用过。

在飞行时，受气流影响，滑翔机来到牵引机航线后上方或后下方。这需要滑翔机飞行员必须密切留意自身位置。如其位置过高或过低，就有可能拉断牵引索，或影响牵引机或滑翔机的飞行特性。为躲避湍流，滑翔机应位于牵引机航线略上方（或略下方），但具体取决于牵引机的机型和空速。在夜间，滑翔机应保持在牵引机翼尖和尾灯形成的"V"字形范围内。

CG—4A滑翔机的牵引索连接细节。注意本照片中电话线的捆绑点之间留出了一段余裕，此举可以让电话线不被拉伸的牵引索扯断。（汤姆·莱姆林/装甲板出版社供图）

在英国训练期间，几架滑翔机被推到起飞位置。牵引索也在地面铺好，并准备由滑翔机机械师挂接到滑翔机和牵引机上。值得注意的是，这些牵引索上都没有捆绑电话线。（汤姆·莱姆林／装甲板出版社供图）

美国 CG-4A 滑翔机的标准牵引索长 350 英尺，直径为 0.6875 英寸。该绳索由尼龙制成，最多可伸长 25%，因此不易断裂，但意外情况仍偶有发生。牵引索并不一定总处于伸展状态。相反，它会在风力和湍流（包括自然风，以及螺旋桨气流造成的湍流）作用下反复收缩和拉伸。绳索断裂可能引发灾难，在飞越水域、敌方控制区，或是附近没有合适的着陆区时，情况将尤其如此。

在同时拖带 2 架滑翔机时，牵引机将使用 2 条牵引索，其长度分别为 350 英尺和 425 英尺。对于"霍萨"（Horsa）和"哈米尔卡"（Hamilcar）滑翔机，由于重量较大，英军通常使用长 300 英尺、直径 2 英寸的普通麻绳或马尼拉麻绳。德军 DFS 230 小型滑翔机则可选用 40 米、60 米、100 米和 120 米牵引索，具体采用哪种牵引索取决于机场空间。

牵引机必须安装一个特殊的解脱钩。有些牵引机在交付时带有这种装置，有些则会在机场加装，并在驾驶舱增设解脱操作杆。滑翔机上的绳索连接装置和解脱操作杆可能位于机首中央，也可能位于机首上方或下方。有些滑翔机还会使用"Y"

型牵引索，其样式类似牛轭，即一股长绳分成两股，每股与一侧的机翼相连。

相互联络

滑翔机驾驶员和牵引机驾驶员必须保持联络，这一点至关重要。虽然他们可以使用电话或有线对讲机，但这些设备带来的问题也不少。美军最初尝试将电话线绑在牵引索上，但很快发现牵引索可以拉长，但电话线不能。于是，他们改进了电话线的捆绑方法，从而在各个捆绑点之间留出了一段余裕，但即使如此，如果拉伸过于剧烈，电话线仍然会断裂。另外，在滑翔机拖曳起飞时，牵引索会与跑道摩擦，进而将外部的电话线磨断。英军为此找到了一种解决方案：将电话线缠在细绳上，并以此充当牵引索的"绳芯"。由于英军的牵引索由麻绳制成，伸缩能力不佳，所以上述做法能有效防止磨损，但即使如此，电话线仍有可能断裂。在战争后期，军用滑翔机上安装了小型短程电台——例如战争末期生产的CG-4A滑翔机——但这些电台只有少数交付部队。

最有效的昼夜通信手段之一是"阿尔迪斯闪烁灯"（Aldis blinker lamp）。该设备可以通过灯光闪烁发送简单信息，例如绿色是"发现着陆区，立即释放滑翔机"。该闪烁灯安装在C-47运输机驾驶舱后方的半球形玻璃舱盖内。在充当牵引机时，英军轰炸机也会配备类似装置。此外，牵引机还可以发出临时信号，如摆动机翼和尾翼，或是闪烁翼尖航行灯。

解脱牵引索

最重要的信号是提醒飞行员着陆点已近，牵引机正在解脱牵引索。解脱操作可以由牵引机驾驶员进行，也可由滑翔机驾驶员完成，但都必须预先发出通知。如果牵引机被迫放弃起飞，它将立即解脱牵引索，滑翔机则应掉头离开跑道避让友机。在飞往着陆区时，敌方行动（如战斗机、高射炮）、牵引机发动机故障、恶劣天气或失去目视联系都可能导致紧急情况发生。在一些情况下，为躲避高射炮火力，牵引机可能进行剧烈规避和（或）加速，而且无法及时发出分离信号。但如果超过了安全牵引速度，滑翔机必须立刻自行解脱。牵引机或滑翔机编队会尽量避开云雾，从而躲避恶劣天气，但这有可能导致编队四散，或使个别牵引机偏离航线、无法归队。在云雾中，滑翔机飞行员将无法看到牵引机，而且可能在瞬间迷失方位，无法掌握自身与牵引机的相对位置。牵引机和滑翔机的关系不像卡车牵引拖车一样简单。换言之，滑翔机在后方的位置并不固定，而是会在牵引机航线的上下左右不停变化，并危及编队中其他飞机。如果确实会给友机带来危险，滑翔机需要立刻脱离牵引，并冲出云雾，哪怕有可能与牵引机和其他放飞的滑翔机相撞——除此之外就是祈祷其飞行范围内有着陆区。

不过，就算有紧急情况，牵引机飞行员还是应尽量避免解脱牵引索，因为这很有可能让装载人员非死即伤（参见下文"滑翔机作战"部分）。此外，他们还必须先警告滑翔机飞行员，表示自己将解脱牵引索。如果情况可能，牵引机应让滑翔机自行选择解脱时机。这是因为如果当时绳子绷得过紧（或过松），就可能打到滑翔机的机首，造成严重损坏，甚至杀死飞行员，损坏机翼，或缠绕在机翼上导致副翼无法工作。如果是牵引机先解脱牵引索，滑翔机飞行员也应尽快从自己这端与绳索脱钩。如若不然，牵引索就会被气流吹到机尾，还有可能在滑翔机着陆时卡在树上。

在滑翔机飞行员目视发现着陆区，并脱开牵引索之后，牵引机将转向离开原航线，并躲开滑翔机。在此期间，牵引机将继续拖着牵引索飞行，以免后者在掉落时产生危险。有时，上级还会划定一个"牵引索投放区域"，以便日后进行回收；这种情况在训练中很常见，甚至会规定牵引索投放高度——一般来说，这些区域应避开坚硬的跑道或岩石，以避免损坏绳索。

滑翔机着陆

滑翔机飞行员有句口头禅："每次着陆都是迫降"，换句话说，他们把着陆视为某种"计划内事故"。虽然在飞行员当中，滑翔机飞行员总是备受轻视，但轻视他们的人并没有体会到滑翔机飞行员的难处。在着陆之前，他们必须把控好时间和速度，不能过快或过慢——因为没有第二次机会，更不可能像其他飞行员一样复飞。一旦脱离牵引，他们就必须一步到位，不可能像别人一样一边盘旋一边寻找最佳着陆点。换句话说，他们必须每一次都做到最好。

航线图通常由副驾驶掌握。这些地图上标有航线路径点，很容易从空中识别（至少理论上如此），包括在夜间。这些航线路径点可能是岛屿、城镇、河流交汇处（在白天或月夜特别容易识别）、高速公路或铁路交会处，或其他各种醒目地物。

有时，舰艇也会把探照灯光柱垂直指向天空，从而充当海上导航点。

滑翔机预定航线应避开已知的敌方高射炮密集区域，并远离友军舰队（参见下文"滑翔机作战"部分）。在发现路径点时，牵引机飞行员应对滑翔机飞行员发出通知。最后一个路径点名为"初始点"（initial point）。该点必须非常容易识别，并对应着一个相对于着陆区的方位角，而且着陆区应在当地引导人员或友军的视野范围内。

本照片于 1945 年 3 月拍摄自德国，显示了一次灾难性着陆的后果：这架 CG－4A 滑翔机的机首被完全压碎，机身上的织物蒙皮撕裂脱落。另外注意从机尾悬挂出来的减速伞，以及近景处的空投补给容器。（汤姆·莱姆林／装甲板出版社供图）

理想情况下，空降部队引导人员（pathfinder）将预先抵达着陆区，用彩色烟雾做好标记，这不仅是为了识别，也是为了帮助飞行员了解风向。但这种情况实际是一种奢望，而且不适用于各种突袭行动（如突袭埃本－埃马尔要塞、大萨索山和夺取"飞马桥"）。在大规模滑翔机作战中，着陆区（通常以字母冠名）并不是一块纯空地，而是一大片纵横点缀着树篱、栅栏、围墙、树木和道路的区域，只是自然和人工障碍物相对较少。也许当地没有地雷、哨所和洪泛区，也没有高大障碍物（如高树、电线、塔架等），并且靠近部队行动目标，但从滑翔机飞行员的角度，也许这些地区仍谈不上理想。

为获得升力，滑翔机需要迎风着陆和起飞。在着陆时，由于处于满载状态，其滑翔率通常较低。虽然各个机种情况不同，但其在解脱牵引索时必须具有一定高度，通常为1200—1500米，而且放飞地点一般与着陆区相距小于4800米。德军的滑翔机尺寸较小，滑翔率较高，因此经常在高空放飞，然后进行长途、小角度进近（例如突袭埃本－埃马尔要塞时）。有时，德军滑翔机也会在目标上空放飞，然后急速盘旋下降，并在一小块着陆区降落（例如突袭大萨索山时）。虽然高空放飞很有必要，但高度越高，飞行员遇到的困难就越多——在不同高度，风速和风向也可能变化。

这张照片摄于诺曼底，但不如前一张图片有视觉冲击力。在本照片中，2架CG-4A和1架"霍萨"停在田野上。田野边缘是一片树篱，其中有成排的树木——对于滑翔机而言，它们是一道危险障碍。为进行诺曼底登陆，美军得到了大约300架"霍萨"，这些飞机载重量更大，而且操纵性深受飞行员认可。虽然也有人抱怨交付美军的"霍萨"多次在诺曼底发生致命事故，但更大原因可能是超载——每架"霍萨"上有25个或28个乘客座位，但英军规定，在"A类负载"（A load）配置最多只能搭载22人。而且出于安全考虑，英军经常将搭载人数限制为15名全副武装的士兵，但美军似乎没能遵守这些要求。美国老兵唐·里奇（Don Rich）在回忆录《滑翔机步兵》（Glider Infantryman）中曾提到，在乘坐过"瓦科"滑翔机后，他对"霍萨"的感觉是："'霍萨'就像一个被拖在空中的巨大浴缸……在机身内，我能更明显地感觉到空气湍流。"（汤姆·莱姆林/装甲板出版社供图）

诺曼底战场上，一架带有美军标志的"霍萨"滑翔机。有些"霍萨"机翼上有英国空军徽章，但机身侧面却有美军的五角星，这表明它们会在双方之间借调。该机搭载的吉普车显然未能正常卸载，导致乘客用工兵铲和斧头在胶合板机身侧面开了一个大洞。（汤姆·莱姆林／装甲板出版社供图）

牵引机和滑翔机通常会先顺风经过着陆区，然后解脱牵引索。在下降过程中，滑翔机会向必要的方向侧倾飞行，然后在最后进近时转向逆风。放飞时，搭载人员会骤然感觉到下降，但总体程度非常轻微。另外，由于不再受到牵引机螺旋桨尾流的冲击，其飞行姿态总体也将更加平稳。在微弱的风声中，搭载人员可能会听到枪炮声，随着离地面越来越近，附近道路上车辆的引擎声也会传至其耳郭。受着陆场土质、植被和障碍物等因素影响，有些降落可能非常喧闹。但随着滑翔机停下，周遭将被寂静包围，只剩下枪炮声和下达"出舱"的命令声。

飞行员一般愿意以小角度下降并接近着陆区。为飞越障碍物，他们可能会让滑翔机保持较高速度，但同时也会避免速度过快——让速度控制在可接受范围内。这可以让滑翔机获得升力，使飞行员在着陆前拉起机身，飞越较为低矮的障碍物。如果与墙壁、树篱、电线、树桩、电线杆、沟渠、水沟、下沉道路等意外相撞，滑翔机就有可能遭遇灾难性损失。例如，当撞上矮墙、沟渠和壕沟时，或是滑橇陷入软泥地时，滑翔机都有可能翻覆。它们的一侧机翼还可能被树木或木桩扯掉，从而导致滑翔机在地面上旋转或侧翻。也正是鉴于这种情况，美军在战争后期为滑翔机配备了着陆轮，以便飞行员利用刹车来绕过障碍物。在搭载重装备（如吉普车或反坦克炮等）时，滑翔机还将面临另一大隐患——装备可能在着陆时遭遇冲击，脱离固定，从而导致人员伤亡，甚至直接撞穿机头（有时，此类货物还会在空中脱离固定：如果向后滑去，整个滑翔机就会机尾朝下扎向地面；如果向前滑去，就会撞破驾驶舱和机头）。

滑翔机着陆距离差异很大，并取决于着陆速度（滑翔机不同于普通飞机，无法利用发动机加速，也无法借助反推装置减速）、接近角、滑翔机重量、地表情况（如湿草地/干草地、裸露泥土、沙子、岩石），以及着陆区是否有障碍物。正如一位滑翔机飞行员对笔者所说："这（着陆距离）完全取决于你穿过了多少树木、灌木丛、沟渠、石墙和树篱"。当然，着陆距离应该是越短越好：为了减速，一些飞行员甚至会刻意撞向灌木丛和篱笆（但一般不会撞向树篱，因为树篱内部有一层护堤或田间围墙）。在某些情况下，飞行员还会在滑橇上安装一层铁丝网，或通过不断摇晃机首增加摩擦力。通常情况下，滑翔机滑行15米到60米就可以停稳，但有时也会更多。

滑翔机停稳后，搭乘人员需要立即解开安全带，打开出口。由于滑翔机上没有燃料，因此至少他们不用担心着火。如果机上有装备，其中一些人需要解开固定装置，准备进行卸载，而其他人则负责打开机头或机尾舱段。滑翔机上也为他们准备了切开机身的工具，以及辅助卸载用的斜坡或通道。滑翔机一般配有至少一个急救包；有些精明的部队会随手将其带走，或让医疗人员前来回收。为避免吸引敌方火力和部队（敌军士兵经常搜索被遗弃的滑翔机，试图寻找纪念品、有用物资或情报——事实上，由于行动仓促，飞行员经常把地图忘在滑翔机上），飞行员和搭乘人员应迅速离开。

各国军队不仅用滑翔机直接空运部队和货物，还考虑过利用它们空投伞兵。其中一种思路是让牵引机和滑翔机上都搭载伞兵。这样不仅可以减少运输机需求，而且由于滑翔机位于牵引机航线靠上方，因此两者上的伞兵可以同时跳伞，从而方便在地面集结。然而，这会给牵引机的发动机带来了很大负担，还容易增加燃料消耗，另外滑翔机内部空间局促，伞兵很难活动和出舱。另一个想法是在牵引机上搭载伞兵，在滑翔机上搭载机降步兵。滑翔机脱离后，牵引机将转向飞往伞兵空投区。虽然美国、英国、苏联和德国都测试过这些想法，但从没有将其投入实战。

滑翔机机型

美国滑翔机

美国陆军航空队于1941年7月开始测试滑翔机。一年后,瓦科CG-4A滑翔机正式投产(参见插图"美国瓦科CG-4A货运滑翔机")。在战争期间,美军共采购过约16000架货运和教练滑翔机,其中近14000架都是瓦科CG-4A。该机由韦弗飞机公司(Weaver Aircraft Company)设计——由于后者首字母拼写为"WACO",因此常被称为"瓦科"[另外值得一提的是,由于该公司并非得名于得克萨斯州的同名城市——韦科市(Waco),因此名称没有固定读法,可以读作"韦科""瓦科"和"瓦可"等]。在战争期间,一共有16家美国企业生产过CG-4A,总量为13909架——仅次于B-24轰炸机、P-47战斗机和P-51战斗机。

1944年9月,这架CG-4A正在装载,准备参加"市场"行动。该机采用了"卢丁顿-格里斯沃尔德"机首改装方案,并配有1具"科里"大型机首滑橇。其尾部有2根支撑杆,从而使机首前倾,以方便装卸。机身右侧的人员进出舱门已经开启,机翼前缘下方的三角形紧急出口也被取下。(汤姆·莱姆林/装甲板出版社供图)

虽然CG-4A投产于1942年年末,但由于生产延误,它们在1943年使用有限。在二战中,总共有5991架CG-4A被运往欧洲,另有2303架被运往地中海战场,504架被运往太平洋(其中150架后来被运往印度)。在海外运输时,这些滑翔机需要呈拆解状态,装进5个大箱子,随后在空军基地组装。从理论上,拼装一架CG-4A需要近250个工时,但由于指导手册短缺、熟练工人不足,因此实际时间往往更长。另外,美军还采用过其他几种滑翔机设计,它们的运载能力更强,只是在战争结束前都未能大量投产。

　　CG-4A外形方正,是公认最丑陋的滑翔机设计之一。但由于性能优秀,广大飞行员依旧对它颇为青睐。CG-4A的一大优点是容易上手,有数千架被美军用于教学。CG-4A的骨架由钢管支撑,外表覆有织物,其机腹和机首下部材料为蜂窝胶合板。CG-4A的机翼宽大笔直,其翼梁和桁条为木质,表面是一层覆有织物的胶合板。该机还配有有机玻璃座舱盖,使并排就座的2名飞行员可以获得良好的视野。

　　在装卸货物时,CG-4A的机首(含飞行员座椅)可以向上开启,并向后翻转。为方便装载吉普车等装备,CG-4A的机尾可以用两根支撑柱抬起,使敞开的机头向下倾斜。卸货时,其机首将由起重缆绳吊起,然后由一根2米多长的支撑物固定到位。如果装载的是吉普车,相关人员需要采取下列操作:在飞机降落进近阶段,启动车上的发动机,随后吉普车将脱离固定绑带,并慢慢向前移动。在吉普车的拖车钩上连接着一条绳索,随着吉普车前进,该绳索会把滑翔机机首打开,最终随着吉普车继续行驶而完全抬起。接下来,吉普车会把两具短小的卸载斜坡从机首推出。一旦机首打开并固定到位,上述绳索将自动从吉普车上脱离。这样一来,吉普车随后就可以驶出。

　　CG-4A滑翔机可搭载15名全副武装的士兵,其中14人坐在左右两侧的可拆卸木制长椅上,每侧各7人,还有1人坐在后方中央的折叠椅上。该滑翔机还可搭载7副担架,或最多1800千克物资(可以是下列装备之一:1门37毫米M3A1反坦克炮;1门英制6磅57毫米Mk Ⅱ反坦克炮;1门75毫米M1A1驮载式榴弹炮;1门105毫米M3"短鼻"驮载式榴弹炮;1辆1/4吨吉普车;一辆1/4吨拖车;或多辆摩托车)。此外,美军还设计了很多紧凑型工程设备,可以用滑翔机和运输机运输:例如克拉克CA-1空运型推土机(Clarkair CA-1 bulldozer)、带前铲斗的凯斯SI轮

在牵引机升空前,这架 CG-4A 滑翔机已经离开跑道。滑翔机的大部分起飞过程都比较平稳。当牵引机在跑道上滑行时,牵引绳会逐渐拉紧。在跑道上,牵引绳通常不呈直线放置,而是呈"之"字形。随着牵引机加速,滑翔机可能遭遇一些颠簸,但总体而言,其姿态都将非常平稳,并不会骤然腾空。由于滑翔机重量较轻,所以其飞行员需确保自身不能突然比牵引机获得更大升力——这会导致其猛然上升,并将牵引机机尾拉起,最终导致双方一起坠毁。(汤姆·莱姆林/装甲板出版社供图)

瓦科 CG-13A 滑翔机最多可搭载 40 名士兵,是 CG-4A 的两倍。但如本照片所示,其总体结构仍然较轻,为抵御大风,地勤仍需用绳索对机身进行固定。只有一架瓦科 CG-13A 参加过战斗空降行动——这次行动于 1945 年 6 月 23 日发生在吕宋岛上,是二战中最后一次空降作战。另一些该型滑翔机则在欧洲执行过补给任务。(汤姆·莱姆林/装甲板出版社供图)

式拖拉机（Case SI wheeled tractor）、亚当斯 11-S 牵引式平地机（Adams 11-S towed grader）、亚当斯 0.5 吨双轮自卸式拖车、拉普兰特 – 乔特 Q 通用铲运机（LaPlant-Choate Q carryall scraper），或是拉普兰特 – 乔特紧凑型压路机。

滑翔机的牵引速度一般为每小时 177 千米至每小时 193 千米，其牵引机可以是多种机型，如 C-46 运输机、C-47 运输机、C-54 运输机、P-38 战斗机、A-25 攻击机或 B-25 轰炸机等。一个两营制滑翔机步兵团一共需要 143 架 CG-4A，其中 1 个营 59 架，1 个步兵连 11 架。1 个步兵排 4 架，而连部和武器排的人员和装备将拆分开来——一部分与 2 个步兵排同行，另一部分则专门搭乘一架滑翔机。空降师的炮兵指挥部需要 16 架滑翔机，每个滑翔机炮兵营 68 架，每个炮兵连 26 架。工兵营营部需要 10 架，每个滑翔机工兵连 29 架。高射炮兵营需要 112 架，其下属 6 个连每个需要 18 架。此外，美军空降师还拥有多个勤务支援连，这些连队所需滑翔机数量各不相同，其中军械连 7 架、军需连 50 架、通信连 5 架、医疗连 36 架、师部连和宪兵连共用 10 架。

美军还拥有一种更大的滑翔机，即韦科 CG-13A。这种 30 座滑翔机可载重 3.6 吨，是 CG-4A 的两倍，其中 37 架量产型还在机身中央增设了座位，从而可以搭载 40 名士兵。该机型总体设计与 CG-4A 类似，并可由 C-46 运输机、C-47 运输机、C-54 运输机、B-17 轰炸机和 B-24 轰炸机牵引。CG-13A 的机首可通过液压装置升起。CG-13A 可以搭载下列装备之一：1 门 105 毫米 M3 短管榴弹炮；1 门 105 毫米 M2A1 标准榴弹炮；1 辆带弹药拖车和乘员的吉普车；1 辆 1.5 吨货运卡车——但无法运送 M22（T9）"蝗虫"（Locust）轻型坦克。CG-13A 于 1943 年 9 月投产，总共只建造了 132 架，其中 81 架被派往欧洲，但只执行过货运任务，还有 5 架被派往太平洋战场，其中 1 架参加了二战中的最后一次空降行动。

英国滑翔机

英国第一种大规模服役的滑翔机是"热刺"Mk Ⅱ（Hotspur Mk Ⅱ）。该机由通用飞机有限公司（General Aircraft Limited）研制，总产量 997 架，但仅能搭载 7 人，不太适合作战，不过仍作为教练机立下过汗马功劳。

英军的主力滑翔机是空速有限公司（Airspeed Limited）研制的"霍萨"Mk Ⅰ 和 Mk Ⅱ（参见插图"英国空速有限公司的'霍萨'Mk Ⅰ 突击滑翔机"）。英军最初计划使用"霍萨"滑翔机空投伞兵——但这其实是一种无奈之举，因为当时英军缺乏专用运输机，只能改装笨拙的轰炸机凑数。但随着"达科他"运输机（Dakota，英国皇家空军C-47运输机的代号）列装，这一计划被取消，"霍萨"也被改用于运兵。为节省战略物资，并充分调动木工作坊产能，该机绝大部分结构由木材制成，只有底板为金属制造。2名飞行员并排就座，座舱盖为有机玻璃，机腹下方拥有三点式轮式起落架。"霍萨"的货舱宽敞，其中 Mk I 的货舱有 25 个座位，Mk II 有 28 个座位。该型机还可选择搭载下列物资：2 辆吉普车；1 辆吉普车加 1 辆拖车；1 门 6 磅反坦克炮或 1 门 75 毫米榴弹炮，外加弹药和部分炮组人员。"霍萨"的机尾右侧有一个人员进出舱门，货物则可以通过左前方的一个大折叠门装载。但货物装卸难度很大：即使想尽办法，也只能让吉普车从上述折叠门中勉强穿过，这导致英军经常花费大量时间。

诺曼底，1944年6月6日—7日。一头奶牛躲在1架"霍萨"滑翔机的机翼下，该机拥有美军标识，而且几乎完好无损——这表明并非所有滑翔机都会在降落时遭遇灭顶之灾。侧面有粗略涂绘的"R15"字样，是该机在此次空运任务中的序号。（汤姆·莱姆林／装甲板出版社供图）

　　显而易见，英军必须发明一种快速卸载方法。其中用于"霍萨"滑翔机的方案是：在机上设置一条导爆索，绰号"肚带"（surcingle），可以切断结构螺栓，从而把机翼后方的整个机身尾段整齐卸下。随后，搭乘人员把尾段拖到一旁，设置斜坡，然后推出装备。另一种方案是在机上配备扳手和剪线钳（但仍有导爆索作为备用），其中前者用于拆卸8个螺栓，后者则用于剪断控制索和电线。装有这种快速拆卸螺栓的"霍萨"滑翔机也被称为"红霍萨"（Red Horsa），而没有的则被称为"白霍萨"（White Horsa）。"霍萨"MkⅡ的机首则采用了铰链式设计，可以向右旋转敞开，以方便装卸。为防止机首严重损坏无法开启，部分"霍萨"MkⅡ仍在尾部安装了能快速拆卸的螺栓[被称为"蓝霍萨"（Blue Horsa）]。"霍萨"MkⅠ最大载货量为2.9吨，但MkⅡ可达到3.3吨。其他区别还包括牵引绳的连接方式：其中MkⅠ的牵引绳连接在机头下方，而MkⅡ则配有"Y"型牵引索，其样式类似牛轭，即一根长绳分成两股，并分别连接在两侧机翼上。从理论上，"霍萨"MkⅠ上的人员还能从顶部舱口、机腹舱口和伞兵进出侧门发射步枪和"布伦"轻机枪，但这些功能缺乏实用性，并最终在MkⅡ上取消。"霍萨"滑翔机共生产了4000架—5000架，由于武器运载能力优于CG-4A，因此有400架被交付美军。

盟军使用的最大滑翔机是"哈米尔卡"MkⅠ（参见插图"英国'哈米尔卡'MkⅠ重型滑翔机——诺曼底，1944年6月6日"）。该机由英国开发，由通用飞机有限公司生产，旨在充实重型货运滑翔机，以运送远程火炮、大型反坦克炮、工兵装备、大宗弹药和物资，以及轻型装甲车辆等。"哈米尔卡"MkⅠ的总产量为334架，长度与"霍萨"相近，但翼展长达33.5米，使其成为投入实战的最大型木制飞机。"哈米尔卡"MkⅠ的机身前端呈球形，可容纳重型货物，驾驶舱位于机身顶部，2名飞行员一前一后就座，并拥有防弹舱盖和最基本的装甲保护。"哈米尔卡"MkⅠ的机翼位于机身上方，而且相当宽阔，机身则在其后方收窄。该机的起落架包括1对大型着陆轮、1个尾轮和机腹滑橇。在滑翔机停稳，且起落架仍完好无损后，飞行员就会给轮胎放气，并排出起落架液压系统中的液体，从而降低滑翔机的机腹。接着飞行员会打开会向右开的机首，以便车辆驶出。"哈米尔卡"MkⅠ的机首还有1个有机玻璃透明鼻锥，机首底部也有玻璃，可以让飞行员在着陆时观察下方情况。

"哈米尔卡"MkⅠ一般采用下列搭载方案：1门25磅榴弹炮（带牵引车）；1门17磅反坦克炮（带牵引车）；2辆"通用装甲车"（即布伦机枪载车）；3辆吉普车；3辆弹药和燃料球形拖车（Rotatrailer，可由坦克拖曳）；1辆轻型推土机；1套美军的轻型紧凑工程装备（参见上文中对韦科CG-4A滑翔机的介绍）；40名士兵。"哈米尔卡"的特殊价值在于可以搭载1辆轻型坦克，如维克斯MkⅦ"小领主"（Tetrarch）或美制M22"蝗虫"——但在实战中，这些坦克都不如1门大威力的17磅反坦克炮管用。

这架"霍萨"滑翔机机尾已经被拆除,以便利用内部坡道卸载货物。该机可容纳 1 辆吉普车,外加 1 门 75 毫米榴弹炮 /1 门 6 磅反坦克炮 /1 辆货物拖车。值得注意的是,该机的"入侵条纹"绘制十分匆忙——由于飞机众多,而且上级只给了 3 天时间,因此这项工作有时相当马虎。(汤姆·莱姆林 / 装甲板出版社供图)

在 1945 年 3 月 24 日—25 日飞渡莱茵河之后,1 架"哈米尔卡"滑翔机机首打开,将 1 辆英军第 6 机降旅的"通用装甲车"卸下。"通用装甲车"用途繁多,轻便灵活,可以穿越荒野,被机降部队用于多种任务。每架"哈米尔卡"一次可以运载 2 辆这种车辆。(帝国战争博物馆供图,图片编号 BU2617)

按照理论编制,在空降行动中,1个英军空降师需要392架"霍萨"和48架"哈米尔卡"。但其实际组建的2个空降师——第1空降师和第6空降师——不仅组织结构有别,而且每次行动需要搭载的人员和装备也不相同。

德国滑翔机

德国在滑翔机领域有"先发优势",并拥有许多独特设计,其中运用最广泛的机型是德国滑翔机飞行研究所研制的DFS 230,该机是一种突击滑翔机,仅能搭载9名士兵(参见插图"德国DFS 230攻击滑翔机"),其实际生产则由哥达车辆厂(Gothaer Waggonfabrik)负责,总产量为2230架。

事实上,德军将这种小型滑翔机归为"货运滑翔机"(Lastensegelflugzeug)。DFS 230的结构坚固,其机身框架由钢管焊接而成,表面覆有织物。该机整体为上单翼设计,蒙皮材料为一层覆有织物的胶合板。此外,该机还配有一对可抛弃的起飞轮,并通过中线滑橇(始于机首,并延伸到机身中段)和机尾滑橇着陆。

DFS 230旨在为短距离着陆设计,可以配备减速伞,其情况如图所示。该设备可以在很短距离上将着陆速度降低近一半。在试验中,一些飞机甚至安装了机首减速火箭。(德国联邦档案馆供图,图片编号1011-568-1531-32)

DFS 230 仅配有 1 名驾驶员，其位置位于前方；后部是乘客座位，这些座位沿机身中线布置，5 个靠前，4 个靠后。为让搭乘人员在着陆前辨别方向，DFS 230 还大量安装了舷窗，有些还安装了机枪（参见插图"德国 DFS 230 攻击滑翔机"）。运送 1 个 120 人的德军伞兵连需要 12 架 DFS 230，运送 1 个营则需要 50 架。由于该机只有后方的 4 个座位能够拆卸，故而对货运行动影响很大，而且只能运送班组武器、摩托车和弹药等。为方便装卸，其后续型号普遍增加了侧门，或调整了侧门的位置。尽管存在不足，德国空军仍然广泛使用 DFS 230 运送轻型货物，甚至还将其改装为"飞行维修车间"，并在内部安装了机床、焊接设备、备件柜和工作台。这种维修车间主要在东线供战斗机和俯冲轰炸机（即"斯图卡"）部队使用——在需要前进或撤退时，德军就会用飞机将上述滑翔机拖到新基地。

东线上空的哥达 Go 242 架滑翔机，其牵引机可能是 Ju 52 或 He 111。此外，德军还对 Ju 87D-2 俯冲轰炸机进行了牵引改装，包括加固后机身，并为其配备了组合式尾轮或挂钩。牵引索的长度从 80 米到 300 米不等。虽然 Go 242 从未投入机降作战，但事实表明，它仍是一种出色的货运滑翔机。另外请注意，这个小编队的滑翔机采用了不同的迷彩图案。（德国联邦档案馆供图，图片编号 1011-641-4549-15）

德军还有一种大型突击滑翔机，即哥达 Go 242——只是该机从未参与过空中突击行动。该机由哥达车辆厂生产，从 1941 年中期开始列装部队，总产量为 1528 架，其中 133 架后来被改装为 Go 244 双引擎动力运输机。Go 242 采用配有织物蒙皮的钢管骨架，其机翼、2 个尾撑和尾翼全部覆盖胶合板，机身两侧均有人员出入舱门，此外还有多扇观察窗。

虽然 Go 242 主要是货运滑翔机，但也可配备重型武器——在极限情况下，该机可携带 8 挺 MG 15 机枪，但通常只安装 2 挺到 3 挺。Go 242 总体采用了上单翼、双尾撑设计，机身尾部可以抬起装卸货物，并与机身中段通过合页连接。每架 Go 242 的货物搭载方案包括：1 辆"桶车"（Kübelwagen）轻型汽车；1 门 3.7 厘米反坦克炮；1 门 7.5 厘米步兵炮（或其他类似装备）。另外，该机也可安装 23 个乘客座椅，一些晚期型号还能空投伞兵。

早期型 Go 242 拥有可抛弃的轮式起落架。机首配有 1 部弹簧式滑橇，另外 2 具普通滑橇位置相对靠后，分别在机翼下方的机腹两侧。Go 242 的后续型号采用了固定式起落架和机腹滑橇，而机首滑橇则被 1 个着陆前轮组件取代，但该着陆轮仍保留了滑橇结构。与 DFS 230 一样，有些 Go 242 也被改装为"飞行维修车间"，还有些则称为部队指挥所，用于在前方机场指挥战斗机部队。在北非，Go 242 被广泛用于运输物资和部队。在东线，Go 242 的任务还包括为前进的部队运送物资，以及为被围部队提供补给和增援，后来还参加过从克里米亚半岛撤军的行动。不仅如此，德军还在华沙成立了一个名为"大型运输机指挥部"（Grossraum-Transportfleiger-Führer）的机构，负责管辖俄国前线的各种滑翔机和牵引机部队。

梅塞施密特 Me 321 是有史以来最大的滑翔机，尺寸在各种二战战机中首屈一指，绰号是"巨人"（Gigant）。Me 321 的翼展达 54.8 米，最大运载力达 16 吨，其货物搭载方案包括：1 辆中型坦克；1 门 15 厘米榴弹炮和半履带牵引车；口径最大为 8.8 厘米的反坦克炮/高射炮；2 辆卡车；该机也可搭载其他多种重型武器和大宗物资（比如最多 52 桶燃料）。

Me 321 机身采用钢管骨架，其翼梁为木制，配有织物蒙皮。飞行员位置较高，在机翼正前方。巨大的机首舱门采用蚌壳式设计，可以向外打开，从而露出巨大的货舱——其空间足以容纳 1 辆标准的铁路平板车。在机翼后方的机身两侧，该机还有舱门供部队进出。在容纳多达 140 名士兵或 60 个货箱时，机上会额外插入一层地板，从而形成上下两层——其中每一层侧面都有大量舷窗。另外，该机还配备了 4 挺 MG 15 机枪。虽然 Me 321 体形硕大，但起降设备只包括 2 套主起落架和 1 套小型前轮。飞行员可以在 Me 321 起飞时将这些起落架抛弃，然后利用滑橇着陆，但实际上它们经常被保留下来，以便拖运回基地。在北非和东线，Me 321 被广泛用于运送装备、物资和人员。

本照片清晰展示了 Me 321 "巨人"大型货运滑翔机的巨大体型——它长 92 英尺，翼展 180 英尺，比 B-29 "超级堡垒"战略轰炸机还宽 40 英尺。由于缺乏合适的牵引机（如容克斯 Ju 90，以及空前绝后的亨克尔 He 111Z 双机身牵引机），该机的服役表现并不成功。（德国联邦档案馆供图，图片编号 1011-267-0144-12A）

对于 Me 321，最大的问题是几乎没有牵引机能帮助其起飞，所需跑道也长达 4000 英尺。最初，德军使用了容克斯 Ju 90 四引擎运输机，但该机只生产了 18 架，而且只能牵引空载的 Me 321 起飞。由于没有其他选择，德军开发了"三驾马车"牵引法（Troikaschlepp），即使用 3 架梅塞施密特 Bf 110C 双引擎战斗机组成"V"字队形。此举需要 3 架飞机各自使用 1 根牵引索，并进行密集编队飞行——这对技术要求很高，因此事故发生率一度居高不下。有鉴于此，亨克尔公司设计了 He 111Z 牵引机 [其中"Z"是德语"双联"（Zwilling）的简写]——该机实际是把 2

架 He 111H-6 轰炸机（后来改为 He 111H-16）在机翼处拼接起来，并在接合部装上第 5 台发动机（左右外侧各 1 台，中央机翼 3 台）。但即使如此，该机仍需要火箭助推起飞——这些助推火箭共有 4 枚，安装在机翼下方，在燃料耗尽后会带着降落伞被投下。

滑翔机性能参数

型号	空重	载重量	搭载人员数	翼展	长度
此处列出了常见滑翔机的参数，不含教练机、实验机或其他稀少型号。以下滑翔机一般配有 2 名机组人员，但 DFS 230 为 1 名，Me 321 为 3 名。					
美国					
瓦科 CG-4A	3440 磅	4060 磅	14 人	83 英尺 8 英寸	48 英尺 3.75 英寸
瓦科 CG-13A	18900 磅	10200 磅	30 人或 40 人	85 英尺 7 英寸	54 英尺 3 英寸
英国					
空速有限公司"霍萨"Mk I	8156 磅	6344 磅	22 人*	88 英尺	67 英尺
空速有限公司"霍萨"Mk II	8370 磅	7380 磅	28 人	88 英尺	68 英尺
通用飞机有限公司"哈米尔卡"	18000 磅	17500 磅	40 人	110 英尺	68 英尺 6 英寸
* 机上实际有 25 个座位，但 22 人为最大安全搭载人数。					
德国					
德国滑翔机飞行研究所 DFS 230	1800 磅	2800 磅	9 人	72 英尺 1.33 英寸	37 英尺 6 英寸
哥达 Go 242	7000 磅	8000 磅	23 人	79 英尺	52 英尺 6 英寸
梅塞施密特 Me 321	26000 磅	44000 磅	140 人	180 英尺 5.33 英寸	92 英尺 4.25 英寸

He 111Z 仅被制造了 12 架，由于缺乏合适的牵引机，许多"巨人"只得被德军自行拆毁，还有一些则被改装成有动力的 Me 323 六引擎运输机。但在已有的 198 架 Me 323 中，大多数都是专门生产的，而且机翼和起落架都经过显著加固——这些巨型飞机行动笨拙，并在北非的运输行动中损失殆尽。

牵引机

滑翔机牵引任务不仅困难重重，而且险象环生，在一架牵引机同时拖带两架滑翔机时更是如此。牵引机必须严格保持特定的起飞条件、爬升条件和巡航速度，即使遭遇炮火也不能骤然改变高度和航线，而且必须缓慢加速和减速。牵引机驾驶员不仅要操纵牵引机，还要向滑翔机发号施令——只有在绝对必要时，他才会下令释放滑翔机，而且必须预先发出信号。同样，如果滑翔机驾驶员试图自行脱离，也必须提前告知牵引机。

牵引机遭遇的常见"投诉"包括导航问题——在靠近着陆区前，滑翔机飞行员经常没有时间确认位置。再就是牵引编队经常分散，并偏离着陆区，其诱因很多，包括导航不佳、大风影响、云雾、高射炮以及飞行员缺乏维持编队的经验等。

在洪水泛滥的法国田野上空，道格拉斯 C-47 运输机正在牵引 CG-4A 滑翔机飞行。对于这些运输机，即使不考虑夜间导航和编队保持等复杂因素，执行牵引任务也比单纯进行重载飞行更加困难和劳累。在此期间，牵引索会频繁松弛和收紧，随时可能断裂。长距离牵引飞行对他们尤其折磨，因此配备双人机组成了一种必然。（汤姆·莱姆林/装甲板出版社供图）

从汉德利－佩季"哈利法克斯"轰炸机尾部炮塔看到的景象，该机来自英国皇家空军第644中队，并用于牵引滑翔机。该机从多塞特郡（Dorset）的塔兰特－拉什顿皇家空军基地（RAF Tarrant Rushton）起飞，牵引索长400英尺，末端连接着1架"哈米尔卡"重型滑翔机。（帝国战争博物馆供图，图片编号CH18852）

各国的牵引机型号众多，机种包括运输机和轰炸机等（甚至有双引擎战斗机），但其中尤其以盟军的道格拉斯C-47"空中列车"（Skytrain）/"达科他"双引擎运输机和德军的容克斯Ju 52三引擎运输机使用最广。各国还使用过轰炸机和其他机型，不过情况较少见。例如，即使在拥有足量C-47之后，英军仍在使用四引擎轰炸机牵引大型滑翔机；有时，德军也会根据实际需要使用Ju 52之外的机型。

牵引机部队

需要注意的是，对于同等规模的部队，各国空军的称呼不同，因此很容易混淆。在美国陆军航空队，这些部队规模从大到小依次为"联队"（Wing）"大队"（Group）和"中队"（Squadron），而英国空军中的对应部队则分别为"大队""联队"和"中队"，德国空军的对应单位则为"Geschwader"（联队）、"Gruppe"（大队）和"Staffel"（中队）。这些单位大多采用"三三制"结构，即1个上级单位下辖3个下级单位。

本照片摄于诺曼底登陆日当天傍晚,地点位于兰维尔着陆区上空。照片中可见 1 架皇家空军"哈利法克斯"轰炸机牵引着 1 架"哈米尔卡"重型滑翔机。本照片清晰呈现了两者的相对尺寸:"哈米尔卡"翼展为 110 英尺,比"哈利法克斯"宽 6 英尺;前者机身长 68 英尺,仅比"哈利法克斯"短 3 英尺。(汤姆·莱姆林/装甲板出版社供图)

牵引机常见机型

美国陆军航空队

柯蒂斯 A-25"伯劳鸟"(Shrike)单引擎攻击机[即海军 SB2C"地狱俯冲者"(Helldiver)俯冲轰炸机]

柯蒂斯 C-46"突击队员"(Commando)双引擎运输机

道格拉斯 C-47"空中列车"双引擎运输机

洛克希德 P-38"闪电"双引擎战斗机

北美 B-25"米切尔"双引擎轰炸机

道格拉斯 C-54"空中霸王"四引擎运输机

波音 B-17"飞行堡垒"四引擎轰炸机

联合 B-24"解放者"四引擎轰炸机

英国皇家空军

  道格拉斯 C-47 "达科他" 双引擎运输机

  阿姆斯特朗 - 惠特沃斯（Armstrong Whitworth）"阿尔伯马尔"（Albemarle）双引擎轰炸机

  阿姆斯特朗 - 惠特沃斯 "惠特利"（Whitley）双引擎轰炸机

  肖特（Short）"斯特林"（Stirling）四引擎轰炸机

  汉德利·佩季（Handley Page）"哈利法克斯"（Halifax）四引擎轰炸机

德国空军

  亨舍尔 Hs 126 单引擎侦察机

  容克斯 Ju 87 "斯图卡" 单引擎俯冲轰炸机

  梅塞施密特 Bf 110 双引擎战斗机

  亨克尔 He 111 双引擎轰炸机

  容克斯 Ju 52 三引擎运输机

  容克斯 Ju 90 四引擎运输机

  亨舍尔 He 111Z 五引擎滑翔机牵引机

苏联空军

  道格拉斯 C-47 "空中列车" 双引擎运输机（由《租借法案》提供）

  里苏诺夫 Li-2 双引擎运输机（授权仿制的 C-47 运输机）

  在美国陆军航空队中，每个部队运输中队一般由 24 架 C-47 或 C-46 运输机组成。英军的滑翔机牵引中队通常也包括 24 架飞机，但由于其滑翔机比美军的 CG-4A 重，因此各中队下辖机型往往更多，有时是多个型号混杂，其中一些甚至由轰炸机"改行"而来。另外，这些美军和英军中队的任务不只有牵引滑翔机，还可能包括执行空投物资任务和其他运输任务。

德国牵引机部队最初名为"特种轰炸机联队"（Kampfgeschwader zur besonderen Verwendung，KGzbV）或"特种战斗群"（Kampfgruppe zur besonderen Verwendung，KGrzbV），但在 1943 年正式更名为"运输机联队"（Transportgeschwader）。此外，德军还组建过所谓的"滑翔机牵引大队"（Schleppgruppen für Lastensegler），其麾下拥有两个中队，一个配有 12 架 Go 242 滑翔机，另一个配有 12 架 DFS 230 滑翔机，且每个中队均配有牵引机。

1943 年，在意大利上空，1 架容克斯 Ju 87 俯冲轰炸机拖着 DSF 230 滑翔机飞行，它们使用了 100 米长的绳索。德军经常以此利用"斯图卡"进行短途运输，还会让它们牵引本单位的"飞行维修车间"滑翔机。（德国联邦档案馆供图，图片编号 1011-567-1523-35A）

关于盟军牵引机部队的规模，我们不妨以诺曼底登陆中美国陆军航空队第 9 部队运输司令部（IX Troop Carrier Command）为例。在战役期间，该部队投入了两支牵引机部队，即第 50 部队运输联队（下辖第 439 部队运输大队至第 442 部队运输大队）和第 53 部队运输联队（下辖第 434 部队运输大队至第 438 部队运输大队）。每个联队拥有 4 个大队，每个大队拥有 4 个中队，每个中队有 13 架 C-47 运输机。登陆前，各大队的额定编制更是从52架提升到73架,其中9架为备用机。

为进行诺曼底登陆,盟军将大约2100架CG-4A滑翔机装箱运往英国。这些飞机最初由民工组装,但由于后者技术生疏,因此工作质量无法达到要求。后来,盟军改用了美国陆军航空队的人员,只是情况同样不尽如人意,经检查,很多滑翔机根本不适合飞行——这让盟军被迫采取其他紧急措施。经过努力,在登陆日当天,CG-4A滑翔机可用数量终于提升到1118架。此外,英军也为美方提供了301架"霍萨"滑翔机,以便运输重型货物。

在英国皇家空军中,部队空运和滑翔机牵引任务主要由第38大队和第46大队负责。在诺曼底战役中,第38大队负责牵引近1100架"霍萨"和30辆"哈米尔卡"滑翔机,其下属单位包括10个中队,每个中队有22架轰炸机。

滑翔机飞行员

每个国家对滑翔机飞行员的要求和选拔标准不同。在体能和技能方面,这些要求通常比一般飞行员更低,并因此导致滑翔机飞行员经常遭到"正牌"飞行员的轻视(但滑翔机飞行员同样面临着许多特殊挑战,其情况可见上文。实际上不少滑翔机飞行员也能驾驶动力飞机)。在滑翔机部队中,虽然有一些担任指挥和参谋职务的军官,但大多飞行员都是军士[此外,美国陆军航空队还有一种特殊的准尉军衔——"飞行准尉"(flight officer)]。和德国与苏联不同,美英两国政府在战前对滑翔机项目投资较少,因此不像苏德两国一样有大量储备军事飞行员可用(尽管苏德两国在战场上对滑翔机的实际使用规模远不如英美)。因此,他们对滑翔机飞行员的需求特别迫切。上级甚至要求陆军地面单位的指挥官张贴通知,以便招募志愿者,而且要求他们必须向滑翔机部队"放人"。

美国

1942年,美国陆军几乎没有滑翔机,也没有训练设施,但他们却做出了一个不切实际的估计:未来美军需要12000名滑翔机飞行员。为培养首批滑翔机飞行员,他们与一些民间学校签订合同。但这些学校只能提供一些基本飞行经验,根本无法满足货运滑翔机驾驶要求。不仅如此,主动报名的士兵也很少,而且美国民间也缺乏合格人才,其人员缺口只能由常规飞行员选拔的淘汰者填补。不仅如此,但这也只是杯水车薪——因为许多淘汰飞行员后来都成了投弹手和领航员。这迫使美军被迫降低滑翔机飞行员的招募门槛,并将年龄上限先后提高到32岁和35岁(相比之下,常规飞行员的招募年龄上限为26岁),裸眼视力和矫正视力也只需达到10/100和20/20。但除此之外,他们必须通过标准的飞行体检。这使得很多拥有私人飞机驾照的人也能加入——尽管他们根本无法达到军事飞行员的标准。

滑翔机飞行员需要完成标准课程,并达到既定的飞行小时,但由于滑翔机、牵引机和教学人员短缺,达到上述标准者寥寥无几。根据设想,受训者应在预备滑翔机学校(Preliminary Plane Gliding School)接受5周训练,其中40个小时将在皮珀(Piper)"幼兽"(Cubs)飞机上练习无动力着陆和昼间与夜间飞行。当时，美国一共有 23 所这样的学校，它们全部是民营机构。为鼓舞士气，军方将为毕业学员颁发"滑翔机飞行员胸章"（glider wings）。但训练远没有就此结束。随后，他们还需要在初高级滑翔机学校（Elementary-Advanced Glider School）学习两周，其中一周将在滑翔机上飞行 8 小时，另一周将在货运滑翔机上飞行 8 小时。此类学校一共有 7 所，后来被陆军在 9 个机场开设的"高级滑翔机学校"（Advanced Glider School）取代。从 1943 年 5 月起，所有的高级滑翔机培训都集中在得克萨斯州卢伯克（Lubbock）的南原陆军机场（South Plains Army Air Field）进行。当地也是后来二战美军 6000 名滑翔机飞行员中很大一部分人的"摇篮"。滑翔机机械师则在得克萨斯州的谢帕德机场（Sheppard Field）受训，以便了解滑翔机的组装和维护。

1 名滑翔机飞行员（右）与机械师聊天。在其头顶上方可以看到很多粉笔字——这无疑体现了他们的黑色幽默感。一旦滑翔机以装箱零件形式抵达机场，机械师就会开始组装、维修，并对仪表、控制系统和照明设备实施维护。此外，机械师也是地勤人员，任务还包括将滑翔机推到起飞位置，并接好牵引索。（汤姆·莱姆林 / 装甲板出版社供图）

1名滑翔机机械师（左）和1名飞行员正在CG—4A机身内工作，以便为机身框架支柱安装AN—M14铝热剂燃烧弹。一旦滑翔机卸下部队或物资，就会用它完成自毁。另外值得注意的是，该飞行员身穿深棕色B—3冬季飞行夹克，头戴B—1夏季飞行帽。（汤姆·莱姆林／装甲板出版社供图）

最初，在开始培训时，滑翔机飞行员将获得上士军衔，并在毕业后获得一种特殊的准尉军衔——"飞行准尉"。"飞行准尉"是1942年7月陆军航空兵和步兵争端的产物，前者认为滑翔机飞行员是部队运输中队的一分子，后者则将其视为"懂得飞行的步兵"。新军衔设立后，拥有上士军衔的滑翔机飞行员将自动得到晋升。飞行准尉和其他准尉一样也拥有军官特权，但在法律上并非由国会委任，而是由陆军部任命，并被视为"次等少尉"（third lieutenant），其飞行津贴相当于基本工资的50%。

在美军中，滑翔机飞行员并不隶属于部队运输中队，而是其编外加强人员。每个部队运输中队一般有24架滑翔机（有时则有48架），其中每架配备飞行员2人。另外，整个中队还有若干滑翔机机械师。这些飞行员和机械师经常被编入一个"滑

2 名飞行员正在讨论任务，他们来自美国陆军航空队第 9 部队运输司令部，其 CG—4A 滑翔机配有"卢丁顿－格里斯沃尔德"机首加强套件和"科里"大型滑橇，牵引索也已系好就位。照片右侧的飞行员穿着深棕色的 B—6 冬季飞行夹克，而左侧的飞行员则穿着橄榄色的 B—11 飞行夹克。（汤姆·莱姆林 / 装甲板出版社供图）

翔机飞行员小队"（GP flight）或"滑翔机飞行员分排"（GP section），但这些都不是正式做法。部队运输中队总是开展编队飞行练习，也时常进行滑翔机牵引导航训练，但在此期间很少搭载部队。

在部队运输中队中，滑翔机飞行员和"正牌"飞行员关系很差，而且滑翔机飞行员经常被视为"二等飞行员"。但由于牵引机副驾驶员普遍短缺，这一岗位也经常由滑翔机正驾驶员担任；同样的情况也出现在滑翔机副驾驶员身上，这导致 C-47 的副驾驶员有时也需要在滑翔机上兼职。副驾驶不仅是一种防止人员伤亡的"保险"，还要帮助正驾驶应付乱流，避免其精疲力竭（在飞渡莱茵河期间，乱流非常严重，以至于每 15 分钟就要换人）。由于滑翔机副驾驶员短缺，美军甚至会从步兵中临时招募志愿者。这些人只在地面接受过短暂指导，之后就会接过重任，负责驾机飞往着陆区。由于诺曼底战役导致滑翔机飞行员伤亡巨大，难以弥补，上述情况在荷兰的"市场"行动（Operation Market）中经常发生。美军第82空降师的詹姆斯·加文（James Gavin）少将评论说："幸运的是，'瓦科'滑翔机的飞行和着陆都不难。但在战斗中头一次驾驶它们显然是一种磨难……"

英国

英国的滑翔机飞行员隶属于滑翔机飞行团（Glider Pilot Regiment）。该团是一个陆军单位，但另一方面，滑翔机飞行员也是皇家空军运输大队的配属人员，其滑翔机也是皇家空军的财产。和美军一样，英国空军（拥有滑翔机）和陆军（滑翔机飞行员负责运送陆军部队，而且一旦到达地面，就要与陆军并肩作战）也对滑翔机飞行员的归属存在争议。因此，英国陆军在1941年12月下令组建滑翔机飞行团，1942年2月24日，该团正式成立。后来，该团与伞兵团（1942年8月1日由现有的伞兵营组建而成）、派往空军观测机中队（Air Observation Post squadron，即炮兵观测机部队）的陆军飞行员一道组成了"陆军航空兵部队"[Army Air Corps，1944年，特种空勤团（Special Air Service）也加入了其行列]。

✲ 滑翔机飞行员徽章

滑翔机飞行员可获得特殊的翼形资质徽章。在作战行动中，滑翔机飞行员制服和乘客几乎没有区别，都是野战制服，但美国和德国滑翔机飞行员仍经常穿着各自航空部队的飞行服。

1942年9月，美国推出了一款滑翔机飞行员胸章（Glider Pilot Aeronautical Rating Badge）。该胸章与普通的3.125英寸银色飞行员胸章类似，并且都采用了双翼作为设计元素，但中间是一个带"G"字的盾牌[滑翔机飞行员经常说这个"G"字代表"胆量"（Guts）]。在中缅印战区，这些胸章由印度作坊生产，材料为黄色金属，胸章中间是一个圆盘，上面的"G"字也更花哨（参见插图"滑翔机运载的'非常规'物资——缅甸，1944年3月"内2处）。该徽章需要被佩戴在左胸口袋上方。除此之外，大多数滑翔机部队人员还会在制服左上臂佩戴陆军航空兵的鲜蓝色臂章——其中央图案是一颗白星，白星内部是有一个红色圆徽。其两侧是金橙色的翅膀，它们呈"V"形展开。美国陆军航空队的兵种色为鲜蓝色和金橙色，领章徽章是航空部队特有的带翼螺旋桨。

英军的滑翔机飞行员胸章有两种类型，但都以黑色羊毛为衬底，并以双翼为基本设计元素。其中一种是陆军飞行胸章（Army Flying Badge），该胸章于1942年4月推出，宽度为5.125英寸，也由观测机飞行员佩戴。其图案相对复杂，双翼部分为淡蓝色，中央是金色和红色的狮冠皇家徽章（参见插图"英国空速有限公司的'霍萨'MkⅠ突击滑翔机"内5处）。另一种是滑翔机副驾驶员胸章（Second Glider Pilot Badge），该徽章于1944年8月推出，只有3英寸宽，设计比较简朴，中央是一个黄色圆圈，内有一个黄色"G"字（参见插图"英国空速有限公司的'霍萨'MkⅠ突击滑翔机"内6处）。这两种徽章都需要被佩戴在左胸口袋上方。滑翔机飞行员的野战外套左右肩下方有滑翔机飞行团臂章——后者呈弧形，由浅蓝色毡布制作，上面有深蓝色的"GLIDER PILOT REGT"（滑翔机飞行团）字样。而其更下方是方形的空降部队臂章——该臂章以栗色为底色，上面有浅蓝色飞马图案，下方则是相同颜色的"AIRBORNE"（空降）字样长条形臂标。所有滑翔机飞行员还佩戴栗色的空降部队贝雷帽，上面有一枚银色的团帽徽，位置在佩戴者左眼正上方（参见插图"英国空速有限公司的'霍萨'MkⅠ突击滑翔机"内4处）。

德军滑翔机飞行员的唯一身份资质徽章是空军滑翔机飞行员证章（Segelflugzeugführer-Abzeichen，参见插图"德国DFS 230攻击滑翔机"内5处）。该徽章于1940年12月推出，整体为金属材质，背后有别针，佩戴在左胸口袋下方；此外，该徽章还有一种布制版，由铝线刺绣而成，以蓝灰色布为衬底。这种徽章不能与空军的其他飞行证章同时佩戴，但可以与伞兵证章（Fallschirmschützen-Abzeichen）同时佩戴（前提是滑翔机飞行员取得了对应资质）。和其他德国空军飞行人员与伞兵一样，德军滑翔机飞行员也有兵种色（Waffenfarbe），即金黄色——其制服滚边和领章都是这种颜色。

英军滑翔机飞行员从陆军中招募，隶属于滑翔机飞行团，但在皇家空军接受训练，并在驾驶滑翔机时由空军管辖。他们必须通过飞行体检，并满足皇家空军的其他要求。他们首先需在威尔特郡（Wiltshire）蒂尔斯海德（Tilshead）的滑翔机飞行团驻地参加为期6周的选拔培训。在战争期间，来自禁卫旅（Brigade of Guards）的教官始终严格要求，并坚持将淘汰者"退回原部队"。通过选拔的人员将前往初级飞行训练学校（Elementary Flying Training School）接受为期12周的训练——这些学校一共有4所，即第3、第16、第21和第29初级飞行训练学校，课程包括在敞开式座舱的"虎蛾"（Tiger Moth）双翼机上飞行20小时。随后学员将前往滑翔机训练学校（Glider Training School，一共5所）接受为期12周的训练，并在此期间驾驶"热刺"（Hotspurs）小型滑翔机。下一步是进入第21或22滑翔机作战训练分队 [Glider Operational Training Unit，后来改名为第21重型滑翔机换装适应分队（Heavy Glider Conversion Unit）和第22重型滑翔机换装适应分队]，并在"霍萨"滑翔机上训练6周。少数人员还将入选驾驶"哈米尔卡"滑翔机——如果获得通过，他们将进入滑翔机飞行团的C中队。最后一步是2周的战斗课程，包括学习步兵战斗行动规程和使用各种武器（包括德制武器）。由于滑翔机飞行员短缺，英军还在1944年年初开设了"第二滑翔机飞行员"（second glider pilot，即副驾驶）课程，其持续时间仅3周。滑翔机飞行员军衔一般是中士和上士，其中前者的每日津贴为12先令6便士（是步兵二等兵基本工资的六倍多）。

在1944年9月的阿纳姆战役中，滑翔机飞行团参战人员损失率高达60%，由于没有足够人员参与1945年3月的横渡莱茵河行动，英军还从皇家空军抽调了1500名老资历士官和军官飞行员（当然这些人很不情愿）。除了匆忙熟悉"霍萨"滑翔机，他们还需要大致学习地面作战。在横渡莱茵河期间损失的滑翔机飞行员中，这些空军飞行员占到了60%。

德国

德国空军的滑翔机飞行员一般由高级军士担任，且军衔通常为中士（Unterfeldwebel）或上士（Feldwebel）。他们都事先接受过滑翔机训练，并已通过A级和B级测试。虽然这些人大多不会驾驶动力飞机，但在飞行原理、天气知识和飞行技术方面基础很好。在新兵时期,他们将在滑翔机飞行训练指挥部(Ausbildungskommandos für Lastensegelflug)接受为期 6 周的军用滑翔机训练,其科目包括盲飞和定点着陆,同时还将学习地面作战技能。德军的滑翔机学校位于多恩贝格(Dörnberg)、希尔德斯海姆(Hildesheim)、罗恩(Rhön)、罗西腾(Rossiten)和叙阿特(Syat)等地,飞行员毕业后将获得滑翔机飞行员证章。他们的后续去向有两个:加入某个运输机联队,或是加入某个机降中队——这些中队是机降联队的下属单位,其中第 1 机降联队装备主要装备 DFS 230 滑翔机,第 2 机降联队主要装备 Go 242 滑翔机。他们的飞行津贴(Fliegerzulage)约为每月 50 帝国马克(约合 20 美元或 5 英镑)。

地面作战中的滑翔机飞行员

在二战期间,各国始终没有确定一个问题:在乘客下机后,滑翔机飞行员应如何行事。

相比之下,英军的应对方案最有效,组织也最得当。1944 年 1 月,滑翔机飞行团将其下属的第 1 营和第 2 营被重新命名为"联队",每个联队下辖 3 个或 4 个"中队"。各中队指挥官均为少校,下设 1 个队部"小队"和 4 个滑翔机小队。每个小队包括 4 名军官和 48 名士官,指挥官由 1 名上尉或中尉担任。但实际上,根据任务需要,各小队经常在不同中队之间来回调配。

一旦部队着陆,英军滑翔机飞行员将组成步兵部队。从纸面上看,一个联队相当于一个轻装步兵营,中队相当于一个连,而小队则相当于一个大型排。但实际上,由于伤亡和着陆分散,这些临时单位往往严重缺员,而且缺少班组武器。尽管如此,英军仍会在军事训练中对滑翔机飞行员严加要求。这些人均配备斯登冲锋枪、步枪和手枪,并会在必要时与步兵并肩作战。但在更多情况下,他们将负责守卫部队指挥所、炮兵阵地和战俘,或组成预备队以确保后方要地万无一失。英军还要求滑翔机飞行员尽早撤离前线,并规定其后撤优先顺序仅次于伤员。

德军滑翔机行动规模较小,因此投入地面作战的飞行员数量有限。他们与伞兵区别不大,接受过步兵技能训练,通常与乘客并肩作战。他们的常备武器通常是一把 MP40 冲锋枪和一把手枪。

美军对滑翔机飞行员的组织最为随意。他们没有像英军一样预先为其组建部队,也没有制定明确的运用准则:这主要是因为滑翔机飞行员隶属于陆军航空队,后者为其训练耗费了大量时间、精力和资金,显然不希望他们沦为步兵。在大多数情况下,这些飞行员将奉命前往炮兵等部队的指挥所集合,执行警戒任务,并等待后撤。但实际情况是,大多数滑翔机飞行员都毫不在乎,经常任意行动。虽然他们只配发有一支手枪,但也经常自由选择其他武器,并且大多自费购买了卡宾枪或冲锋枪。他们通常会携带一天的口粮和最基本的野战装备。许多人自愿随伞兵部队行动;还有一些人负责看守俘虏,并将他们押送到后方;其他人则在指挥所工作,甚至为军官充当助手。在诺曼底登陆中,许多滑翔机飞行员在降落后直接前往海滩,搭船返回英国。但有一次在荷兰,有300名滑翔机飞行员为第505伞兵团提供加强,帮助他们抵御了敌军进攻。

这张著名照片摄于1944年9月23日的阿纳姆之战期间,令人印象深刻。当时,一群英国滑翔机飞行员正在奥斯特贝克镇的废墟内与敌军战斗,并坚守着环形防御阵地内的2处据点。滑翔机飞行团人员需接受地面作战训练;着陆后,他们会临时组成排和连,并受空降师指挥官调遣。他们将携带轻武器,在力所能及的范围内执行任务。在阿纳姆之战中,共有约1200名英军滑翔机飞行员着陆,其中229人阵亡,469人受伤或被俘,伤亡率接近60%。(帝国战争博物馆供图,图片编号BU1121)

英国滑翔机飞行团编制，1944年9月

团部	
第1联队[驻地：哈韦尔皇家空军基地（RAF Harwell）]	第2联队[驻地：布罗德韦尔皇家空军基地（RAF Broadwell）]
A中队	C中队
第1小队 第17小队	第6小队 第7小队
B中队	E中队
第3小队 第4小队 第19小队 第20小队	第11小队 第12小队 第25小队
D中队	F中队
第5小队 第8小队 第13小队 第21小队 第22小队	第14小队 第15小队 第16小队
G中队	
第9小队 第10小队 第23小队 第24小队	
注：1944年年末，英军在印度组建了两个装备"达科他"运输机和"哈德良"（Hadrian）滑翔机（即美制CG-4A滑翔机）的空军联队，以便未来投入远东战场。其成员不仅包括空军的滑翔机飞行员，还有曾在地中海和中东执行任务的前陆军滑翔机飞行团第10独立飞行中队成员。这两个联队后来在1945年10月—1946年7月解散，而且从未执行过任务。1944年12月，其下属单位包括：	
皇家空军第343联队	皇家空军第344联队
第668中队 第669中队 第670中队	第671中队 第672中队 第673中队

滑翔机机降部队

在美国和英国，滑翔机步兵部队都是从现有单位召集志愿者全新组建。在英军中，这些部队的成员经常变化，在受训和适应新任务期间尤其如此。如果有人容易晕机或害怕飞行，他们就会被调走。

英军机降部队有空降兵津贴，为每天1先令（比二等兵2先令的基本军饷高出50%）。他们佩戴着骄人的栗色贝雷帽、空降部队臂章和臂标——这些都表明他们来自一支精锐部队。在美军中，情况并不一样。虽然其伞兵部队均由志愿者组成，但滑翔机步兵则不然。滑翔机步兵没有危险任务津贴，也没有特殊的徽章，只有一个滑翔机帽徽，这在双方之间引发了不少争端（不过在1944年，美军全体空降部队都用"降落伞和滑翔机"帽徽取代了原有帽徽）。滑翔机步兵也不能穿伞兵制服，包括他们梦寐以求的伞兵靴（但后来有所放宽）。滑翔机步兵感到自己成了"二等人"，老伞兵们也经常说，他们从不把滑翔机步兵当成自己人。直到1944年6月4日，美军滑翔机步兵才获得了危险任务津贴，但只有伞兵的一半——士兵每月25美元，军官50美元。只是因为他们在诺曼底伤亡巨大，上级才在一个月后给了他们与伞兵相同的津贴待遇。[2]

美军空降师理论上包括2个滑翔机步兵团（glider infantry regiment，GIR）和1个伞兵团（parachute infantry regiment，PIR），比例与英军恰好相反。在经过一段实践后，情况又开始变化。例如第82空降师最初有1个滑翔机步兵团加2个伞兵团，但在1944年中期，该师又增加了第3个伞兵团。第101空降师最初有2个滑翔机步兵团，但其中1个在1944年中期被拆分，至于伞兵团则保持在2个到3个左右。到1945年年初，其他美军空降师也都撤销了第2个滑翔机步兵团，而伞兵团数量则增至2个。

在美军和英军空降师中，滑翔机部队在能力上也大相径庭。美军空降师在仍保留2个滑翔机步兵团期间，其麾下总共只有4个滑翔机步兵营。这些营各自拥有3个连，每个连有2个排。这也意味着每个滑翔机步兵团的兵力为6个连、12个排，而全师的滑翔机步兵兵力则为12个连、24个排。但在1945年年初，随着各团编入第3营，加上各连增加了第3排，虽然每个师麾下的滑翔机步兵团数量减为1个，但滑翔机步兵总兵力仍达到了9个连、27个排的规模。

美军滑翔机部队在登上 CG-4A 之前集体祈祷。在医疗兵（右侧）头顶可以看到机身紧急出口，该出口需要由乘客用蛮力踢开。（汤姆·莱姆林/装甲板出版社供图）

英军空降师的滑翔机机降旅拥有 3 个营，每个营下属 4 个连，每个连包括 4 个排——这意味着每个营共有 16 个排，而每个旅则拥有 12 个连、48 个排。这种四排制连队有很多缺陷，例如组织臃肿，管辖范围过大，灵活性不如三排制连队，所需牵引机、滑翔机和飞行员也更多。不过这种编制也有好处，即有助于在着陆之初集结足够多的部队。

美军滑翔机机降部队的组织

美军的滑翔机步兵团通常只有 2 个步兵营，每个营有 3 个连，总人数为 1806 人——其规模之所以较小，是因为滑翔机的运载能力不如 C-47 运输机。其中团部连包括团部、连部、连部排（作战和情报部门、侦察组）、通信排和 2 个反坦克排（各配备 4 门 37 毫米炮）。团勤务连则包括连部、连部排和多个运输排。此外，该团还有 1 个连级规模的医疗分队。

美国陆军滑翔机步兵和炮兵部队

单位名称	所在师级部队	存在时期
第 88 滑翔机步兵团	第 13 空降师	1942 年—1945 年
第 187 滑翔机步兵团	第 11 空降师	1943 年—1949 年
第 188 滑翔机步兵团	第 11 空降师	1943 年—1945 年（改为伞兵团）
第 189 滑翔机步兵团 *	第 13 空降师	1943 年
第 190 滑翔机步兵团 *	第 13 空降师	1943 年
第 193 滑翔机步兵团	第 17 空降师	1943 年—1945 年
第 194 滑翔机步兵团 †	第 17 空降师	1943 年—1945 年
第 325 滑翔机步兵团 †	第 82 空降师	1942 年—1947 年
第 326 滑翔机步兵团	第 13 空降师	1942 年—1946 年
第 327 滑翔机步兵团 †	第 101 空降师	1942 年—1945 年
第 401 滑翔机步兵团 †	第 101 空降师	1942 年—1945 年
第 88 空降步兵营 *	空降部队司令部	1941 年—1942 年（改编为第 88 滑翔机步兵团）
第 550 空降步兵营	第 1 空降特遣队	1941 年—1945 年
第 319 滑翔机野战炮兵营	第 82 空降师	1942 年—1947 年
第 320 滑翔机野战炮兵营	第 82 空降师	1942 年—1948 年
第 321 滑翔机野战炮兵营	第 101 空降师	1942 年—1945 年
第 472 滑翔机野战炮兵营	第 11 空降师	1942 年—1949 年
第 602 野战炮兵营（驮载式）	第 1 空降特遣队	1944 年（临时编为滑翔机炮兵部队）
第 674 野战炮兵营	第 11 空降师	1943 年—1945 年（改为伞兵团）
第 675 滑翔机野战炮兵营	第 11 空降师	1943 年—1949 年
第 676 滑翔机野战炮兵营	第 13 空降师	1943 年—1946 年
第 677 滑翔机野战炮兵营	第 13 空降师	1943 年—1946 年
第 680 滑翔机野战炮兵营 †	第 17 空降师	1943 年—1945 年
第 681 滑翔机野战炮兵营	第 17 空降师	1943 年—1945 年
第 907 滑翔机野战炮兵营	第 101 空降师	1942 年—1945 年
第 80 空降防空营	第 82 空降师	1942 年—1946 年

第81空降防空营	第101空降师	1942年—1945年
第152空降防空营	第11空降师	1943年—1946年
第153空降防空营	第13空降师	1943年—1946年
第155空降防空营	第17空降师	1943年—1945年

备注
* 从未部署到海外；人员调往其他部队。
† 美军11个滑翔机步兵团中只有4个执行过滑翔机突击任务：其中第194滑翔机步兵团1次；第327滑翔机步兵团1次；第325滑翔机步兵团2次；第401滑翔机步兵团部分兵力2次（1次配属给第325滑翔机步兵团，1次配属给第327滑翔机步兵团）。

    滑翔机步兵营下辖1个营部连和3个步兵连。其中营部连包括营部、连部、迫击炮排（6门81毫米迫击炮）和重机枪排（4挺重机枪）。步兵连包括连部、2个步兵排和1个武器排（2挺轻机枪、2门60毫米迫击炮）。步兵排包括排部和3个步兵班；前者麾下包括1个60毫米迫击炮班，但这些班通常会被交给连属武器排管辖。此外，美军还有2个独立滑翔机步兵营，即第88空降步兵营和第550空降步兵营，其中第88营最初承担滑翔机战术测试任务。

诺曼底登陆后不久，"瓦科"滑翔机即被用于补给任务。在本照片中，这些飞机正在工兵修建好的跑道上降落，地面已被滑橇犁出道道沟壑。在这些任务完成后，工兵将铺设3英寸方形网眼金属垫（*square mesh track*）。后者平时成卷堆放在一起，可以令跑道更耐用，使其足以让战斗轰炸机起降。（汤姆·莱姆林/装甲板出版社供图）

1944年12月，美军批准了新编制表，并在1945年年初付诸实施。根据新编制，滑翔机步兵团辖3个营，每个步兵连辖3个排，总兵力增加到2975人，各营兵力为863人。1945年3月，该编制在欧洲战场落实，并于1945年7月应用于太平洋战场的第11空降师。在新编制中，新增的第3营是通过解散几个滑翔机步兵团组建的：例如第401滑翔机步兵团的第1营和第2营分别成为第327和第325滑翔机步兵团的第3营（但事实上，两者早在1944年3月便分别接受这些团指挥）。第193滑翔机步兵团和第550空降步兵营则被解散，以便填充第194滑翔机步兵团，其班组武器则从4挺重机枪改为8挺，并用6门57毫米反坦克炮取代了8门37毫米反坦克炮。

滑翔机野战炮兵营（Glider Field Artillery Battalion，GFAB）总人数为384人。下属单位包括1个连部和勤务连，2个榴弹炮连（每个连配备6门75毫米驮载式榴弹炮，标准的野战炮兵营则拥有3个炮兵连，每个连4门炮）和1个医疗分队。在这些部队中，有4个营后来换装了105毫米M3"短鼻"驮载式榴弹炮，其番号和换装时间依次为：第320滑翔机野战炮兵营，1943年2月；第907滑翔机野战炮兵营，1944年3月；第675滑翔机野战炮兵营，1945年1月；第677滑翔机野战炮兵营，1945年2月；第680滑翔机野战炮兵营，1945年2月。为方便滑翔机运输，美军还拆除了这些M3A1榴弹炮的炮盾。其他部队则继续配备75毫米驮载式榴弹炮，以方便投入滑翔机机降。但在与海上登陆或地面部队会合后，这些单位也可以换装105毫米榴弹炮。

在美军中，空降防空营是空降师的特有单位，人员共计505人，也被视为滑翔机部队，其纸面编制包括1个营部和营部分队、3个自动武器连、3个机枪连和1个医疗分队。根据编制表，这些"自动武器连"番号为A连至C连，每个连包括2个排，每个排有4门37毫米反坦克炮或40毫米高射炮，火炮总数为8门。但在实际编制中，各连通常只装备37毫米反坦克炮，并在1944年换装57毫米炮，而40毫米高射炮则从未装备——换言之，它们成了纯反坦克部队，因此也经常被称为"反坦克连"。机枪连番号为D连至F连，每个连有12挺.50毫米机枪，因而也被称为"防空连"。在实际使用中，这些部队并非只负责防空，还经常负责打击地面目标。

滑翔机步兵团还经常得到1个滑翔机工兵连支援。该连来自师属空降工兵营，总人数 103 人。在各空降师仍有 2 个滑翔机步兵团时，其空降工兵营也相应地拥有 2 个滑翔机工兵连，即工兵营 A 连和 B 连。

1945 年 3 月，德国，一辆吉普车正在从美军 CG-4A 滑翔机上被卸下。值得注意的是，与宽大的"科里"滑橇不同，其机首滑橇相对更窄。这些吉普车满载货物和装备，并加满汽油。英军空降部队也使用吉普车，每个空降师都拥有 904 辆。

美军滑翔机机降部队的制服

与其他地面部队一样，美军滑翔机机降部队也身穿标准野战制服。他们从 1942 年开始佩戴"滑翔机帽徽"，这也是表明其特殊身份的唯一标志。该帽徽呈圆形，采用刺绣工艺，佩戴在船形帽的左前方（但军官佩戴在右侧，以便把左侧用于佩戴军衔标志）。其中滑翔机步兵的帽徽底色为浅蓝色，炮兵和工兵的帽徽底色为红色。但所有帽徽镶边均为白色，中央有白色滑翔机图案。1944 年 8 月，滑翔机和伞兵部队改为采用同一种帽徽，其底色为中蓝色，镶边为红色，中央图案是一架叠加在白色降落伞上的白色滑翔机。士兵佩戴的船形帽则拥有不同的兵种色镶边,其中步兵为浅蓝色,炮兵为红色,工兵为红白交织。此时,滑翔机机降部队也终于享受到了配发伞兵靴的权利。

1944年6月,美军还为批准为滑翔机部队配发滑翔机胸章。该胸章佩戴在左胸口袋上,主元素与伞兵胸章相同,都是向上扬起的银色双翼,但中央图案不是降落伞,而是一架CG-4A滑翔机。胸章的获得者必须隶属于滑翔机或空降部队,并通过培训课程——包括至少携带作战装备参与一次滑翔机着陆演习——或至少参与过一次深入敌境的滑翔机作战。另外值得一提的是,虽然美国陆军的滑翔机训练早在1948年就已停止,并且从1953年1月开始不再对部队做集体要求,但该胸章直到1961年5月才遭到废止。

英军滑翔机机降部队的组织

英军机降步兵营的战时编制为806人,包括营部、1个支援连、1个防空/反坦克连和4个步兵连。其中支援连包括连部、通信排、运输排、行政排、工兵排、侦察排和1个迫击炮排(4门3英寸迫击炮)。步兵连包括连部、1个支援班(2门3英寸迫击炮)和4个步兵排,每个排拥有3个班。班的下属武器包括3挺布伦机枪,以及隶属于排部的1门2英寸迫击炮和1具PIAT反坦克发射器。

从1944年开始,为提高火控效率,英军将支援连的4门迫击炮和步兵连的8门迫击炮合并为1个迫击炮群,其麾下包括2个排,每排6门迫击炮。防空/反坦克连的理论编制包括2个防空排,每个排有2门20毫米西斯帕诺-絮扎(Hispano-Suiza)机关炮,这些火炮由吉普车牵引,并安装在2号Mk Ⅱ"蜘蛛"(spider)炮座上。但由于前线没有防空需求,加上这些武器反坦克效果不佳,所以上述防空分队又被重组为1个机枪排,全部装备包括8挺.303口径维克斯中型机枪(Vickers MMG),后来,这些单位又进一步改编为2个排,每个排拥有4挺中型机枪。该连的2个反坦克排则各有4门吉普车牵引的6磅炮。

每个机降营下辖4个连,每连4个排。这样一来,1个空降旅将拥有48个排,在兵力上几乎相当于2个伞兵旅(每个伞兵旅包括3个营,每营3个连,每连3个排,2个旅共计54个排)。另外,机降旅旅部还拥有1个防御排。

每个英军空降师都拥有1个皇家炮兵机降轻型炮兵团(规模相当于营)。其下属单位包括3个炮兵连,每连有2个排,每个排拥有4门美制75毫米驮载式榴

1942年12月,在下埃文皇家空军基地(RAF Netheravon)的一次演习中,英军空降部队正在从"霍萨"滑翔机上卸载"无敌"牌3G/L(Matchless 3G/L)摩托车。该车也是英军的标准车型,主要装备侦察兵和传令兵。"霍萨"可以卸下货舱门作为装卸坡道,但该部件相当脆弱,无法承载更重的货物。(帝国战争博物馆供图,图片编号H26215)

弹炮。通常情况下，每个伞兵旅和机降旅都会获得1个这样的连作为支援力量。第1空降师下属的是皇家炮兵第1机降轻型炮兵团（1st AL Lt Regt RA），其下属各连依次为第1连、第2连和第3连。第6空降师下属的是皇家炮兵第53机降轻型炮兵团（伍斯特郡义勇骑兵团）[53rd (Worcestershire Yeomanry) AL Lt Regt RA]，下属各连依次为第210连、第211连和第212连。在远东，英军组建了第44（印度）空降师，其下属的是皇家炮兵第159伞降炮兵团（159th Prcht Arty Regt RA），下属各连依次为第553连、第554连和第555连。在欧洲，英军每个空降师还拥有2个"皇家炮兵机降轻型反坦克连"（Airlanding Light Anti-Tank Batteries RA）：其中第1空降师的为第1连和第2连；第6空降师的为第3连和第4连。这些连各拥有6个排，其中4个排装备6磅反坦克炮（1943年前为2磅反坦克炮），2个排装备17磅反坦克炮，且每个排均为4门。第1空降师还拥有1个轻型防空连，即第1轻型防空连（1st Lt AA Bty），其麾下拥有3个排，每个排有8门20毫米机关炮。第6空降师的第2轻型防空连（2nd Lt AA Bty）则拥有3个排，其中1个排拥有18门配备Mk Ⅳ炮架的40毫米博福斯Mk Ⅰ高炮，另外2个排各配有24门20毫米机关炮。其中后者最初为西斯帕诺-絮扎机关炮，但在1944年3月被波尔斯滕（Polsten）机关炮取代，不过两者均采用了2号Mk Ⅱ炮座，并由吉普车牵引。

1944年7月，英军将第52（低地）步兵师训练为机降师，并计划投入阿纳姆空降行动，但这一计划从未执行，该师继续作为常规步兵作战。

英国滑翔机机降部队的制服

英国机降部队的作战服与伞兵相同，都配有无边框钢制伞兵盔和丹尼森罩衫（Denison smock），罩衫下是空降兵式战斗服，后者较普通战斗服裤袋有所加大。在完成滑翔机训练后，步兵将在战斗服的右前臂上佩戴一个1.75英寸的卡其色椭圆形臂章，其中心图案是一架浅蓝色的"霍萨"滑翔机，部分细节则用黑线描绘。按照一些说法，这种椭圆形臂章的底色有时会使用该部队所在团的传统色（但此类臂章未获陆军部许可，想必是空降部队私下制作和发放的）。另外，在制服上臂处，他们还会佩戴空降部队的栗色方形臂章——这种臂章有浅蓝色的飞马图案，下方则会佩戴相同颜色的"AIRBORNE"（空降）字样长条形臂标。所有部队还佩戴着栗色的空降兵贝雷帽，其团/军级部队传统帽徽位于佩戴者左眼上方位置，材料可能为白色金属、黄色金属或青铜，也有可能是战时经济下使用的同种颜色廉价塑料。

在英国的一次演习中，第1空降师第1机降旅的一名下士班长正在与"热刺"滑翔机的飞行员讨论着陆区。"热刺"滑翔机尺寸太小，仅能搭载7名乘客，难以胜任作战运输任务，但被广泛用于训练。本照片中的两名士兵都戴着无边伞兵钢盔，飞行员戴着飞行头盔和耳机。驾驶舱下方可见"飞马"部队徽章——英军第1和第6空降师的滑翔机上都涂有它。此外，这位下士还在衣袖上方佩戴了"飞马"臂章，其上方是代表所属部队的弧形臂标[隐约可见蓝底白字的"ROYAL SIGNALS（皇家通信部队）"①字样]，下方则是底色为栗色、并带有浅蓝色"AIRBORNE"（空降）字样的长条形臂标。（帝国战争博物馆供图，图片编号TR171A）

---

① 译者注：此处有误，放大图片可以发现，该臂标字样实际为"BORDER"，表明此人来自边民团第1营。

德国空军伞兵练习从 DFS 230 滑翔机上快速出舱。该滑翔机属于后期型号，机舱左侧有两个供人员进出的舱门，右侧有一个较大的货舱门。机枪手可以在搭载人员离开时提供火力掩护，但要注意，此时他也必须抬起腿，并坐在机背开口边缘。（德国联邦档案馆供图，图片编号 1011-568-1529-27A）

英军机降旅及其下属单位

在英军中，旅是一种"战术"编队（规模相当于美军的团）。与其他陆军部队一样，其下属步兵包括多个营，它们来自不同地区，在传统上属于不同的团，并拥有数字番号。为彰显"出身"，这些营不仅保留着荣誉称号，在制服上也有一些特殊之处。

英军最早的机降旅以第 31（独立）旅集群为骨干组建。该集群是一支常备部队，接受过山地战训练，之前驻扎在印度，后来被调回英国。1941 年，该部队驻扎在南威尔士（South Wales）地区，负责为西部司令部（Western Command）充当预备队，并反击德军登陆。

1941 年 10 月，该旅更名为第 1 机降旅集群，并隶属于第 1 空降师。

1943年3月10日，其番号简化为第1空降旅。1943年12月，该旅将5个营中的2个[牛津郡和白金汉郡轻步兵团第2营（2nd Bn, Oxfordshire & Buckinghamshire Light Infantry）和皇家阿尔斯特来复枪团第1营（1st Bn, Royal Ulster Rifles）]提供给了新组建的第6空降师第6机降旅。1944年11月，英军还为第44（印度）空降师组建了第14机降旅，以便用于远东战场。

单位名称	隶属时期
第1机降旅集群（从1943年3月起改为第1机降旅）	1941年12月—1945年8月
边民团第1营（1st Battalion, Border Regiment）	1941年12月—1945年8月
南斯塔福德郡团第2营（2nd Bn, South Staffordshire Regt）	1941年12月—1945年8月
牛津郡和白金汉郡轻步兵团第2营	1941年12月—1943年5月
皇家阿尔斯特来复枪团第1营	1941年12月—1943年5月
国王直属苏格兰边民团第7（加洛韦）营[7th (Galloway) Bn, King's Own Scottish Borderers]	1943年12月—1945年8月
皇家炮兵第458轻型炮兵连	1941年12月—1942年7月*
皇家炮兵第1机降轻型炮兵连（由上一单位更名而来）	1942年7月—9月*
皇家炮兵第223反坦克连	1941年12月—1942年6月*
皇家炮兵第1机降反坦克连（由上一单位更名而来）	1942年6月—9月*
皇家工兵第9野战连	1941年12月—1942年6月*
皇家装甲部队（Royal Armoured Corps）第1机降侦察连	1941年12月—1942年3月
皇家装甲部队第1机降侦察中队（由上一单位更名而来）	1942年3月—12月*
皇家陆军勤务部队（Royal Army Service Corps）第1机降旅集群直属连	1941年12月—1942年4月*
皇家陆军医疗部队（Royal Army Medical Corps）第181野战救护队（181st Field Ambulance）	1941年12月—1942年3月
第1机降旅集群宪兵分队（1st AL Bde Grp Provost Section）	1941年12月—1942年6月
备注 *1942年3月—12月，第1机降旅集群的非步兵单位曾全部由第1空降师管辖。	

下接158页表格

上接 157 页表格

第 6 机降旅	1943 年 4 月—1946 年 4 月
德文郡团第 12 营（12th Bn, Devonshire Regiment）*	1943 年 7 月—1945 年 10 月
牛津郡和白金汉郡轻步兵团第 2 营	1943 年 5 月—1946 年 4 月
皇家阿尔斯特来复枪团第 1 营	1943 年 5 月—1946 年 4 月
阿盖尔和萨瑟兰高地团（1st Bn, Argyll and Sutherland Highlanders）第 1 营 *	1945 年 10 月—1946 年 4 月
皇家陆军医疗队第 195 野战救护队	1943 年 5 月—1946 年 4 月
备注 * 1945 年 10 月，德文郡团第 12 营调离，并被阿盖尔和萨瑟兰高地团第 1 营取代。	
第 14 机降旅	1944 年 11 月—1947 年 1 月
国王直属皇家团（兰开斯特团）第 2 营 [2nd Bn, King's Own Royal Regiment (Lancaster)]*	1944 年 11 月—1945 年 2 月
黑卫士团（皇家高地团）第 2 营 [2nd Bn, Black Watch (Royal Highland Regt)]	1944 年 11 月—1947 年 1 月
第 6 拉杰普塔纳来复枪团第 4 营（乌特勒姆营）[4th Bn (Outram's), 6th Rajputana Rifles]*	1944 年 11 月—1947 年 1 月
第 16 旁遮普团第 6 营（6th Bn, 16th Punjab Regiment）*	1945 年 4 月—1947 年 1 月
备注 * 1945 年 4 月，国王直属皇家团第 2 营调离，并被第 16 旁遮普团第 6 营取代。	

机降旅的成员制服不仅有陆军航空兵部队的特征，还继承了所在团的"特色"（如代表所在团/军的弧形臂章，其具体规定可见 1943 年 6 月 12 日颁布的陆军委员会指示 ACI 905）。步兵部队的弧形臂标通常使用红底白字，但有许多例外，例如南斯塔福德郡团第 2 营的臂标底色为栗色，并配有用黄色"衬线字体"（serif）写成的"S. STAFFORDS"（即"南斯塔福德郡"的简写）字样（另外值得一提的是，一些图画上显示该营人员会佩戴"SOUTH STAFFORD"字样的臂标，并配有带滑翔机图案的臂章，但这种搭配实际源自 20 世纪 50 年代）。皇家阿尔斯特来复枪团第 1 营使用了墨绿色衬底的黑字臂标；黑卫士团第 2 营则没有臂标，只有一大块格子呢补丁，补丁上有该团的团徽，而且团徽形状相当复杂；阿盖尔和萨瑟兰高地团第 1 营则佩戴红底臂标，上面有白色的"A. and S.H."（即"阿盖尔和萨瑟

兰高地团"的缩写）字样，从1943年12月25日起，这种臂标又被一种菱形臂章取代——后者的一大特点是中心有红白相间的棋盘图样。此外，各部队还制作过一些非官方的团臂标，这些臂标通常被缝制在士兵们"最好的野战服上"，专门用于"招摇过市"。英国陆军的臂标可谓相当复杂，其详情可见布莱恩·戴维斯（Brian L. Davis）撰写的《二战英国陆军制服和徽章》[*British Army Uniforms & Insignia of World War Two*，由武器与铠甲出版社（Arms & Armor Press），1983年出版]一书，尤其是该书第103页—第107页。

德军滑翔机机降部队

德军会在必要时将伞兵和其他部队投入机降作战。这些部队并不会预先接受专门培训，但会练习快速登机和货物卸载。德国唯一一支专门的滑翔机步兵部队是第1机降突击团（Luftlande-Sturm-Regiment 1），该团由训练有素的伞兵组

一辆载重12吨的SdKfz 8半履带火炮牵引车正在装入梅塞施密特Me 323六引擎运输机，准备飞越地中海。Me 323是Me 321滑翔机的有动力版本，本照片中可见其机首舱门，该舱门为蚌壳式设计，尺寸巨大。在容纳货物的尺寸和重量方面，Me 323和Me 321几乎没有区别。（德国联邦档案馆供图，图片编号1011-628-3486-13）

成。它的前身是 1939 年 11 月组建的"弗里德里希港"试验营（Versuchsabteilung Friedrichshafen，以组建地命名），人员则来自第 1 伞兵团。随后，该营改名为"科赫"突击营（Sturmabteilung Koch，以营长的名字命名），并在 1940 年 5 月夺取了比利时的埃本－埃马尔要塞。

1940 年秋，"科赫"突击营再次更名为第 1 机降突击团第 1 营，第 2 营和第 3 营也加入该团。1940 年年底，该团还新增了第 4 营，即重武器营。1942 年 6 月起，其麾下各营被陆续抽出，以用于补充人员不足的其他伞兵营。团部也前往俄国前线，成为"门德尔"师（Division Meindl）的师部。上述各营均独立行动，后在 1944 年 5 月全部并入伞兵团。

1939 年年底，德军第 22（机降）步兵师开始接受空运和滑翔机机降训练。1940 年 6 月，该师被投入荷兰战场，但后来再也没有承担过类似任务。此外，德军还组建了第 91（机降）步兵师。但该师在 1944 年 3 月改为反两栖登陆快速反应部队，而且从未执行过机降任务。

在制服方面，德军滑翔机机降部队与伞兵相同，没有其他特殊之处：例如都身穿配套的空军制服和装备，包括专用伞兵盔、罩衫和靴子。战争初期，他们都会佩戴伞兵证章，但到 1944 年中期，其成员已很少拥有跳伞资质。

武器

在轻武器和班组武器类型方面，滑翔机部队、伞兵和普通步兵差别不大，但具体分配不同，有时滑翔机部队的重型武器较少。另外，他们的支援武器（如 75 毫米 M1A1 驮载式榴弹炮、57 毫米/6 磅反坦克炮，以及 20 毫米和 40 毫米高炮）也都是能由吉普车牵引的型号。

美制 75 毫米 M1A1 驮载式榴弹炮不仅被装备给美国滑翔机炮兵，也被装备给了英军同类部队。该榴弹炮的最初被设计为可以拆解，并由驮兽运载。在配备 M8 炮架之后，整个火炮可以拆分为 9 个部分，并由降落伞空投，也可以由美军和英军滑翔机整体运载。除了牵引吉普车，该火炮还会配备另一辆带 0.25 吨拖车的吉普车，以便运输弹药。英军还装备过配有 Mk Ⅳ P 炮架的 3.7 英寸 Mk I 山地榴弹炮，但在 1943 年年初，这种榴弹炮就被美制 75 毫米驮载式榴弹炮取代（3.7 英寸榴弹炮的射程为 5900 码，75 毫米榴弹炮为 9760 码）。此外，美军还使用了

105毫米M3"短鼻"榴弹炮，并最终为每个师配备了一个营的榴弹炮。虽然该火炮威力胜过75毫米炮，但射程仅有8295码，比后者近约1500码，而且只相当于标准105毫米M2A1榴弹炮射程的三分之二。

滑翔机部队的另一种装备是美制57毫米M1反坦克炮，该炮以英国Mk Ⅳ 6磅炮（配备Mk Ⅱ炮架）为蓝本仿制，而且其弹药可以与原版火炮互用。但遗憾的是，其原版和美制版都无法由"瓦科"或"霍萨"滑翔机运载。因此在美军和英军空降师中，这些反坦克炮后来都被英制Mk Ⅱ 6磅炮（带Mk Ⅱ空降炮架）取代。Mk Ⅱ 6磅炮轮距较窄，有折叠式炮尾大架，防盾较小，俯仰手轮的位置有所调整，

美军滑翔机炮兵抬起1架瓦科CG-4A滑翔机（该机为早期生产型，注意机首下方没有滑橇）的机首，试图装载1门75毫米M1A1驮载式榴弹炮。该火炮是滑翔机野战炮兵营的装备。为满足空降部队需求，美军专门为其设计了M8炮架，英国空降师的皇家炮兵机降轻型炮兵团也使用了同样的配置。（美国陆军供图）

牵引孔的孔眼设计也有所不同，并且可以由"霍萨"滑翔机容纳。

德军的DFS 230滑翔机运载能力有限。因此3.7厘米35/36型轻型反坦克炮和7.5厘米36型山炮等武器必须由大型货运滑翔机或运输机运送。但即使如此，德军滑翔机步兵部队还是装备了一些支援武器，如7.5厘米18型轻型步兵炮。但该型步兵炮并不是真正的远程火炮，而是一种近距离支援武器，射程为3550米（3905码），不到美国75毫米火炮的一半。另外，德军滑翔机步兵部队还配有7.5厘米40型轻型火炮——一种无后坐力炮，重量仅320磅，射程达6800米（7480码），可发射7.5厘米山炮的标准高爆弹和7.5厘米16型野战炮的反坦克炮弹，但这些弹药都容纳在特制的无后坐力弹壳中。

空降轻型坦克

英国和美国开发了空降轻型坦克。这些坦克可由滑翔机运输，均采用三人车组。其中维克斯-阿姆斯特朗Mk Ⅶ"小领主"坦克重17000磅，总产量为100辆，其中大部分安装有1门2磅炮和1挺7.92毫米机枪，但也有少数安装了3英寸（76毫米）榴弹炮，以便为步兵提供近距离支援。其中20辆被配发给第6空降师的第6空降装甲侦察团（营级单位，另外该团也装备了装甲运输车和吉普车）。虽然相关记录不甚清晰，但在诺曼底登陆日当天夜间，英军确实派遣滑翔机飞行团C中队（该中队接受过专门的坦克空运训练）驾驶"哈米尔卡"滑翔机向法国运送了18—20辆"小领主"（其中2辆在着陆时坠毁）。事实证明，这些坦克难以消灭德军的装甲车辆和工事，8月6日，第6空降装甲侦察团的坦克中队开始换装乘船抵达的"克伦威尔"坦克（配有75毫米主炮）。

美制M22（T9）"蝗虫"轻型坦克重16000磅，并且配有1门37毫米火炮和1挺口径为0.3英寸机枪，根据设计可由道格拉斯C-54"空中霸王"四引擎运输机和"哈米尔卡"滑翔机运输。美军将17辆"蝗虫"交付英军第6空降装甲侦察团，但由于机械和武器问题，它们在诺曼底登陆之前被"小领主"取代——其中一些后来又被重新用来装备该团。在飞渡莱茵河期间，该团投入了8辆"蝗虫"，其中6辆在着陆后幸存。但在这唯一一次亮相中，很多"蝗虫"还是发生故障或战损，而且贡献甚微，随后就被部队淘汰。

滑翔机作战

滑翔机只是一种进入战场的工具,而不是作战方法,因此不存在太多"战术"。在历史上,最成功的滑翔机作战通常是小规模精确攻击,而且主要任务是夺取关键目标地点。参战兵力一般为6架至10架滑翔机和1个连的人员。但这种行动只有少数几次,而且大部分得益于突然性——这不仅是因为守军没有预料到对方会使用滑翔机,也是由于滑翔机能悄然接近,并将部队投送到目标顶部,使防御者几乎无暇反应。

根据德军在战前的一次展示,在理想情况下,1个伞兵排从Ju 52上跳伞、着陆、解脱降落伞,取回武器箱、检查武器、分发武器,到最后集结投入行动需要15分钟。但如果是搭乘10架滑翔机着陆,70名士兵只需要3分钟就可以全副武装集结完毕。

与伞兵相比,滑翔机部队也不需要接受多少特殊训练,甚至普通步兵都能在几个小时培训后掌握要领,即熟悉登机、固定货物、打开机门(机头、机尾)和快速卸载的技巧。

在二战中,大多数滑翔机行动都是营级或团级旅级规模,并有2个到4个营参与。这些行动旨在支援大规模进攻,如地面进攻、跨海登陆或跨越大河。在此期间,滑翔机投送的部队可以越过山脉海洋、河流沼泽,以及敌军前线部队,从而实现"垂直包抄"。通常情况下,每个营都会拥有1个目标,如十字路口、堤道、桥梁、城镇等。他们应当夺取这些地区,让主力部队通过,或使其无法被敌人使用,或是阻挡敌人的增援和反击。他们还可以支援已参战部队,或从其他方向如敌军未预料到的侧翼发动攻击。

英军倾向于先派出滑翔机,以便为后续伞兵部队夺取空投区。美军的思路则相反,并更倾向于先派遣伞兵为滑翔机夺取着陆区——伞兵经常因故分散,因此难以有效夺取着陆区,但小股空降部队引导人员至少可以标记着陆区位置,从而为滑翔机降落提供巨大机会。

着陆区的选择应尽可能靠近目标,最好距离1英里至2英里,但不可在直瞄火力打击范围内,此外还需考虑地形。在较大规模行动中,经常有人抱怨上级对选择着陆区重视不够,例如当地不适合战术形势,或是位置难以识别/不够清晰。各连集结区也最好选择显眼的地物,如十字路口。但由于滑翔机容易分散,加上树木会遮挡地面视线,因此集结依旧很成问题。在此期间,滑翔机步兵与伞兵一样,经常"循着枪声前进"——这种做法也有助于给敌人制造混乱,使其以为盟军士兵"无处不在"。滑翔机部队较伞兵有一个优势:班和排在着陆时更容易集结,而不像伞兵一样分散在各处,因此他们可以更快地集结为大部队。

本照片摄于诺曼底登陆第二天,地点是兰维尔以北的一处英军着陆区,其中可见 30 架"霍萨"滑翔机。这些飞机已被遗弃,大部分尾段均遭拆除;右下方还有 1 架受损的"哈米尔卡"(更下方还有 3 架"霍萨"滑翔机)。这些滑翔机都是在诺曼底登陆当天傍晚降落的。由于滑翔机飞行员无法降落时相互保持联系,因此只能自行选择降落位置,并听天由命,期盼没有其他飞行员正飞往同一片草地。1996 年,滑翔机飞行员团第 1 联队 G 中队的 1 名老兵回忆说,在阿纳姆战役中,他负责第一波空运,在"S"降落区,约 120 架滑翔机在 20 分钟内着陆,但几乎没有发生事故。对于他们是如何躲开彼此的,这位老兵轻描淡写地说:"只要你在马德里开过车就懂啦!"(帝国战争博物馆供图,图片编号 HU92976)

滑翔机步兵还有许多随行力量,如远程火炮、迫击炮、反坦克炮、带拖车的吉普车(用于牵引和运送弹药),以及医疗救护站。远程火炮不仅负责配合滑翔机步兵行动,也负责支援伞兵。在第一波滑翔机着陆后,部队应确保着陆区安全,清理障碍,并做好标记,以便在次日白天或夜间获得更多空运增援。届时,弹药和补给品也将随增援部队一起运抵。工兵将与滑翔机步兵一同清理后续着陆区、扫除雷障、设置路障,并提供爆破支援。

一般情况下,滑翔机会在伞降突击期间或稍后着陆,其搭载的部队可能支援或增援伞兵,但更多情况下会执行专门任务。各部队将通过如巡逻队、传令兵、电台或有线通信等来建立联系。另外,滑翔机步兵和伞兵还必须清楚一点:既然他们来自同一个师,就必须在落地后协同作战。

伞兵部队和滑翔机部队结构不同——这体现在排、连和营的比例上,并给英美军队带来了问题。例如,美国的1个滑翔机步兵团只有2个营、12个排,而1个伞兵团则有3个营、27个排——这导致前者很难接替后者、完成换防,更不用说接管原有任务。此外,这还导致滑翔机步兵无法使用标准步兵战术。因此,在1945年,美军重组了滑翔机步兵团,使其在结构上更接近伞兵团,其详情可见上文。

1945年年初,根据在荷兰取得的经验,美军还下令大幅调整作战方法。根据新规定,空降师应把伞兵和滑翔机部队编在一起,以便进行大规模空降突击。而且,投送地点需尽量接近目标,而不是像以往一样需要部队在落地后长途行军。行动只在白天进行,并由战斗机和战斗轰炸机提供保护。此外指挥官还应确保空降部队能在24小时内与地面部队会合,且投送区域需处在中型火炮射程内。

放弃夜间攻击有很多好处。按照原有设想,夜间行动可以保护运输机免遭敌军战斗机攻击,但事实表明,由于盟军拥有绝对制空权,这种担心完全是多此一举。另外,盟军还希望利用夜间环境保护滑翔机,使其免遭轻武器攻击,但事实表明,如果双方距离几百码,轻武器对滑翔机威胁有限,而且滑翔机将很快消失在林线以下。另外,在白天,日光可以驱散雾气,方便机组人员保持队形并准确识别检查点和着陆区,提高降落安全性,也有利于部队快速集结。

在这些行动中,对牵引机机组人员进行全面培训至关重要:其内容不仅涉及滑翔机操纵,还有保持队形、导航,以及在遭遇高射炮火力时保持镇定。牵引机部队必须与滑翔机部队建立训练协作关系。同样,滑翔机飞行员也需要漫长培养,但其训练时间经常不足，居高不下的人员伤亡率也让情况雪上加霜。例如1944年8月在法国南部，2250名滑翔机机降人员有125人受伤，无人阵亡，但660名滑翔机飞行员却有16人阵亡，37人受伤。

滑翔机行动的效果往往相差悬殊。例如，在诺曼底登陆日当天夜间，美军第82空降师的175架滑翔机因云层和高射炮火力而分散开来，大部分坠毁在3个着陆区外，只有8架完好无损；伤亡人数为33人死亡，124人受伤。与此同时，英军第6空降师的256架滑翔机并未遭遇云层，而且沿途高炮火力也十分稀疏，因此除10架外全部在着陆区降落。

盟军滑翔机行动概述

西西里："拉德布鲁克"行动（Operation Ladbroke），1943年7月9日

由于空运能力有限，英军第1空降师要求第1机降旅提前行动，在其他伞兵旅出发之前趁夜着陆，夺取锡拉库萨（Syracuse）附近的格兰德桥（Ponte Grande）。虽然专业军官对这项行动提出了很多建议，但全部遭到参谋人员拒绝，该行动最终给盟军带来了惨痛教训和损失。行动期间出现的问题包括：

1. 牵引机和滑翔机部队的训练不充分，缺少单独训练，也缺乏各部队合练。由于"瓦科"滑翔机的运送、组装、检查和受损修复遭遇延误，参战部队仅进行过两次昼间演习，而且演习科目也不贴近实际。所有英军滑翔机飞行员都是匆忙抵达突尼斯的，之前没有驾驶过"瓦科"滑翔机，也从未进行过夜间飞行，训练水平严重不足。此外，由于蒙哥马利后来调整了行动计划，盟军为第1机降旅派遣了1支缺乏经验的牵引机部队——第51部队运输大队。至于另一支部队——第52部队运输大队——虽然更有经验，却负责第82空降师的空投。

2. 7月9日下午6点，由146架"瓦科"和8架"霍萨"组成的编队起飞，随后遭遇了强风和盟军舰艇的高炮误击，一路上视线也很糟糕。在黑暗中，牵引机被迫进行规避机动，还有许多滑翔机被过早释放——一共有65架或69架滑翔机（说法不一）坠海，其中包括134架运兵滑翔机中的47架，共有252名士兵溺水身亡。无独有偶，美军第504伞兵团搭乘的运输机也遭到登陆舰队和岸防炮兵攻击，144架飞机中有23架被击落，229人丧生。

3. 由于局面混乱，滑翔机部队没能正确导航。最终只有52架"瓦科"和8架"霍萨"滑翔机着陆，而且仅12架抵达着陆区，其他飞机则散布在各处，最远距离着陆区25英里。

尽管有上述失败，南斯塔福德郡团第2营的1个不满员排还是搭乘"霍萨"滑翔机占领了格兰德桥，并拆除了引爆炸药。尽管敌军反击愈发猛烈，但他们仍在零散人员协助下一直坚守到7月10日下午3时30分。最后，15名未挂彩的士兵弹尽粮绝，被迫缴械投降。但幸运的是，盟军地面部队45分钟后就赶到当地，并完好地夺回了整座桥梁。

1944年9月，C—47在荷兰上空释放滑翔机。照片中各处都有已降落的"瓦科"和"霍萨"滑翔机——类似情况还可见插图"滑翔机突击——荷兰，1944年9月"。（汤姆·莱姆林/装甲板出版社供图）

7月12日，美军第82空降师的第325滑翔机步兵团与第80空降防空营、第319滑翔机野战炮兵营和320滑翔机野战炮兵营等部队一起登上滑翔机，准备前往杰拉（Gela），为7月9日—11日抵达的友军伞兵提供支援。但由于7月9日英军滑翔机部队的灾难，这一任务随即取消，上述部队则留在突尼斯担任预备队。

7月13日，英军第1空降师的第1伞兵旅参与了另一次滑翔机行动，意在夺取卡塔尼亚（Catania）附近的普利莫索尔大桥（Primasole Bridge），这次行动还有11架"霍萨"和8架"瓦科"滑翔机携带反坦克炮和支援装备随行。虽然伞兵们一度攻占了桥梁，但未能将其守住。

之后盟军推行了许多改进措施，其范围涉及人员培训、飞机整备、飞机标识涂绘、飞行通信、作战计划和引导人员投放等领域。在此之后，盟军还放弃了夜间从海上释放滑翔机的尝试。

缅甸："星期四"行动（Operation Thursday），1944年3月5日—8月27日

"星期四"行动是盟军最成功的一次空降行动，但至今仍鲜为人知。该行动由美军第1空中突击大队（1st Air Commando Group）实施，地点位于缅甸，并有150架"瓦科"滑翔机等飞机参与（参见插图F"滑翔机运载的'非常规'物资——缅甸，1944年3月"），意在支援英印军"钦迪特"部队深入日军防线后方。"钦迪特"部队由多个旅组成，每个旅包括4个营。在行动中，他们利用略加平整的天然空地作为空降场和补给基地，并以此为依托开展行动。作为前奏，"钦迪特"部队之一——英军第16旅——于1944年2月从陆路出发，在滑翔机协助下渡过钦敦江（Chindwin）。真正的空降阶段始于3月5日，印度第77旅乘机抵达"百老汇"（Broadway）地点。其第一波空运包括54架滑翔机，而且其采用了"牵引机一拖二"模式。在降落前，空降引导人员会在地面用烟火标记好着陆区，因此其中有37架滑翔机平安降落。随后，盟军又投入数百架次C-47运输机和滑翔机将印度第111旅运至"乔林基"（Chowringhee）地点。截至3月13日，盟军已将9000人、1350头骡子和配套的远程火炮运到了着陆场。

从3月22日开始，英军第14旅和西非第3旅陆续抵达"阿伯丁"（Aberdeen）地点。同时，还有一些纵队穿越山林，在"白城"（White City）和"布莱克浦"

（Blackpool）等区域建立了更多据点。但在 4 月，由于上级骤然改变战略部署方针，这些旅被迫猝然转入常规作战，到 8 月底已折损严重，不过好在运输机和滑翔机仍表现出色，并在数周内多次成功完成物资补给任务。

诺曼底；"海王星"行动（Operation Neptune），1944 年 6 月 6 日—7 日

在这次行动中，美军 2 个空降师各投入了 1 个滑翔机步兵团，但运用方式不同。第 101 空降师将第 401 滑翔机步兵团拆分开来，将第 1 营编入了本师的第 327 滑翔机步兵团，成为其第 3 营；将第 2 营编入第 82 空降师的第 325 滑翔机步兵团。该师的伞兵先行抵达，随后 52 架滑翔机带着反坦克炮和补给降落。至于第 327 滑翔机步兵团、第 321 滑翔机野战炮兵营和第 907 滑翔机野战炮兵营等部队则乘船抵达。第 82 空降师派出第 325 滑翔机步兵团实施机降。盟军还在登陆日当天晚间派遣了 3 批滑翔机增援部队，其中 32 架"霍萨"滑翔机在"E"和"O"着陆区降落，增援第 101 空降师。另外 2 批增援搭乘 37 架"瓦科"和 149 架"霍萨"滑翔机在"E"和"W"着陆区降落，其主要运载部队来自第 319 和第 320 滑翔机野战炮兵营，他们还负责增援第 82 空降师。在登陆第二天上午，150 架"瓦科"和 50 架"霍萨"滑翔机又运来了第 82 空降师的第 325 滑翔机步兵团和其他增援部队。这些部队一直在诺曼底战斗到 7 月中旬。

英军在诺曼底投入了第 6 空降师，其任务是夺取英军桥头堡的东翼。在伞兵空降之前，该师将 6 架"霍萨"滑翔机派往"X"和"Y"着陆区，其中搭载着牛津郡和白金汉郡轻步兵团第 2 营 D 连的各排，其指挥官是约翰·霍华德（John Howard）少校。午夜过后 16 分，其中 3 架滑翔机搭载着 90 名士兵在贝努维尔（Bénouville）准确着陆，随后一举夺取了卡昂运河（Caen Canal）上一座具有重要意义的桥梁（"飞马桥"）。还有 1 架"霍萨"滑翔机中途迷路，至于另外 2 架则夺取了东面的奥恩河（Orne River）大桥。这些夺桥行动都是在 15 分钟内完成的。随后英军一直坚守阵地，直到援军赶来。还有 3 架滑翔机负责支援伞兵团第 9 营对梅维尔炮台（Merville Battery）发动进攻，但只有 1 架成功抵达。与此同时，伞降工兵清理了兰维尔（Ranville）附近的第 6 空降师主着陆区，拂晓前，47 架"霍萨"和 2 架"哈米尔卡"滑翔机载着师部、反坦克炮、医疗分队和增援部队抵达，其他 15 架滑翔机则未能完成任务。登陆日傍晚，第 6 机降旅主力也搭乘 250 架"霍

萨"和 29 架"哈米尔卡"滑翔机抵达了圣奥班（St Aubin）附近的"W"着陆区，并带来步兵、炮兵、反坦克炮、侦察部队（包括"小领主"轻型坦克）和支援部队。它们在滩头东面分批次投入战斗，以便加强伞兵部队，满足其不时之需。直到 9 月，该师才返回英国。

CG-4A 在起飞跑道上整齐排列，准备飞渡莱茵河。注意图片在中间偏左处，滑翔机飞行员正在列队待命。为弥补人员损失，盟军将约 300 名 C-47 飞行员转而培训为滑翔机副驾驶员。"大学"行动是战争中最大的一次滑翔机机降行动，美军共出动 1305 架滑翔机，运送了 8196 名士兵。（汤姆·莱姆林/装甲板出版社供图）

法国南部："龙骑兵"行动（Operation Dragoon），1944 年 8 月 15 日

在"龙骑兵"行动中，为支援美国第 7 集团军实施两栖攻击，美英第 1 空降特遣队对勒米（Le Muy）附近实施了一次空中突击。这次行动在夜间进行，盟军 407 架滑翔机（包括 50 架英国"霍萨"滑翔机）是在日出后起飞，但抵达目的地太早，而且沿途有雾气妨碍。滑翔机将上述部队的指挥部、火炮、反坦克炮、工兵和补

给品成功运抵"A"和"O"着陆区,英军第2独立伞兵旅集群的机降部分也随之一同抵达。一些运输机无法找到着陆区,于是向意大利返航。当天晚上,这些飞机再次试图降落,并与其他根据计划抵达的运输机混杂在一起,从而引发了不少混乱。在傍晚的空运中,第550空降步兵营和第602野战炮兵营也乘滑翔机抵达,其中后者是一支常规炮兵部队,但临时改为滑翔机野战炮兵营。尽管有种种波折,但在众多空中突击中,这次行动显然成效最好。第1空降特遣队之后继续在法国战斗,直到在11月解散。

荷兰:"市场"行动,1944年9月17日—19日

"市场"行动是"市场—花园"行动的空降部分,也是有史以来规模最大的空降行动,涉及将3个师运往荷兰。美军第101空降师的着陆区位于埃因霍温(Eindhoven)以北,在此期间,美军第377伞降野战炮兵营并非空投抵达,而是乘坐了70架"瓦科"滑翔机。第82空降师在更北的奈梅亨(Nijmegen)以南着陆,其中50架滑翔机为第80空降防空营运来了反坦克炮。在此期间,滑翔机的损失极为轻微。

美军滑翔机的"重头戏"始于行动第2天。根据计划,滑翔机空运将在清晨进行,但最终因天气原因推迟到下午——其运送部队包括第82空降师第319滑翔机野战炮兵营、第320滑翔机野战炮兵营和第456伞降野战炮兵营,以及第80空降防空营的部分兵力。上述部队共动用滑翔机454架,其中大部分在着陆区附近成功降落。与此同时,盟军还投入450架滑翔机运送了第101空降师的第327滑翔机步兵团(不包括第1营),以及随行的工兵和医疗分队。

根据计划,盟军将在行动第3天运送第82空降师的第325滑翔机步兵团,但这一计划最终被取消。在行动第4天,盟军试图增援第101空降师,但同样遭遇波折。按照计划,385架"瓦科"滑翔机将把第327滑翔机步兵团第1营、第321滑翔机野战炮兵营、第907滑翔机野战炮兵营和第81空降防空营的部分兵力运往前线,但这些"瓦科"滑翔机中只有209架抵达着陆区,而且第327滑翔机步兵团第1营的空运也被取消。行动第7天,盟军终于把第325滑翔机步兵团和第80空降防空营运至前线,但在投入行动的406架"瓦科"滑翔机中只有348架抵达了目的地。随后,这些部队一直在当地战斗到11月。

与此同时，英军第 1 空降师奉命夺取阿纳姆镇的桥梁和北面的高地，但空投地点距离上述目标地点足有数英里。在行动发起日下午早些时候，第 1 机降旅搭乘 345 架"霍萨"和 13 架"哈米尔卡"滑翔机抵达阿纳姆西北部的"Z"着陆区，与之一同着陆的还有首批伞兵。但在此期间，有 35 架滑翔机未能完成任务，其中包括了侦察部队的大部分武装吉普。当伞兵部队开始向阿纳姆进军时，滑翔机机降部队则试图修建立足点，以便在次日接收空运增援。由于无线电故障，加上德军抵抗异常猛烈，整个行动很快步履维艰。次日，英军试图投入 286 架"霍萨"和 15 架"哈米尔卡"滑翔机将更多步兵和炮兵运往"S"着陆区。但由于大雾，上述部队直到傍晚才抵达。与此同时，滑翔机部队则继续保护空投区和着陆区，伞兵则继续在通向阿纳姆的道路上作战。行动第 3 天，35 架滑翔机携带反坦克炮抵达，但自身同样损失惨重。最终，美军第 101 和第 82 空降师夺取了埃因霍温桥和奈梅亨桥，但这次行动同样有赖于英军第 30 军的装甲部队北上与伞兵部队会合。不幸的是，该军只能沿一条公路推进，而且沿途不断受阻。

随着情况继续恶化，第 1 伞兵师在阿纳姆和奥斯特贝克（Oosterbeek）陷入困境，为化解危机，英军计划派遣第 52 师的 1 个旅乘滑翔机进入当地——虽然该旅接受过机降训练，但这一计划最后被取消。与此同时，盟军还于 21 日将波兰第 1 独立伞兵旅空降到莱茵河下游南岸，命令该旅渡河与第 1 空降师取得联系。然而，盟军未能达成目标，而且空投物资也很少落在防御圈内。

9 月 25 日—26 日晚，英军空降部队渡河向南撤退，其 10000 名空投人员中最终只有 3000 人成功逃生。

德国："大学"行动，1945 年 3 月 20 日

这次大规模行动由美国第 18 空降军发动，试图在 3 月 20 日上午将 2 个空降师送往莱茵河对岸。伞兵首先出发，美军第 17 空降师的第 194 滑翔机步兵团、第 680 滑翔机野战炮兵营、第 681 滑翔机野战炮兵营、第 155 空降防空营、工兵和支援部队乘坐 906 架"瓦科"滑翔机（其中 578 架采用了"牵引机一拖二"模式）紧随其后。它们一路飞向迪尔斯福特森林（Diersfordter Wald）附近的"N"和"S"着陆区，虽然许多滑翔机沿途被炮火击中，但总体损失不大。在这次行动后，第 17 空降师继续在前线战斗，直到战争结束。美军还计划投入 926 架"瓦科"滑翔

1945年3月，在跨越莱茵河期间，一架英国"霍萨"滑翔机滑行进入一处着陆区。在近景处，美军第17空降师的伞兵正在集结。（汤姆·莱姆林/装甲板出版社供图）

机实施"项圈2"行动（Operation Choker Ⅱ）——派遣第82和第101空降师计划在沃尔姆斯（Worms）附近飞渡莱茵河，不过这一计划从未被实施。

英国第6空降师在第17空降师以北的"N""O""P""Q"和"U"着陆区空降。其中392架"霍萨"和14架"哈米尔卡"滑翔机奉命前往哈明克尔恩（Hamminkeln）附近着陆，其间80架在途中损失。虽然这次行动取得了成功，但由于地面部队在横渡莱茵河时相当轻松，因此盟军认为这次空降的投入和产出不成正比。随后，英国第6空降师继续在欧洲战斗，直到战争胜利。

美军小型滑翔机行动

在巴斯托涅遭遇德军围攻期间，第101空降师急需医疗救治和弹药。1944年12月26日，美军11架"瓦科"滑翔机搭载外科手术小组和弹药抵达包围圈内。次日，不顾天气恶劣，美军又派出了50架滑翔机，虽然它们只有35架成功抵达，但依然挽救了巴斯托涅守军。

1945年6月23日，第11空降师1个加强营在菲律宾吕宋岛的加马拉纽甘（Camalaniugan）空降，试图阻击日军，这也是二战中最后一次空降行动。在此期间，美军投入6架CG-4A和1架CG-13A滑翔机运送了1个伞降炮兵连——这也是太平洋地区唯一一次滑翔机作战。

另外值得一提的是，1945年7月2日，美军3架"瓦科"滑翔机还在新几内亚的1个山谷降落，试图运出1架坠毁C-47运输机的幸存者和空投救援人员。在人员登上滑翔机后，美军派运输机用抓钩把滑翔机抓起，将其运回后方基地。

德军滑翔机行动概述

比利时：埃本－埃马尔要塞，1940年5月10日

在进攻低地国家的"黄色"行动中，"科赫"突击营的"花岗岩"突击组（Sturmgruppe "Granit"）夺取了配有远程火炮、具有战略意义的埃本－埃马尔要塞，从而一举名垂史册。"科赫"突击营共有362人参与行动（包括滑翔机飞行员），他们搭乘42架DFS 230滑翔机和58架Ju 52牵引机和运输机出发，将要塞和附近3座桥梁守军全部肃清。其中"花岗岩"突击组负责乘坐11架滑翔机在要塞顶部精确着陆，虽然沿途有2架DFS 230由于牵引索断裂而未能抵达，但着陆的其余60多名士兵仅用30分钟就使要塞炮位全部瘫痪，被困的约1100名比利时守军于次日投降。此外，德军还向每座桥梁派遣了10架滑翔机外加24名伞兵作为加强力量。最终，他们完好夺取了这些桥梁中的2座。尽管这次初战极为成功，但德军却始终对使用滑翔机一事讳莫如深。

希腊：科林斯运河，1941年4月26日

此次行动旨在夺取科林斯运河上的一座战略意义桥梁，而且英军已在桥上安装爆破装置。在行动中，德军6架DFS 230几乎直接降落在桥头，并迅速攻克了桥梁和1个高射炮阵地。第2伞兵团的2个营紧随其后，将导火线切断。然而，1门隐蔽的澳军40毫米博福斯高炮突然开火，导致炸药引爆。之后还有6架德军滑翔机赶来，为夺桥部队带来了轻型火炮。

1944年12月27日，被围困在巴斯托涅的美军部队正在卸载1架CG-4A滑翔机，上面有紧缺的炮弹。这些非裔美军士兵来自第333野战炮兵营或第969野战炮兵旅（装备155毫米榴弹炮）。此外，美军还用11架"瓦科"向被围困的第101空降师运送了急需的外科手术小组和医疗物资。（汤姆·莱姆林/装甲板出版社供图）

克里特岛："水星"行动，1941年5月20日

"水星"行动是德军发起的最大规模空降行动，但只动用了72架DFS 230滑翔机，而且11架坠毁或降落在错误地点。这些滑翔机在伞兵着陆前降落，其中一部分运载第1空降突击团第1营的2个连（第3连和第4连）攻击重要的马莱迈（Maleme）机场，另一部分则搭载该营的另2个连（第1连和第2连）分别前去消灭苏达（Suda）和干尼亚（Canea）附近的高炮阵地。其中前往马莱迈的分队虽然伤亡惨重，但仍将机场周围的关键高地收入囊中。前往苏达地区的15架滑翔机在降落时严重分散，幸存者弹尽粮绝，悉数被俘。在干尼亚附近，运输第1空降突击团第1营第1连的9架滑翔机只有6架降落在目标区域周围，但该连依然夺取了目标。在这次行动中，滑翔机还负责空运空降突击团团部和第7航空师师部，其间第7航空师师长苏斯曼（Süssmann）因滑翔机牵引索断裂坠机身亡。最终，德军成功占据克里特岛，并让全世界意识到滑翔机和伞兵潜力巨大，但由于伞兵伤亡惨重，德军再也没有发动过如此规模的空降行动。

克里特岛，1941 年 5 月 20 日：一架 DFS 230 滑翔机坠毁，两名搭载人员也在旁边阵亡。他们可能来自萨拉津（Sarrazin）上尉的第 1 空降突击团第 1 营第 4 连。该连在 107 高地上遭到新西兰第 22 步兵营猛烈攻击，伤亡惨重。许多滑翔机刚降落就被猛烈火力击中，搭载人员甚至没有时间寻找掩体。这次行动也表明：着陆点不宜靠近目标，否则将极端危险。从这个角度，我们不仅可以看到机翼右侧的大型舱门，还能透过它看到左后方舱门。（帝国战争博物馆供图，图片编号 E3064E）

一名地勤人员检查 DFS 230 滑翔机的货物装载情况。作为货运滑翔机，该机最多可装载 2800 磅货物，但由于中部靠前的 5 个座位无法拆卸，成员只能在这些座位的周围和上面塞满物品，导致其实用性受到不少限制。（德国联邦档案馆供图，图片编号 1011-565-1407-06A）

苏联：霍尔姆，1942 年 1 月 21 日—5 月 5 日

在霍尔姆，德军守城部队被围长达 105 天，但最终坚守到了援军抵达，其补给主要通过空中走廊输送。德军先后投入了 81 架 Go 242 滑翔机，其中 56 架携带物资和增援部队成功降落在当地。

意大利："橡树"行动（Operation Oak），1943 年 9 月 12 日

意大利独裁者墨索里尼被废黜后，即被囚禁在罗马东北部大萨索山（Gran Sasso）高原上的皇帝旅馆（Campo Imperatore Hotel）中。在党卫军少校奥托·斯科尔兹内（Otto Skorzeny）率领下，德军派遣精心挑选的党卫军"弗里登塔尔"特种部队（SS-Sonderverband zbV Friedenthal）和伞兵教导营成员前去营救。尽管当地地势复杂，区域狭小，但运载救援部队的 10 架 DFS 230 滑翔机（另外 2 架未能起飞）仍成功着陆，并一举救出墨索里尼。

南斯拉夫："跳马"行动（Operation Knight's Move），1944 年 5 月 25 日

这次突袭颇有戏剧色彩，旨在深入德瓦尔地区（Drvar），俘虏铁托元帅及其游击队总部。除了在地面大举进攻，德军还投入了党卫军第 500 伞兵营，其三分之一人员搭乘 34 架 DFS 230 滑翔机着陆，其他人员则随后跳伞抵达。但他们没能抓住铁托，自身也损失惨重。

法国：韦科尔山，1944 年 7 月 21 日

韦科尔山位于法国南部，游击队在当地建设有一个非常坚固的据点。德军针对该据点进行了一次重大行动——该行动有各种警戒部队和正规军事单位参战，甚至包括了与德军合作的维希法国民兵。在行动中，20 架 DFS 230 滑翔机和 2 架 Go 242 滑翔机运送着"荣格维尔特"伞兵营（Fallschirmjäger-Bataillon Jungwirth）的 2 个连在当地着陆，以配合逼近韦科尔镇的地面部队（参见本书第 178 页的照片）。

匈牙利：布达佩斯，1945 年 2 月 5 日—13 日

匈牙利首都布达佩斯被苏军包围，空投补给收效甚微。在此期间，德军曾 3

次派出 Go 242 滑翔机①尝试在赛马场降落：2 月 5 日，11 架滑翔机中有 2 架成功降落；2 月 11 日，48 架滑翔机中有 36 架成功降落；但在 2 月 13 日，20 架牵引机和滑翔机全部损失。②

Go 242A 滑翔机可容纳 23 名士兵。在这张摄于苏联的照片中，我们可以看到这些乘客的座位配置情况。该机型不仅可以运送货物，还能为被围部队提供增援。在 Go 242B-3 滑翔机上，设计者还将机身后部的锥形部分改为一扇蚌壳式舱门，以方便装卸。另外请注意该机在右侧安装的两挺 MG 15 机枪。（德国联邦档案馆供图，图片编号 1011-641-4546-17）

---

① 译者注：此处有误，德军向布达佩斯派出的滑翔机机型主要为 DFS 230。
② 译者注：此处所说的时间和数量均有误。德军对布达佩斯的滑翔机空运主要发生在 1 月下半月；在 2 月最初 10 天也有少量进行，但最终鉴于滑翔机损失惨重而取消。另外，其一次投入的滑翔机总数也从未超过 20 架。

总　　结

　　用滑翔机运送部队、重武器和补给在概念上颇为可取。当时，大部分伞兵运输机都无法携带太多人员和物资，也无法空投一整门火炮，更没有配套的大型货运降落伞。相比之下，滑翔机是一种理想工具，它们可以将人员、装备和大量部队投送到敌军后方，而且可以相当靠近目标区域。至于敌人则无法预判其着陆区的位置，更无法提前加以控制——哪怕是占据其中一小部分。这就进一步为进攻方提供了优势，使其可以"出其不意"和"乱中取胜"。滑翔机部队不仅不会像伞兵一样分散着陆，他们还能携带重武器，以及足量的物资和弹药。他们还能搭载少量车辆，并利用后者提升机动性、牵引重型武器、运载弹药和电台等。

　　在实践中，滑翔机仍存在几个问题。其中之一是合格飞行员数量不足；另一个是滑翔机经常短缺，而且这些滑翔机必须及时被运到指定地点进行组装。另外一些问题与牵引机有关，例如它们经常被其他任务占用，导致数量不足。牵引机飞行员也面临着诸多难题：例如需要学会导航和识别着陆区，以及掌握技能和纪律，从而在恶劣天气和（或）高射炮火下保持队形等（这些问题在伞兵运输机飞行员身上也同样存在）。

　　此外，即使这些机组人员训练有素、经验丰富，他们也会发现有些难题无法克服，例如在夜间，就算有月光和星光"指路"，他们也很难把滑翔机准确送到着陆区。此外，风向和天气等意外因素也会导致偏航。滑翔机没有动力，如果放飞过早、过晚或偏离航线，就无法飞往更优良的着陆区。在降落时，它们无法避开自然和人工障碍物，而且对于轻型滑翔机来说，任何撞击都会引发灾难。由于上述情况，加上降落地点错误，与其他部队相互混杂，以及试图在夜间穿越复杂地形等因素，滑翔机部队并不总能如愿快速集结。在各种行动中，滑翔机部队的伤亡率往往极高，在夜间行动中，情况尤其如此。

　　即便如此，滑翔机仍然颇具战术价值。它们可以在短时间内将成百上千的部队部署到地面。受坠机和地面火力影响，有些行动代价极高——但危险程度却未必比得上在白天抢滩登陆。不过，由于夜间降落代价太高，失败可能性更大，因此在 1944 年 6 月之后，各国的滑翔机作战通常以昼间行动为主——其中效果最好的行动往往旨在攻击高价值目标，同时投入少量滑翔机，配备熟练机组人员，并让搭载部队提前做好演练。

战后，各国滑翔机训练逐渐减少。1947年—1948年，美国陆军改编和重组了伞兵和滑翔机步兵团，使其具备了机降和空降双重能力，但其滑翔机训练通常很少，并在1949年完全停止。1953年1月1日，美军取消了滑翔机机降要求。英军则将滑翔机有限保留到1957年，苏军则在1959年前后停止使用滑翔机。二战结束后，滑翔机再也没有投入过作战，其空中突击任务则被直升机取代。不过，与之相比，直升机在机降能力上仍存在很大不足：直到1962年—1965年，美国陆军才正式组建起一支堪用的直升机空中机动部队，而在大多数其他国家，专门的空中突击部队则要到20世纪60年代末或70年代初才诞生。这些现代直升机空中突击部队负责垂直包围，将部队、武器和补给投送到敌军后方，因此在角色和任务层面，它们可以说是二战滑翔机部队当之无愧的"精神继承者"。

Go 242还用于从包围圈中后撤伤员。德军缺乏美军使用的"抓钩"式滑翔机回收系统（参见插图"滑翔机回收——'星期四'行动，缅甸，1944年"）。被围部队必须拥有一个安全的机场，以便运输机或轰炸机在返回时顺带拖走货运/运兵滑翔机。（德国联邦档案馆供图，图片编号 1011-641-4550-29）

本照片摄于苏联,可见部队正在列队登上 Me 321 滑翔机。该机绰号"巨人",最多可搭载 140 名士兵或 60 具担架。运兵能力位居二战时第一(许多参考资料称其人员搭载量为 200 人,实际有误)。在运载部队时,该机将额外加装 1 层地板,使机舱变成两层。注意尚未完全关闭的蚌壳式机首舱门连接处。(德国联邦档案馆供图,图片编号 1011-267-0144-13A)

美军从 0.75 吨救护车上向瓦科 CG-4A 滑翔机转移伤员,以便从雷马根桥头堡(Remagen bridgehead)后送。1 架"瓦科"滑翔机可装载 7 具担架和 1 名随行救护人员。(汤姆·莱姆林/装甲板出版社供图)

这架 C-47 带有"入侵条纹",正飞往作业区"抓取"一架 CG-4A 滑翔机。其 20 英尺钩臂已经放下,正准备钩住两根"晾衣杆"之间的绳环——其详情可见插图"滑翔机回收——'星期四'行动,缅甸,1944 年"。

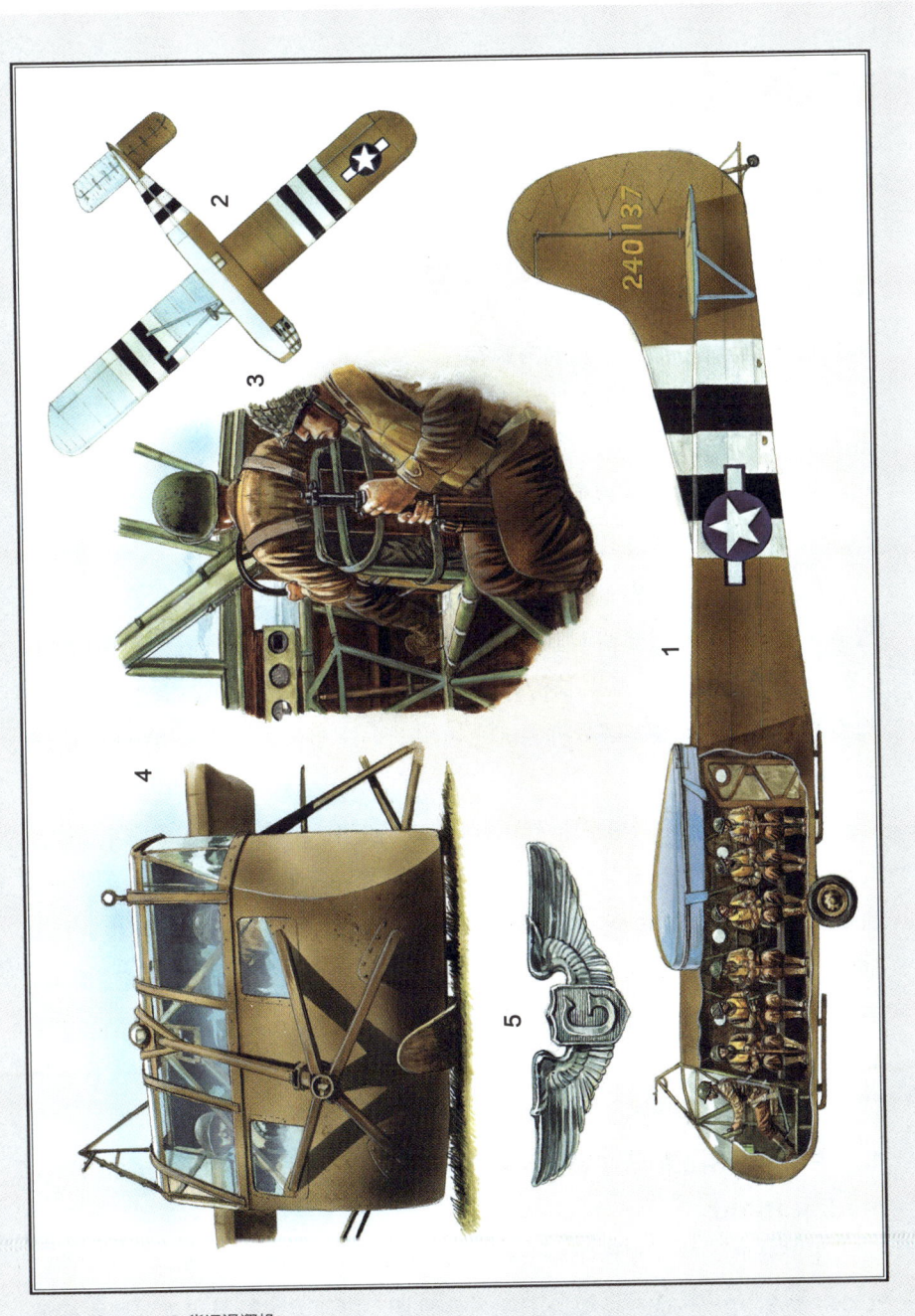

美国瓦科 CG-4A 货运滑翔机

美国瓦科 CG-4A 货运滑翔机

1. 左侧视图（带剖面图）

2. 俯视图（左半部）和仰视图（右半部）

3. 内部视图：飞行员和右侧前方乘客

　　CG-4A 是美军使用最多的滑翔机，并被简称为"瓦科"。其典型涂装是上表面和侧面为橄榄色，底部为浅蓝色。1944 年 6 月 3 日，即诺曼底登陆 3 天前，美军还在部队运输机和滑翔机的机翼与机身上涂上了"入侵条纹"（invasion stripes，即三道白条和两道黑条）。

　　CG-4A 可搭载 4060 磅货物，也可搭载 2 名飞行员和 13 名士兵（座位包括 4 条三人长椅，外加 1 个折叠椅），或 6 具担架和 2 名非卧床伤病员（或 2 名随行看护人员）。以上长椅可在运输班组武器、吉普车、拖车、轻型工程设备或物资时全部/部分拆除。在运输武器或车辆时，其舱内一般仍会有 3 名士兵随行。

　　在装卸物资时，飞机需抬起机首；其人员进出舱门位于机翼后缘下方，机翼前缘下方则有 2 个紧急出口，需要由乘客用蛮力踢开。其晚期型号（如图所示）不仅配有着陆滑橇，还有固定式着陆轮；其早期型则配备了可抛弃式着陆轮，降落时完全依靠滑橇。根据官方性能指标，该滑翔机牵引速度为 150 英里/时；滑翔下降速度为 72 英里/时；失速速度为 40 英里/时；着陆速度为 60 英里/时。

4. "卢丁顿 – 格里斯沃尔德"机首改装方案（Ludington-Griswold nose modification）

　　在诺曼底、荷兰和横跨莱茵河行动期间，一些滑翔机采用了"格里斯"（Gris）机首——其特点是配备了加强破障杆，以便为飞行员和乘客提供额外保护。图中滑翔机还在 2 个小滑橇之间加装了 1 具宽大的"科里"（Cory）机首滑橇，该装置可以减少着陆滑行俯角，避免滑橇卡入泥土。以上这些改装都有助于减少人员伤亡。

5. 美国滑翔机飞行员胸章

该徽章于 1942 年 9 月推出，用于授予滑翔机训练合格者。

英国空速有限公司的"霍萨"Mk I 突击滑翔机

✵ 英国空速有限公司的"霍萨"Mk I突击滑翔机

1. 左侧视图（带剖面图）

2. 俯视图（左半部）和仰视图（右半部）

　　"霍萨"滑翔机外形笨拙，在突击滑翔机中尺寸相对较大，长67英尺，而"瓦科"滑翔机的长度为48英尺又3.75英寸。其内部机舱相当狭长，让一些乘客联想到伦敦地铁的车厢。在训练时，"霍萨"通常拥有标准的皇家空军深绿和土黄色迷彩，底面为黄色。此外，其两侧机翼底面还涂有4条黑色宽斜条纹，机腹下有3条——英军认为这是一种必要举措，因为"霍萨"机翼前缘略向后掠，轮廓很像德军的亨克尔He 111轰炸机，容易被英军高射炮炮手搞混。在诺曼底登陆等夜间行动中，其机身两侧和底面则全部被涂成黑色。本图还展示了常见的"入侵条纹"。

　　"霍萨"在货物装载舱门前方设有2个可拆卸座椅，在机舱内部两侧设有多条长凳座椅，后方有3个并排座椅。其中Mk II型可容纳28人。最初，该机负责运输伞兵，为满足这一需求，其机翼后部又设置了2个人员进出舱门，其机翼下方则设置了4个小舱，用于存放伞降物资容器。其驾驶舱左后方有1个大型货物装卸舱门，而且该舱门上还嵌有1个小舱门，以供人员进出。放下后，上述货物装卸舱门可以充当装卸坡道（如图所示），但事实表明，它过于脆弱，无法装载重物，因此必须用钢制坡道作为辅助。按照原始用途，"霍萨"不会携带大型物资，最多只会携带1辆摩托车。在本图中，2名士兵正在折叠1辆1942年款的空降折叠式摩托车（Welbike），该车重71磅，主要装备侦察兵和传令兵（但实际很少派上用场）。在改为执行机降任务后，"霍萨"的装载方案包括：1门6磅反坦克炮和配套牵引吉普车；2辆满载的吉普车；1辆吉普车和1辆满载的0.25吨拖车；1辆安装20毫米高射机关炮的吉普车；或1门75毫米驮载式榴弹炮和牵引吉普车（配备若干弹药和部分炮组人员）。但这些货物长且笨重，必须以一定角度从侧面舱门装入机身，过程既困难又费时，令人心烦意乱。如正文所述，为快速卸载，该机配有"肚带"导爆索，其位于机翼后方，可让机组快速将机身切为两段。有些"霍萨"配有快速拆卸螺栓，要想将机身一分为二，机组只需卸下螺栓，并切断控制索即可。之后，机组就可以使用 11 英尺 10 英寸的沟槽坡道，将车辆直接向后推出。

3. 内部，人员座椅

所有搭乘人员都配有 1 条安全带，该安全带采用四点式设计，固定在机身的结构肋上，并带有锥销式快速松脱装置。虽然"霍萨"Mk Ⅰ 滑翔机最大载员量为 25 人，但通常只会搭载 22 人甚至 15 人。

4. 滑翔机飞行团贝雷帽徽章

5. 陆军飞行胸章

1942 年 4 月，英军为所有合格陆军飞行员（当时主要是炮兵观测机飞行员）推出了本徽章，其佩戴位置在野战服和作训服上衣的左胸上部。

6. 滑翔机副驾驶员胸章

1944 年 8 月推出，颁发给滑翔机副驾驶员。

7. 滑翔机步兵受训资质臂章（Badge for glider-trained infantry）

所有官兵都将其佩戴在战斗服上衣的右前臂上。

德国 DFS 230 攻击滑翔机

德国 DFS 230 攻击滑翔机

1. 左侧视图（前门已拆除）

2. 俯视图（左翼顶部）和仰视图（左翼底部）

3. 前视图

　　与盟军滑翔机相比，DFS 230 体型较小，飞行员仅有一人，机身非常狭窄，座位沿机身中线配置，9 名全副武装的士兵左右交叉就座（见图 3）。飞行员通过侧面的铰链式座舱盖进出机舱；在早期型号中，前排 5 名搭载人员也将从此出入。此外，该机只有 2 扇人员进出舱门，其中 1 扇位于机身中部、机翼右下方，另 1 扇位于机翼左后方。在后续型号中（如图所示），该机在机翼左前方增加了另 1 扇舱门——但为显示前方 5 名乘客的拥挤状况，本图并未加以展示。后续机型在机头两侧靠下位置各安装了 1 个观察窗，其中有些安装了有机玻璃，有的没有——着陆时，飞行员可以透过它们观察地面。在迷彩样式方面，DFS 230 滑翔机上表面通常使用双色碎片迷彩，颜色为深绿（或黑绿色）和浅绿色，这种迷彩一般会延伸到机身侧面上方，而侧面其他部分则为浅蓝色。该机机身侧面的"字母＋数字"编号属于虚构，但参考了一张 1943 年摄于意大利南部机场的照片。

　　除了 9 名装备齐全的士兵，DFS 230 滑翔机只能额外搭载 270 千克（600 磅）货物，可以让步兵班携带轻机枪（可包括用于持续射击的重型三脚架）和 6 个弹药箱（各 100 发子弹），还可以让排部班（Zugtrupp）携带 1 台双组件式背负式电台。机上的 4 个后排乘客座椅可以拆卸，以便容纳大型货物——但可运载装备仅限于 1 辆摩托车，或若干拆散的轻型班组武器（如 8 厘米迫击炮、7.5 厘米无后坐力 7.5 厘米 40 型轻型火炮，或 2.8 厘米 /2 厘米 41 型锥膛反坦克炮）。

4. 安装机枪的机首细节

DFS 230 配有武器，这在滑翔机中很少见。该机拥有 1 挺 7.9 毫米 MG 15 机枪，位置在飞行员身后的机背开口处，主要由 1 名前排乘客踩在座椅上操纵。该武器配有 1 个 75 发鞍形弹鼓，弹鼓下方有 1 个圆球形弹壳收集器。整个机枪主要用于空中防御，但也可以在着陆后进行火力压制。有时，搭乘该机的步兵班还会将 7.9 毫米 MG 34 机枪安装在机首右侧的外部挂架上，并可利用控制索为机枪上膛和退弹。如果需要开火，前方乘员可以用拉链打开机身侧面的织物蒙皮，从而伸出右臂射击，并利用另一个长条开口为机枪输送弹带。此外，其机首还有 1 个弧形金属护罩，可以保护织物蒙皮不被枪口焰破坏。理论上，开火命令由飞行员下达，但这种武器无法调整方向，加上滑翔机在下降时航向不断变化，因此机枪只能暂时击中其正前方的目标。

5. 德国空军滑翔机飞行员证章

与其他空勤人员资质证章一样，该徽章也佩戴在左胸下方。

滑翔机着陆时的危险因素；诺曼底，1944 年 6 月

✲ 滑翔机着陆时的危险因素；诺曼底，1944年6月

20世纪40年代，在欧洲大部分地区，一望无际的大片农田和牧场都较为罕见，大多数田地被树篱分割成许多小块，这种景象已经持续了数百年。这些树篱实际是一片土坝，上面灌木茂密、盘根错节，中间还夹杂着树木、石墙或牲口栏，两侧通常设有排水渠。虽然和今天不同，当地没有多少电线杆，但哪怕几棵荫凉树也会让降落区田野充满危险。德军还经常关闭运河水闸或筑坝拦河，故意淹没一些地区。不过，这些并不能阻止滑翔机，因为滑翔机同样可以在水上短距离降落——但如果水深达到1至3英尺，部队将很难行动，重型武器和补给也将难以搬运。

为阻止滑翔机在法国北部大片开阔地降落，隆美尔元帅下令在潜在着陆区安置数万根木桩——这些"反机降障碍物"（Luftlandehindernis）绰号"隆美尔芦笋"（Rommelspargel），直径为6—12英寸，长13—16英尺，其中8—12英尺突出地面。根据指示，这种装置每平方千米最多可以设置1000根，但实际密度往往更为稀疏。另外，德军还会在2根木桩顶端连接拦阻铁丝，有时铁丝则会斜向固定，即一端位于1根木桩顶端，另一端位于另一木桩底部。有些木桩顶端还有地雷和手榴弹，并可以通过绊索引爆，不过这些爆炸物经常被法国被抵抗组织偷走。虽然在大多数情况下，天然障碍给盟军造成的伤亡更大，但在法国南部的"龙骑兵"行动中，仍有300名盟军成为这些木桩的受害者。

另外，由于滑翔机结构很轻，因此在着陆失败时，飞行员的损失往往最为惨重。

滑翔机飞行员（前景左侧）在训练时一般穿着标准飞行服，如B-10夹层夹克（intermediate jacket）和A-9夹层长裤，里面还会再穿羊毛衬衫和贴身长裤，但在参战时，他们可能不会穿夹层长裤。滑翔机飞行员没有标准装备，完全靠个人自由选择。虽然官方规定这些飞行员只能携带M1911A1手枪，但大多数人都会携带M1步枪、M1A1卡宾枪、M1汤普森冲锋枪（如图所示）

或M3"黄油枪"。与滑翔机乘员或伞兵相比，飞行员手中的地图覆盖范围往往更大——在降落地点分散时，这些地图将派上很大用场。在第101空降师于诺曼底登陆日清晨执行"芝加哥"任务[①]时，这一点体现得尤其明显。

[①] 译者注："芝加哥"任务是诺曼底登陆期间的一次滑翔机增援行动，计划投入52架牵引机拖曳CG—4A滑翔机，运载155名士兵、1部CA1推土机、16门57毫米反坦克炮和25辆小型车辆支援伞兵部队。该师师部和部分电台也将随行。在这次任务中，只有6架滑翔机降落在指定着陆区，其余大部则分散在了方圆3千米的大片区域内，第101空降师副师长唐·普拉特（Don HPratt）准将也因滑翔机着陆事故身亡，但总体而言，它仍是一次成功行动。

英国"哈米尔卡"Mk Ⅰ重型滑翔机——诺曼底，1944年6月6日

英国"哈米尔卡"Mk I重型滑翔机——诺曼底，1944年6月6日

"哈米尔卡"滑翔机可以由过时的肖特"斯特林"四引擎轰炸机牵引，能够搭载1门25磅榴弹炮，但在空降行动中，其常见搭载方案一般为：1门17磅反坦克炮和1辆莫里斯C8 Mk Ⅲ火炮牵引车[即25磅炮的标准四轮牵引车（Quad tractor）的缩小版]，"通用装甲车"（即布伦机枪载车）；1辆搭载3英寸迫击炮的"通用装甲车"和10辆摩托车；1辆"通用装甲车"和1辆吉普车；3辆吉普车；3辆球形拖车（弹药和燃料拖车，由坦克拖曳）；1辆卡特彼勒D4推土机；各种美制紧凑型工程设备的组合；或40名士兵。

按照乐观估计，该机可以运送1辆轻型坦克，如英国维克斯Mk Ⅶ"小领主"或美国M22"蝗虫"坦克。但此举实际非常勉强，3名坦克乘员也必须在飞行期间全程待在车内。在接近着陆时，他们需启动坦克发动机，废气则会通过专门的软管排出。当滑翔机停稳后，坦克驾驶员拉动绳索，为坦克松开固定装置。随着坦克向前移动，1个机械装置将把滑翔机的机首向右打开。随着滑翔机的着陆轮逐渐降低，接触地面，坦克就可以从机身中直接驶出，不需要借助斜坡。但如果着陆时机首开启装置损坏，坦克还可以直接冲破胶合板机身；而且无论哪种方式，坦克都能在着陆后15秒内投入战斗。

虽然"哈米尔卡"能有效完成任务（尤其是在运送17磅反坦克炮方面，这种武器在支持空降突击时意义重大）；但空降坦克不然。这些坦克火力弱、装甲薄，越野性能有限，作战表现令人失望。在诺曼底，盟军共使用了30架"哈米尔卡"，其中20架运载了"小领主"坦克；在荷兰，"哈米尔卡"使用数量为39架，其中17架被用于运送17磅炮、"通用装甲车"和工程设备，但由于天气、事故和当地战况恶化，只有大约三分之二的滑翔机成功抵达。在飞渡莱茵河期间，48架"哈米尔卡"不仅运送了以上各类物资，还有9辆"蝗虫"坦克，但后者只有1辆在抵达时可以投入战斗。

本图描绘的是诺曼底登陆日（6月6日）晚上9点半左右的情况。在所谓的"绿头鸭"行动（Operation Mallard）中，1辆"小领主"坦克从"哈米尔卡"滑翔机中驶出。虽然第6空降装甲侦察团在作战日志中只提到了"兰维尔"着陆区，但其他资料认为其实际降落地点应为圣奥班附近的"W"着陆区。尽管记录存在矛盾，不过可以确定30架"哈米尔卡"中有29架顺利抵达，但其中1架在着陆区与另1架相撞，导致2辆"小领主"受损瘫痪。最终，有18架（一说20架）"哈米尔卡"滑翔机得以卸下"小领主"——后者均来自第6空降装甲侦察团团部和A中队。由于着陆区到处是丢弃的降落伞，缠住了许多坦克的履带，导致士兵们只能将这些降落伞付之一炬。

滑翔机运载的"非常规"物资——缅甸，1944年3月

滑翔机运载的"非常规"物资——缅甸，1944年3月

1944年3月，美国陆军航空队第5318部队（即"第1空中突击大队"）第319（突击队）部队运输中队在缅甸支援"星期四"行动。他们对滑翔机的使用方式异常丰富，可谓空前绝后。其任务是支援"钦迪特"部队的第二次行动，在此期间，英军投入了由本土人员、廓尔喀人和西非等殖民地部队组成的6个旅，并以远程纵深渗透的形式，深入到日军防线后150英里（约241千米）处——其中5个旅由空运抵达，并完全依靠空中补给。作为一支绝无仅有的部队，第1空中突击大队由菲利普·科克伦（Philip Cochran）上校指挥，负责执行侦察、对地攻击和医疗后送任务，并为提供友军后勤支援。在其中，第319部队运输中队（包括13架C-47和150架"瓦科"滑翔机）尤其重要——他们需要首先运送工程设备修建飞机跑道，然后是部队和重型武器，此外还负责为建成据点提供物资，并将部分人员和物资撤走——其中后一项工作部分依靠飞机运输，另一部分则需让牵引机用抓钩把滑翔机抓起，然后其拖回后方基地——其详情可见插图"滑翔机回收——"星期四"行动，缅甸，1944年"。

为运送重型武器、弹药和补给品穿越丛林崎岖地形，"钦迪特"需要骡子和驮马。其中分别有3147头和547匹通过空运抵达。此外，盟军还运送了250头公牛，以便为部队充当"行走肉食来源"。有些骡马是乘坐铺有稻草的滑翔机飞来的；防止它们在飞行期间（尤其是着陆时）乱动，导致重心偏移，这些牲畜必须被牢牢固定，其中一些还注射了镇静剂。本图中这架"瓦科"滑翔机机首被1根7英尺（约2.1米）长的木桩撑起，机尾则被多根支柱架起，呈向上扬起的姿态。为加快物资（本图中是一些80磅谷物饲料袋和14人份的战地组合口粮箱）卸载，滑翔机还打开了侧门。

1. 滑翔机飞行员

这名飞行员的飞行夹克上佩戴着第1空中突击大队徽章。徽章核心元素

是一个浅灰色的骡子头，两边是翅膀，骡子嘴里咬着一把廓尔喀弯刀。其卡其色船形帽配有美国陆军航空队的蓝色和橙黄色滚边，军帽左前有"飞行准尉"的军衔标识。

2. 在印度当地生产、为中缅印战区配发的滑翔机飞行员胸章。

3. 美军"飞行准尉"军衔标识。

滑翔机突击——荷兰，1944年9月

❂ 滑翔机突击——荷兰，1944年9月

这幅场景颇具代表性，描绘了"市场"行动期间由C-47牵引机拖曳的美国CG-4A滑翔机。整个编队由多达48架飞机组成，并采用了"两机一组""两组一队"的编组模式——4架牵引机和4架滑翔机编配在一起。各机以斜线队形飞行，其中长机位于最前方，其他各机在斜后方依次排列，长机先释放滑翔机，然后倾斜机身，转弯离开。由于牵引绳长达350英尺——是滑翔机长度的七倍——因此这一连串飞机往往会保持很大间隔。

1. 最终进近之前，呈"两机一组""两组一队"编队的牵引机和滑翔机。

2. 释放滑翔机后，牵引机转向远方，以躲避下方农场建筑群的机枪火力。

3. 脱离后，CG-4A滑翔机向左急转，开始朝着陆区转向。

4. CG-4A迎风飞向降落场。

5. 另一个"两机一组""两组一队"编队接近其他着陆区的滑翔机释放点，其位置位于本图右侧。

6. 之前释放的滑翔机被遗弃在着陆场上；其中包括2架运送重武器的美军"霍萨"滑翔机。

7. 空降部队引导人员升起黄色烟雾——此举不仅可以标记主着陆区的前缘，还可以指示风向。

滑翔机回收——"星期四"行动，缅甸，1944年

滑翔机回收——"星期四"行动，缅甸，1944年

作为英国"钦迪特"部队的支援力量，第1空中突击大队的飞机机身上均涂有5道倾斜的白色窄环（滑翔机除外），这架C-47垂尾上还有第319部队运输中队的队徽——一个问号。

在两次世界大战之间的"香蕉战争"①中，美国海军陆战队飞行员曾使用抓钩，从地面部队手中取走装有情报的容器，后来，美国邮政飞行员也如法炮制。1941年，全美航空公司（All American Aviation）发明了一种绞盘设备，以便测试普通飞机能否从地面"抓取"滑翔机。最初回收的是小型教练滑翔机，到1943年年初，美军已具备了安全回收大型滑翔机的能力，1943年7月，M80C型滑翔机回收装置正式列装美军。该装置位于C-47飞机货舱左前方，组成部分非常多，包括1个可容纳1000英尺0.625英寸钢缆的大型液压绞盘系统（带热空气排气口和进气口）、1个应急爆炸式缆绳切断系统、1个用于20英尺钩臂的电动升降系统和其他组件。

1.钩臂和外设牵引索绞盘/支架位于机身左下方，位置较机翼更靠后。绞盘内部带有摩擦离合装置，可以根据滑翔机的重量，提供不同的摩擦阻力。

2.回收滑翔机需要1块600—700英尺的空地，但如果周围有50英尺高的障碍物，空地的长度需增加一倍。地面人员需要在跑道进近端附近设置2根12英尺高的木杆（通常漆成黄色），两者相距20英尺。地面人员还需要在两根木杆外侧的地面上各铺1块黄色木板条，该木板条长14英尺，方向与跑道中线垂直；另外，他们还应在两根木杆之间的中心线上另外铺设1条14英尺黄色木板条，从而与上述2块木板条组成"T"字。地勤人员应把1条80

---

① 译者注：即美军在中美洲进行的一系列小规模军事行动，旨在保护美国商业利益，镇压当地反美力量。

英尺长的绳索编成一个环，松散地系在两根木杆（也被戏称为"晾衣竿"）顶端。绳环底部连接着1条225英尺长的牵引索，该牵引索与跑道中心线夹角约10度，并向左后方延伸150—200英尺，最终连接在滑翔机（距离中心线约40英尺）上——在牵引机飞过跑道时，以上举措可以避免滑翔机被钩臂钩住。

3. 一旦抓钩挂住绳环，就会将绳环从木杆上拽起，同时，抓钩也会从钩臂上释放。在拉力作用下，牵引机机腹的收容管中将拉出600—900英尺缆绳，从而减少滑翔机面临的冲击力。另外，滑翔机自带的225英尺尼龙牵引索也可以拉伸25%，从而进一步提供缓冲。在抓取时，滑翔机将在大约3秒钟内达到0.7G的加速度，滑行不到200英尺即可升空；虽然牵引机将同时失去25—40英里/时的速度，但随着缆绳的收回，加上钩臂紧贴机腹收起，其速度最终将恢复到120英里/时。如果遭遇紧急情况，牵引机可以引爆一小块炸药，从而以此切断牵引索，并释放滑翔机。

此举可以让部队、伤员和装备搭乘滑翔机撤退，而且事实表明其安全有效，甚至能在夜间进行——此时，地面人员只需在木杆顶端安装照明灯，同时在简易跑道上安装其他指引灯。

注　释

1. 这些书籍包括：战斗序列系列丛书 BTO 4《德国空降师：闪电战时期，1940—1941》（*German Airborne Divisions: Blitzkrieg 1940-41*）；战斗序列系列丛书 BTO 15《德国空降师：地中海战区，1942—1945》（*German Airborne Divisions: Mediterranean Theater 1942-45*）；战斗序列系列丛书 BTO 22《地中海战场的美国空降部队，1942—1944》（*US Airborne Units in the Mediterranean Theater 1942-44*）；战斗序列系列丛书 BTO 25《美国空降师在欧洲战区，1944—1945》（*US Airborne Divisions in the ETO 1944-45*）；战役系列丛书 CAM 24《阿纳姆，1944》（*Arnhem 1944*）；战役系列丛书 CAM 178《横渡莱茵河，1945》（*The Rhine Crossings 1945*）；战役系列丛书 CAM 147《克里特，1941》（*Crete 1941*）；战役系列丛书 CAM 210《"龙骑兵"行动，1944》（*Operation Dragoon 1944*）；战役系列丛书 CAM 251《西西里，1943》（*Sicily 1943*）；战役系列丛书 CAM 257《萨勒诺，1943》（*Salerno 1943*）；战役系列丛书 CAM 249《韦科尔山，1944》（*Vercors 1944*）；以及武装者系列丛书 MAA 139《德国空降部队，1939—1945》（*German Airborne Troops 1939-45*）。

2. 对于美英军队的军饷，这里有一个大致比较：根据 1944 年的《布雷顿森林协定》（*Bretton Woods agreement*），美英货币汇率为 4 美元兑 1 英镑，因此 1 美元约合 5 先令（当时英镑仍未采用十进制，因此 1 英镑等于 20 先令，1 先令等于 12 便士）。1942 年年底，美军二等兵的基本月薪（7 级）为 30 美元，约合 7 英镑 10 先令，而英军二等兵的基本月薪为 3 英镑。

参考书目

谢尔福德·比德韦尔（Shelford Bidwell），《"钦迪特"战争：史迪威、温盖特与1944年缅甸战役》(*The Chindit War: Stilwell, Wingate, and the Campaign in Burma 1944*)［纽约州纽约市：麦克米伦出版社（Macmillan），1980年出版］

克莱·布莱尔（Clay Blair），《李奇微的伞兵：二战中的美国空降兵》(*Ridgeway's Paratroopers: The American Airborne in World War II*)［马里兰州安纳波利斯（Annapolis）：美国海军学会出版社（Naval Institute Press），1985年出版］

乔治·查特森（George Chatterson），《飞马之翼——英国滑翔机飞行团》(*Wings of Pegasus - British Glider Pilot Regiment*)［田纳西州纳什维尔（Nashville）：炮兵连出版社（Battery Press），1982年出版］

米尔顿·丹克（Milton Dank），《滑翔机团伙：第二次世界大战滑翔机作战目击史》(*The Glider Gang: An Eyewitness History of World War II Glider Combat*)［宾夕法尼亚州费城：利平科特、威廉姆斯和威尔金斯出版社（Lippincott Williams & Wilkins），1977年出版］

杰拉德·德夫林，《沉默之翼：二战美国陆军和海军陆战队战斗滑翔机飞行员传奇》(*Silent Wings: The Saga of the US Army and Marine Combat Glider Pilots During World War II*)［纽约州纽约市：圣马丁出版社（St. Martin's Press），1985年出版］

罗杰·爱德华兹（Roger Edwards），《德国空降部队，1936–1945》［新泽西州花园城（Garden City）：道布尔戴出版社（Doubleday），1974年出版］

菲利普·埃斯韦林（Philippe Esvelin），《诺曼底登陆日的滑翔机》(*D-Day Gliders*)［法国达米尼（Damigny）：海姆达尔出版社（Heimdal），2001年出版］

菲利普·埃斯韦林，《被遗忘的飞行队》(*Forgotten Wings*)［法国达米尼：海姆达尔出版社，2007年出版］

大卫·格兰茨（David M. Glantz），《苏联空降部队史》［英国牛津（Oxford）：劳特里奇出版社（Routledge），1994年出版］

巴里·格雷戈里（Barry Gregory），《英国空降部队，1940–1945》(*British Airborne Troops 1940-45*)［新泽西州花园城：道布尔戴出版社，1974年出版］

诺曼·格里姆（J. Norman Grim），《驾驭"温柔巨人"：美国二战滑翔机飞行员的训练》(*To Fly the Gentle Giants: The Training of US WW II Glider Pilots*)［印第安纳州布卢明顿（Bloomington）：作者之家出版社（AuthorHouse），2009年出版］

路易斯·哈根（Louis E. Hagen），《阿纳姆空运：一位战斗滑翔机飞行员的回忆》(*Arnhem Lift: A Fighting Glider Pilot Remembers*)［英国巴恩斯利（Barnsley）：笔与剑出版社（Pen and Sword），2007年出版］（另外该书还有1945年版、1975年版和2011年版，且副标题不同）

约翰·洛登（John L. Lowden），《战争中的沉默之翼：二战中的战斗滑翔机》(*Silent Wings at War: Combat Gliders in World War II*)［华盛顿特区：史密森尼出版社（Smithsonian Books），2002年出版］

海因茨·曼考（Heinz Mankau），《二战德国滑翔机：德国空军滑翔机及其有动力衍生型号》(*German Gliders in World War II: Luftwaffe Gliders and their Powered Variants*)［宾夕法尼亚州阿特格伦（Atglen）：希弗出版社，2010年出版］

查尔斯·马斯特斯（Charles J. Masters），《"海王星"行动的滑翔机：美军在诺曼底登陆日的滑翔机攻击》(Glidermen of Neptune: The American D-Day Glider Attack)[伊利诺伊州卡本代尔（Carbondale）：南伊利诺伊大学出版社（Southern Illinois University Press），1995 年出版]

S.W. 迈尔斯（S.W. Mayers），《"G"意味着胆量：一名美国滑翔机飞行员的故事》(The "G" is for Guts: An American Glider Pilot's Story)[南卡罗来纳州查尔斯顿（Charleston）：图书热潮出版社（BookSurge Publishing），2006 年出版]

查尔斯·梅尔森（Charles D. Melson），《"跳马"行动：1944 年 5 月 25 日德国空降兵突袭铁托》(Operation Knight's Move: German Airborne Raid Against Tito, 25 May 1944)[弗吉尼亚州匡提科（Quantico）：海军陆战队大学出版社（Marine Corps University Press），2011 年出版]

维克托·米勒（Victor Miller），《没有什么不可能：一名滑翔机飞行员的西西里、阿纳姆和横渡莱茵河故事》(Nothing Is Impossible: A Glider Pilot's Story of Sicily, Arnhem, and the Rhine Crossing)[弗吉尼亚州夏洛茨维尔（Charlottesville）：豪威尔出版社（Howell Press），1996 年出版]

詹姆斯·姆拉泽克(James E. Mrazek)，《滑翔机战争》(The Glider War)[英国汤布里奇(Tonbridge)：罗伯特·黑尔出版社（Robert Hale），1975 年出版]

詹姆斯·姆拉泽克，《第二次世界大战中的战斗滑翔机》(Fighting Gliders of World War II)[纽约州纽约市：圣马丁出版社（St Martin's Press），1977 年出版]

詹姆斯·姆拉泽克，《空降作战：滑翔机战争／第二次世界大战中的战斗滑翔机》[宾夕法尼亚州梅卡尼克斯维尔（Mechanicsville）：斯塔克波尔出版社（Stackpole Books），2013 年出版]（本书是以上两本书的集合）

阿尔弗雷德·尼格尔（Alfred J. Nigl）和查尔斯·尼格尔（Charles A. Nigl），《沉默之翼—狂野之死》(Silent Wings - Savage Death)[加利福尼亚州圣安娜：图片出版社（Graphic Publishing），2007 年出版]

比尔·诺顿（Bill Norton），《二战美国军用滑翔机：所有机型的发展、训练、实验和战术》(American Military Gliders of World War II: Development, Training, Experimentation, and Tactics of All Aircraft Types)[宾夕法尼亚州阿特格伦：希弗出版社，2012 年出版]

海因茨·诺瓦拉（Heinz J. Nowarra），《二战中的德国滑翔机》(German Gliders in World War II)[宾夕法尼亚州阿特格伦：希弗出版社，1991 年出版]

迈克·彼得斯（Mike L. Peters）和卢克·布伊斯特（Luuk Buist），《滑翔机飞行员在阿纳姆》(Glider Pilots at Arnhem)[英国巴恩斯利：笔与剑出版社，2009 年出版]

迈克·彼得斯，《滑翔机飞行员在西西里》(Glider Pilots in Sicily)[英国巴恩斯利：笔与剑出版社，2013 年出版]

唐纳德·里奇（Donald J. Rich）和凯文·布鲁克斯（Kevin W. Brooks），《滑翔机步兵：二战敌后行动》(Glider Infantryman: Behind Enemy Lines in World War II)[得克萨斯州大学城（College Station）：德克萨斯农工大学出版社（Texas A&M University Press），2011 年出版]

二战日本坦克战术

第三部分

在千叶县习志野演习场,日军九七式中战车的乘员正在训练——注意车长手持的信号旗。站在挡泥板上的坦克手头戴九二式战车帽,身穿夏季战车兵制服,并配有日军标准的短款军靴和绑腿。

简　　介

二战期间，坦克的设计飞速发展，而各国的相关战术也获得了长足进步。在本部分中，我们将以日本为例，探索坦克战术的发展。

日本于 1918 年购买了几辆英国"赛犬"（Whippet）坦克，这些坦克很少被投入行动，但有 2 辆在俄国内战末期被派往海参崴[1]。次年，日本又购买了 13 辆法国雷诺 FT 轻型坦克，并在 1925 年被编入第 12 师团[①]下属的第 1 战车队（1st Tank Unit）。20 世纪 20 年代，日本还采购了 NC27 坦克。

日本还考虑过购买其他外国坦克，但发现市面上只有雷诺 FT 坦克可售。因此，日本陆军技术本部不顾经验缺乏，于 1925 年启动了轻型坦克的研制工作。首辆原型车存在超重问题，导致他们只能将设计推倒重来。最终成果名为"八九式战车"（"八九"代表日本"皇纪"的"2589 年"，即 1929 年），但于 1931 年投产的该车重量仍超过 10 吨，因此被划分到"中战车"类别。与此同时，日本还从英国维克斯公司购入了 1 辆轻型坦克用于研究，但该坦克的汽油发动机后来因起火而被烧毁——这让日本人吸取了一条宝贵教训，即坦克应使用柴油发动机驱动。

日军第一种量产坦克——八九式中战车乙型[②]——于 1934 年列装部队。1935 年，另一种坦克——"九四式轻装甲车"（Type 94 tankette）——也开始服役。后者实际是一种超轻型坦克（日军称为"豆战车"），使用汽油发动机，并配有 1 辆小型全履带式拖车（顶篷为敞开式，载重量为 0.75 吨，可为前线部队运送弹药和物资）。在九四式轻装甲车之后，日军又推出了九五式轻战车（日军内部代称为"イ号"，Ha-Go）。与此同时，定位相当于"骑兵坦克"的"九二式重装甲车"（Type 92 Jyu-Sokosha）也开始小批量生产。1938 年，日军开始生产一种新式中型坦克，即九七式中战车（代号为"チハ"，Chi-Ha）。次年，他们又推出了一种配备柴油发动机的新式超轻型坦克[③]——这种车辆没有配备拖车，并更多用于充当侦察车辆。在此之后，日军又开发了多种更重型的坦克，火力方面也有加强，但这些车

[①] 译者注：在编制名称上，日军与其他国家的军队存在差异，其对应关系大致依次为：师团等同于师；旅团等同于旅；联队等同于团；大队等同于营；中队等同于连；小队等同于排；分队等同于班。
[②] 译者注：即采用柴油发动机的八九式中战车，而采用汽油发动机的最初期型号则名为"八九式中战车甲型"。
[③] 译者注：即九七式轻装甲车。

辆并未参加战斗,而是留在本土充当预备队,以供防御之用。[2]

独立混成第 1 旅团

从 20 世纪 20 年代末开始,日本也开始效仿英国和法国,尝试组建机械化部队。1934 年,日本陆军第 1 支机械化部队——独立混成第 1 旅团——正式成立。它是一支小型诸兵种合成部队,包括战车第 3 大队、战车第 4 大队、多个摩托化步兵大队、1 个摩托化炮兵大队和 1 个摩托化工兵中队等单位。1937 年时,日军的一大问题是坦克无法跟上摩托化步兵。其原因很多,包括早期坦克行动迟缓、易出故障,以及战场地形复杂等。更严重的问题是日军将领思维保守,不了解机械化部队的能力和局限。

1939 年,日军与苏军爆发冲突,并被拥有大量装甲车辆支援的对手击败。当时,尽管战场位于草原,有利于大范围机动和包抄,是坦克战的理想场地,但由于日军缺乏诸兵种合成作战能力,因此其装甲部队并未发挥出优势。

八九式中战车甲型。该车配有 1 门九〇式 57 毫米炮和 1 挺九一式 6.5 毫米车首机枪,炮塔上有早期的"土耳其帽"指挥塔,机枪座和驾驶员观察窗之间有日本陆军的黄色五芒星标志。

八九式中战车甲型。该车在生产过程中被不断改进。照片中的是1辆于1932年晚期生产的型号，注意炮塔后部的机枪口已被封死。车体后方有越壕架——该装置旨在帮助坦克跨越堑壕，但会削弱车辆的越障能力。在实战中，它还可以充当杂物存放架。

"机甲兵"

即使在1939年败于苏军后，许多日本陆军将领仍在怀疑装甲部队的特殊价值，并盲目认为仅凭步兵就足以与苏军作战。他们坚持认为，之前的战斗只是小打小闹，根本不值一提。然而，随着德国装甲部队横扫波兰和法国，甚至连极端保守派也有所醒悟。日本陆军一直在"以德为师"，许多军官更是对德军推崇备至。这次大规模"展示"之后，关于重组和扩充装甲部队的呼声一浪高过一浪。

1941年4月，日本陆军正式成立"陆军机甲本部"（armor branch），使"机甲兵"成为独立兵种。在此之前，坦克隶属于步兵，有时骑兵也会参与其控制权争夺——但现在，骑兵反倒被"机甲兵"吸收。陆军机甲本部的首任长官是吉田悳（Shin Yoshida）将军，此人曾担任过"骑兵监"（chief of the cavalry）[①]一职，是重组装甲部队的积极推动者。但在上层建筑改革完毕之后，日军装甲部队的重组又屡遭拖延。

---

①译者注：即骑兵部队教育、训练和人员考核的最高负责人。

部队组织

日军坦克部队的主要装备包括"轻战车""中战车""炮战车"(gun tank)[3] "轻装甲车""重装甲车",以及许多其他机动车辆——其下属卡车型号众多,包括征用的民用产品,但全轮驱动卡车数量极少。普通汽车包括小轿车,以及类似吉普车的九五式小型乘用车(主要充当战地勤务车或侦察车)。摩托车则主要是"九七式自动二轮车",这些车辆大多配有挎斗,并用于传令和联络。[4]

战车联队

最初,日军坦克部队的基本固定编制是"战车大队"(Sensha Daitai)。1938年,这些部队被重组为联队,随后,"战车联队"(Sensha Rentai)也成为一种基本固定编制。这些联队组织结构不同,但规模相当于营(即日军所谓的"大队"),人数为700—850人,但有时超过1000人,坦克少则30余辆,多则50余辆。联队长军衔为大佐,但有时为中佐,其下属中队长则一般由大尉或少佐担任,但偶尔有中尉;小队长则通常由少尉担任。以上军官①都兼任坦克车长,而其他车长军衔一般为军士②。联队建制内拥有全套维修、补给和医疗人员,因此独立行动能力比原先的战车大队更强,其下属战车中队一般为3个或4个(有些只有2个),可能分别装备轻型/中型坦克,但也可能是各种坦克混编。每个联队一般有2—3个中战车中队和1个轻战车中队,不过有些轻战车中队后来被改编为中战车中队。有时,日军还会将轻战车中队拆散,为每个中队配备1个小队,甚至完全撤销轻战车中队,使各个中队混编两种战车。此外,还有几个联队全部装备了轻战车。在中战车中队中,其本部一般拥有1—2辆轻战车(或是相当于超轻型坦克的"豆战车")和1辆中战车。

战前,1个日军战车小队可能有4辆或5辆坦克,但后来一般为3辆。各联队还配有1支整备队(规模为连级),该单位依靠卡车机动。联队下属的战车中

---

① 译者注:日军称之为"士官"。
② 译者注:日军称之为"下士官"。

队也各拥有 1 支摩托化辎重队。其指挥官通常由曹长（sergeant-major）担任，下属人员包括 4 名军士和约 20 名士兵（包括若干机械师），装备包括 8 辆运送弹药、油桶、补给品、行李和工具的卡车。（日军战车中队的典型配置可见插图"中战车中队的组织结构"）。

日军坦克车组聚在一起吃饭。本照片摄于 1939 年夏季。士兵们的战车帽可以勉强遮挡一点亚洲草原的毒辣阳光，战车帽的内部配有软垫。该照片近景处可见 1 辆八九式中战车；远景处是 1 辆九七式坦克（在当时的中蒙边境，其所在的日军第 1 战车团仅有 4 辆该型坦克）和若干联队指挥车。

最初，日军战车联队的组织结构并不统一，其示例如下：

战车第 4 联队（1939 年）

联队本部
　　81 人，2 辆九五式轻战车，2 辆九四式轻装甲车
第 1 中队（轻战车中队）
　　80 人，9 辆九五式轻战车
第 2 中队（轻战车中队）

20 世纪 30 年代，战车第 2 联队正在进行公路行军；联队本部走在最前方，其中可见 1 辆挎斗摩托车和多辆九三式四轮和六轮乘用车。

80 人，9 辆九五式轻战车

第 3 中队（轻战车中队）

81 人，9 辆九五式轻战车

第 4 中队（中战车中队）

111 人，8 辆八九式中战车，2 辆九四式轻装甲车

联队段列（Regimental Train）[①]

128 人，5 辆九五式轻战车

总兵力：561 人

20 世纪 40 年代初，大多数战车联队的标准如下，但其下属坦克的型号可能不同。一些部队在编成上也有差异：

---

① 译者注：即后勤和辎重部队，规模为连级。

战车联队（1941年）

联队本部

  2辆九五式轻战车，1辆九七式中战车

轻战车中队（第1中队）

  13辆九五式轻战车

中战车中队（第2中队—第4中队）

  各10辆九七式中战车，2辆九五式轻战车

整备队（Maintenance Company）

到1940年，日军共组建了15个战车联队，番号为战车第1联队至战车第15联队，1941年—1942年又组建了7个（即战车第16联队至战车第19联队、战车第22联队至战车第24联队），1944年又组建了9个（战车第25联队至战车第30联队、战车第33联队至战车第35联队），后来还在1945年组建了15个（战车第36联队至战车第48联队、战车第51联队、战车第52联队）。其中很多在战争后期组建的联队都属于加强联队（并非全部），主要隶属于战车第4师团或各个

20世纪30年代中期，千叶县习志野基地的八九式中战车甲型。该车隶属于战车第2联队。如果凑近看，我们还可以看到照片中的车辆拥有3种不同样式的炮塔。

独立战车旅团。加强战车联队的编制可见下文，但它们只是理想情况，仅适用于少数本土防御部队。许多联队没有达到这一兵力，而且只有旧式坦克：

加强战车联队（1945年）

联队本部

　　85人，3辆"九七改"中战车，1辆九五式轻战车，1辆轿车

中战车中队（2个）

　　各114人，10辆"九七改"中战车，2辆九五式轻战车

炮战车中队（2个）

　　各119人，10辆三式中战车，2辆九五式轻战车

自走炮①中队（Self-propelled Gun Company）

　　152人，6辆一式炮战车（配备75毫米或100毫米主炮），4辆装甲运兵车

作业中队（Duty Company）②

　　368人，1辆九五式轻战车，8辆装甲运兵车；292支步枪、10挺轻机枪、10具掷弹筒、4具火焰喷射器

整备中队

　　129人，2辆"九七改"中战车，1辆九五式轻战车，10辆卡车、2辆轻型维修车

总兵力：1200人

1940年到1941年，日军还将骑兵联队改编为"搜索联队"③。这些部队均实现了摩托化，并配有卡车和"豆战车"，总人数为650人，其典型组织结构如下所示：

搜索联队/搜索队（约1941年）

联队本部/搜索队本部

---

① 译者注：即自行火炮。
② 译者注：即摩托化步兵中队。
③ 译者注：日军的"搜索部队"即侦察部队。

九五式小型乘用车——该车采用四轮驱动设计，主要被日军坦克单位指挥部门用于侦察、联络和指挥。

第1中队和第2中队（乘车中队）

　　各200名步兵

第3中队和第4中队（装甲车中队）[①]

　　各8辆九四式轻装甲车或九七式轻装甲车

整备小队

通信小队

战车团和战车师团

　　为管辖多个联队，日军于1938年—1940年组建了第1战车团和第2战车团。1941年，他们又在本土组建了第3战车团，以便用于马来半岛（Malaya）战役。1个战车团包括3个联队，并配有1个连级辎重队（包括140辆卡车）和1支小

---

① 译者注：即"豆战车"中队。

型整备队,可以提供行政管理和后勤支援,但缺乏战术指挥和控制能力。而且,战车团的维修支援力量有限,也缺乏步兵、工兵或火力支援部队。总之,战车团不足以有效实施装甲作战,组建真正的诸兵种合成部队势在必行。因此,在1942年,上述战车团都被编入新成立的战车师团。

在基地车库内,日军坦克兵正在保养九五式轻战车(日军内部代号为"イ号")。[中村胜实(Katsumi Nakamura)供图]

1942年中期,日军组建了3支全新诸兵种合成装甲部队,即战车第1师团、战车第2师团和战车第3师团。与战车团相比,其组织结构更为高效,而且自我维持能力更强,任务是与西伯利亚地区的苏军对抗。1944年7月,他们又在本土组建了战车第4师团,负责防卫日本列岛。每个战车师团拥有2个战车旅团,每个旅团拥有2个战车联队。各师团的兵力组成各不相同。其正式编制概况可见下文表格。

战车师团（1942年）

师团本部

119人，2辆轻战车，7辆中战车，20辆汽车

战车旅团本部（2个）：每个11人

战车联队（4个，即每个旅团2个），每个联队：1071人，78部履带式车辆，21部轮式车辆

  战车联队本部：90人，2辆轻战车，1辆中战车

  轻战车中队：110人，10辆轻战车

  中型战车中队（3个），每个中队：145人，2辆轻战车，10辆中战车

  炮战车中队：145人，2辆轻战车，10辆炮战车

  整备中队：170人，3挺重机枪，76辆卡车

机动步兵联队：3029人，222部履带式车辆，87部轮式车辆

联队本部：115人

步兵大队（3个），每个大队：

  大队本部：147人，1挺轻机枪

  步兵中队（3个），每个中队：181人，9挺轻机枪，9具掷弹筒、2门一式47毫米机动速射炮[①]

  机枪中队：174人，12挺重机枪，13辆卡车

  步兵炮中队：150人，6门75毫米四一式山炮

  整备中队：250人，3挺重机枪

速射炮队：444人，45部履带式车辆，87部轮式车辆

---

① 译者注：即反坦克炮。

速射炮队本部：84人，4挺重机枪

速射炮中队（3个），每个中队：120人，6门一式47毫米机动速射炮

整备中队：100人

搜索队：694人，91部履带式车辆，12部轮式车辆

搜索队本部：80人，2辆轻战车

轻战车中队（3个），每个中队：120人，10辆轻战车

炮战车中队：140人，10辆炮战车

机动步兵中队：150人，3门九四式37毫米速射炮

整备中队：100人，9挺轻机枪，12辆卡车

机动炮兵联队：1056人，89部履带式车辆，73部轮式车辆

联队本部

野战炮大队：575人，3个中队，共18门九〇式75毫米野战炮

榴弹炮大队（2个），每个大队：440人，3个中队，12门九一式105毫米榴弹炮

防空队：1014人，105部履带式车辆，63部轮式车辆

防空队本部

机关炮中队（3个），每个中队：6门九八式20毫米高射机关炮

高射炮中队（2个），每个中队：4门八八式75毫米野战高射炮

工兵队：1149人，122部履带式车辆，50部轮式车辆

工兵队本部

工兵中队（6个），每个中队：140人，1挺重机枪、1门九四式37毫米速射炮

整备中队：100辆卡车

整备队：778 人，15 部履带式车辆，152 部轮式车辆

　　整备队本部

　　整备中队（3 个）

辎重队：765 人，106 部履带式车辆，216 部轮式车辆

　　辎重队总部

　　辎重中队（4 个）

　　整备中队

通信队

师团野战病院：285 人，50 辆车

备注
● 轻战车大多为九五式轻战车，但偶尔也装备九八式轻战车或二式轻战车。
● 中战车大多为"九七改"中战车或一式中战车。
● 炮战车原定为二式炮战车[日军代号为"ホイ"（Ho-I）]，但该车产量有限，大部分部队改用九七式中战车。

　　战车师团是一种高效的诸兵种合成部队，而且支援力量相当平衡。不过，其中仍有不足之处，例如机动炮兵联队没有自行火炮，只有牵引式火炮。另一个缺陷是步兵数量少。在美军、英军和德军中，一般都会确保步兵和坦克比例达到 1∶1，甚至倾向于增加步兵数量。但在日军战车师团中，步兵大队和战车大队的比例仅为 3∶4。另外，机动步兵联队理论上应装备全履带装甲运兵车[即一式装甲运兵车，日军代号"ホキ"（Ho-Ki）]或半履带装甲运兵车[即一式半履带装甲运兵车，日军代号"ホハ"（Ho-Ha）]，但这些车辆极少，大部分单位只能用卡车充数。例如战车第 2 师团的机动步兵第 2 联队只有 17 辆一式装甲运兵车，其他车辆则包括 57 辆九四式六轮自动货车（Type 94 six-wheeled truck）、7 辆 0.5 吨卡车、6 辆牵引车、3 辆指挥车、1 辆轿车、4 辆修理车、2 辆大客车和 4 辆拖车。后来，该联队被派往菲律宾，其中一些车辆在海上损失。在到达目的地后，战损和故障更是让其机动性和战斗力大打折扣。

1944 年年初，各战车师团解散了 1 个旅团本部、1 个战车联队，以及师团直属防空队（antiaircraft unit）[①] 和搜索队。后者被改编为独立战车联队，剩下的 1 个旅团拥有 3 个战车联队。这些战车师团的编制如下所示，而且其直属单位（含机动步兵联队和机动炮兵联队）的番号与所在师团相同：

战车第 1 师团

战车第 1 旅团：战车第 1 联队、战车第 5 联队

战车第 2 旅团：战车第 3 联队、战车第 9 联队

于 1942 年 6 月组建。1944 年 3 月，战车第 2 旅团解散，战车第 9 联队调往马里亚纳群岛，侦察队脱离建制，成为战车第 26 联队。1945 年 3 月，该师团返回日本列岛。

战车第 2 师团

战车第 3 旅团：战车第 6 联队、战车第 7 联队

战车第 4 旅团：战车第 10 联队、战车第 11 联队

于 1942 年 6 月组建。1944 年 2 月，战车第 11 联队调往千岛群岛；1944 年 3 月，侦察队脱离建制，成为战车第 27 联队。1944 年 8 月，该师团前往吕宋岛，1945 年 1 月被歼灭。

战车第 3 师团

战车第 5 旅团：战车第 8 联队、战车第 12 联队

战车第 6 旅团：战车第 13 联队、战车第 17 联队

于 1942 年 12 月组建。1942 年年末，战车第 8 联队调往新不列颠岛（New

[①] 译者注：系防空部队，规模相当于营。

Britain），战车第 5 旅团解散。1944 年 7 月，日军用其部分下属单位组建了独立战车第 6 旅团。

战车第 4 师团

战车第 28 联队、战车第 29 联队和战车第 39 联队

1944 年 7 月组建于东京附近的千叶（Chiba）地区，没有下属旅团，且无步兵联队和炮兵联队。

其他坦克单位

独立轻装甲车中队

1935 年，日本陆军在 11 个师团中设立了"轻装甲车训练所"（tankette training center）。1937 年 7 月，日军利用这些训练所组建了 13 个独立轻装甲车中队。在战场上，九四式轻装甲车不仅承担着"本职工作"，即运输补给，还直接参与战斗——例如肃清街道，并用机枪火力压制设防建筑。这些中队共有 118 人，编为 4 个小队，每个小队有 4 辆轻装甲车，另外中队本部还有 1 辆。此外，该中队还配有 2 辆汽车和 4 辆摩托车。从 20 世纪 30 年代末开始，此类中队陆续解散，人员和装备被编入新组建的战车联队，只有 1 个独立轻装甲车中队一直服役到战争结束。

独立战车中队

日军还将一些中队从战车联队中抽调出来，改组为"独立战车中队"，其本部和"段列"得到加强，从而可以独立行动。首个独立战车中队成立于 1932 年。太平洋战争期间，日军一共组建了 12 个独立战车中队，并将其派往塞班岛和菲律宾等地。这些战车中队全部独立部署，主要用于静态阵地防御。

师团战车队

从 1940 年开始，日军还为几个摩托化水平较高的师团（如第 1 师团、第 8 师团和第 12 师团）配备了直属战车部队，其规模大致相当于中队，名为"师团

战车队"（Shidan Sensha Tai），装备以轻战车和"豆战车"为主。在太平洋地区，日军的"海洋师团"[盟军将其称为"团级战斗队师团"（regimental combat team division）]也拥有一支直属战车队，主要在小型岛屿上负责防御。

独立战车旅团

1944年—1945年，日军还组建了多个独立战车旅团，番号为第1—9。由于缺乏步兵和炮兵（参见后文附表），其任务是充当反击部队，为步兵师团提供支援，作用类似以往的"战车团"。

在战争期间，日军曾将不少装甲车辆零敲碎打地分配给了太平洋岛屿守军——配属给步兵第18联队的战车中队就是一个例子。1944年，该中队共有9辆九五式轻战车，驻地位于马里亚纳群岛中的提尼安岛（Tinian）。

一辆日本海军特二式内火艇（日军代号为"**カミ**"）的正面特写。该车来自海军伊东战车队，并在菲律宾莱特岛的奥尔莫克湾登陆时被击毁。其37毫米炮塔后方是发动机通气口；其车首和车尾装有大型船形浮箱，可以为航渡提供浮力，但会在上岸后卸下。

✵ 独立战车旅团

旅团本部：71人，3辆"九七改"中战车，2辆九五式轻战车，2辆装甲运兵车，2辆轿车，2辆卡车

通信队：139人，3辆"九七改"中战车，3辆九五式轻战车，1辆轿车，5辆卡车

战车联队（2个）：编制与战车师团下属的战车联队相同

机关炮队：421人，12部四式双联20毫米高射机关炮[1]

整备队：202人，10辆卡车，1辆重型维修车，3辆轻型维修车

辎重队：347人，72辆卡车，1辆轻型修理车

---

[1] 译者注：一说为8部。

骑兵旅团战车队

1933 年，日军骑兵第 1 旅团和第 4 旅团下属的汽车部队开始用九二式重装甲车（即装备机枪的轻战车，速度相对更快）替换装甲汽车。1937 年，九二式重装甲车开始被九五式轻战车取代，其所在部队也摇身一变，成为"骑兵旅团战车队"（Kihei Ryodan Senshatai）。直到 1940 年，骑兵第 1 旅团至骑兵第 4 旅团始终拥有战车队，每个战车队装备 7—9 辆九五式轻战车。

1942 年，日军开始组建战车师团。骑兵第 1 旅团和第 4 旅团战车队随即被改编为战车第 3 师团搜索队。骑兵第 3 旅团战车队则成为战车第 1 师团搜索队。至于第 2 骑兵旅团已在 1941 年解散。至此，战车队彻底从日军骑兵编制内消失 [值得一提的是，日本陆军有两种骑兵部队。一种来自骑兵旅团（如上文所述），并配有火炮和部分装甲车辆。另一种来自各师团下属的骑兵联队，并在后来改编为搜索联队——这些部队是步兵师团的下属单位，规模相当于普通大队（营级），主要负责骑马侦察]。

海军特别陆战队战车队

1932 年年初，日军紧急从英国进口了一批维克斯 - 克罗斯利装甲车（Vickers Crossley armored car），并将其投入战斗 [相关情况可参见鱼鹰出版社出版的《日本海军特别陆战队：制服和装备，1932—1945》（Japanese Special Naval Landing Forces: Uniforms and Equipment 1932-45）]。之后，日军又加强了装甲车的装甲力量，并组建了 1 个战车中队。该中队配有 6—8 辆八九式中战车，以及一些日本和英国装甲汽车。坦克上涂有日本海军的锚形标志，而非陆军的五角星，整体涂装为橄榄色（一些西方资料称涂装为海军灰，实际有误）。车组军官和士官均在海军炮术学校（IJN Ordnance School）接受训练——当地位于馆山（Tateyama）的房总半岛（Boso Peninsula），与东京隔海相望，教学内容包括火炮和战车操作。另外该学校还拥有一支小型战车教导队。

在太平洋战争中，日本海军研制了"特二式内火艇"[即水陆两栖坦克，日军代号为"カミ"（Ka-Mi）]，并组建了几支两栖坦克部队。这几支部队同时也拥有常规装甲车辆，尤其以九五式轻战车居多。1943 年，日本海军在吴港（Kure）附近的情岛（Nasake-jima）建立了"Q 基地"，用于培训两栖坦克乘员。基地指挥官是伊东德夫（Tokuo Itoh）海军大尉。1943年10月，首批两栖坦克部队从该基地出发，前往拉包尔（Rabaul）和马绍尔群岛（Marshall Islands）。后续还有其他部队前往塞班岛（Saipan）、占守岛（Shimushu）和帕劳（Palau）等地。1944年，在伊东大尉亲自指挥下，"Q基地"的1支战车队在菲律宾莱特岛的奥尔莫克湾（Ormoc）登陆，并在当地战斗到全军覆灭。

条　令

　　20世纪30年代，日军在装甲部队条令中指出，坦克主要负责支援步兵。根据常规安排，1个步兵师团会配属1个战车联队，1个步兵联队会配属1个战车中队；如果有轻战车中队，该中队将承担侦察和侧翼警戒任务。日军认为，当步兵攻击敌方阵地时，机枪是其主要威胁。虽然火炮可以压制机枪，但一旦日军步兵接近至100—150码内，炮兵将无法继续轰击敌军阵地，否则就有可能在开阔地造成误伤。此时，步兵将利用70毫米和75毫米大队炮（即步兵炮）继续提供火力掩护。作为直射武器，步兵炮很容易遭受攻击，而且缺乏机动性。此外，各步兵联队也没有迫击炮（除非有师团编制外的配属单位），只有50毫米掷弹筒。

1941年8月，一队九四式轻装甲车。这种车辆曾参加过日军和美军、苏军的战斗，但完全不堪一击。

如果有坦克，上述问题将不复存在：坦克可以不断前进，攻击敌军机枪等重武器，使步兵可以一拥而上，攻克敌方阵地——可以说，坦克就是移动的步兵炮。于战争后期服役的"炮战车"则更进一步，为步兵提供了更大口径的支援火炮——由于在战争后期，日军中战车开始配备高初速火炮，以便专门用于反坦克作战，因此这一点就更为必要。

轻战车主要被用于侦察，但在某些情况下，由于别无选择，它们仍需要充当"主战坦克"。这些车辆适合支援步兵攻击防守薄弱之处，但也可像骑兵一样，用于为友军构建掩护屏障。

在德军装甲部队取得战绩后，日军也决定重组装甲部队。1942年9月，日军在《机甲作战要务书》(*Kiko Sakusen Yomusho*)中阐述了相关理论。其要点包括：

1. 战车拥有强大机动性和攻击力。战斗的关键是让战车发挥自身优势，突袭和歼灭敌人。
2. 各兵种应保持协调，协助坦克完成任务。

上述规定清楚表明，日军正在修改理论，不再视装甲部队为步兵的"随从"，而是将其提升为主力，并要求其他兵种配合，具体要求如下：

1. 步兵应支援坦克——例如与坦克共同攻击敌人，或在其前方推进；步兵还应负责肃清阵地，掩护侧翼，并发动夜袭。
2. 反坦克炮应为坦克提供直接支援，并摧毁敌方坦克。
3. 炮兵需支援坦克，消灭敌军火炮和阵地。
4. 炮战车应近距离摧毁和压制敌方反坦克炮，以及火炮无法压制的其他武器。

这份新装甲部队条令将战场想象在了广袤的亚洲平原，至于假想敌显然是苏联——因为当时的美英联军在东南亚和太平洋也只有少数轻型坦克。

太平洋战争爆发后，许多战车中队和联队脱离了大部队，开赴太平洋上的偏远岛屿，其运用方式也与新条令大相径庭。这些岛屿面积和地形各异，日军坦克在岛上的运用方法也不尽相同。其中一个例子是在所罗门群岛，当地幅员辽阔，但内陆多丘陵，全岛丛林茂密，只有少数简陋道路，而且路面大部分时间被泥泞覆盖，导致坦克只能在狭窄的沿海平原行动。因此，日军装甲部队在当地的运用非常有限：在瓜达尔卡纳尔岛之战中，日军坦克试图沿海滩穿过一处河口，但最终惨遭失败。同样的情况也出现在新几内亚——当地山岭密布，而且地形更加极端。

日军坦克的另一个战场是中太平洋环礁。当地实际是一些低矮沙洲，几乎没有机动空间。坦克很难隐蔽，更难以躲避地面和空中侦察。在环礁上，日军只部署了少量坦克。虽然守军曾希望将它们安置在隐蔽处，并在敌军登陆后发动突袭。但这些尝试无一成功。最终，大多数日军坦克都被开进半埋式掩体充当碉堡。而且，就算日军实施反击，也往往太晚了，因为美军早已在滩头部署了坦克和反坦克武器。

日军坦克还曾在西太平洋作战。当地有一些大型岛屿，但岛上丘陵起伏，森林和灌木丛生，道路数量有限。当地虽然有机动空间，但日军坦克对滩头的反击仍全部失败，原因是其参战过于零散，或者被安置在内陆的固定阵地内，导致浪

本照片摄于 1945 年日本投降后，展示了一排三式中战车 [日军代号为 "**チヌ**" (Chi-Nu)]——它们也是日本装甲车辆"演进"的最终成果，其主炮则由九〇式 75 毫米野炮改装而来。在日本投降前，三式中战车只有 144 辆完工，而且从未参加战斗。所有车辆都留在日本本土，用于装备"机动打击部队"，以防盟军登陆。

"九七改"中战车。该坦克于 1942 年投产，配有新型一式 47 毫米主炮。九七式中战车从 1938 年开始投产，在 1939 年对抗苏军坦克时表现难尽人意，本型号则通过更换主炮做了一些改进。另外值得注意的是，这辆坦克是被盟军缴获的，车首机枪已经遗失。

费了时间。不仅如此，日军还发现，他们的坦克装甲薄、数量少，根本无法抵挡美军的坦克、反坦克武器和空中力量。此外，日军也从未料到美军会投入 M4 "谢尔曼"中型坦克。虽然日军把战车第 2 师团派往吕宋岛，而且岛上部分地形相当适合坦克作战，但日军指挥官却把战车联队用于防御，并将车辆部署在半埋式掩体内，希望以此躲避美军的空中力量。

日军还将大量坦克部队用于防守本土。如果盟军登陆，这些部队就会发起反击——在思路上和对苏作战构想如出一辙。总兵力包括 24 个战车联队，其中 14 个被编入 7 个独立战车旅团。这些旅团（以及 2 个战车师团）均被部署在内陆，充当"机动打击部队"（Kido Dageki Butai）。一旦盟军登陆，日军将首先利用滩头防御部队予以拖延，然后"机动打击部队"将开赴滩头，与步兵和炮兵联合发起反击，一举消灭对手。不过，面对美军的大量装甲车辆与海陆空重火力，这些反击的效果相当值得怀疑。

战 术

日军坦克训练强调攻击性和主动性,并注重下列要素:当机立断、快速前进、迅速集中火力、隐藏意图、妥善补充物资和修理装备。日军坦克兵[①]的攻击性人尽皆知:即使步兵没有跟上,或是因敌方火力停下/掉队,日军坦克也会继续前进。理论上,如果坦克发现自己冲得太远,就会调转方向,与步兵重新会合,然后再共同前进,但这在现实中很少发生。如果附近没有步兵,坦克兵甚至会自行下车清理障碍,甚至徒步攻击周围的敌军。

攻击

战车联队有时会被配属给步兵师团;有时会整体行动,支援负责主攻的步兵联队;有时会被拆分开来,加强给每一个步兵联队。在进攻前,坦克会秘密开往离前线不到3英里处——日军相信此举意义重大,并认为如果坦克出现,对手就有可能惊慌失措。在车组准备行动时,坦克部队指挥官将前去侦察进攻路线。同时,部队还将与步兵联队长、大队长和炮兵开展联络,协调各种事项,例如:前往指定地点(出发点、攻击出发阵地、前进区域和目标)的路线;坦克、步兵和炮兵的通信;反击敌方装甲部队的方法等。在进攻前夜,坦克将在声音(如炮击和飞机低空飞行的引擎声)掩护下前往攻击出发阵地,并在天亮前几个小时发动进攻。

如果目标是坚固反坦克工事,日军坦克将在部署时被编为多个攻击波次;如果防御工事较为简单,坦克将靠前集中行动。步兵将紧跟坦克,炮兵则用高爆弹和烟幕弹瓦解防御。在有些情况下,步兵会乘坐坦克行动[例如在佩莱利乌(Peleliu),日军在坦克后部设置了木制扶手,以方便步兵搭乘]。坦克负责对前线重武器阵地(如机枪阵地)发起攻击,并负责突破铁丝网(工兵也会使用剪线钳和爆破器材参与行动);一旦在前沿阵地打开缺口,坦克就会向指挥所和炮兵阵地推进。

---

① 译者注:日军称为"战车兵"。

日军曾使用坦克突破隘口防御工事，进入山谷查明防御部署，然后返回己方阵地报告情况。他们还曾利用坦克执行侦察和联络任务，把物资运往遭受火力覆盖的地区或孤立阵地。坦克还经常被用于佯攻，将对手牵制在阵地上，从而支援师团主力发起包抄——由于坦克机动性较强、防护良好，这种行动也有助于为友军节省佯攻兵力。在攻击有城墙的城镇时，日军坦克会向纵深迂回，形成包围之势，攻击从后门撤退的守军。不仅如此，日军还经常用坦克发起追击。另外，日军坦克不仅可以在伴随步兵时提供火力支援，还可进入固定阵地，从后方掩护步兵前进，并炮击对手防御工事。

开火要领

在炮术训练中，日军强调以下内容：首发必中；快速射击；车长与驾驶员密切配合；准确下达指令；快速确定敌军位置；确保火力协调和集中。

日军战车小队通常包括3—5辆坦克，它们一般会遵照小队长指引，向同一目标开火。日军坦克炮精度差、杀伤力弱，因此集中火力至关重要。日军坦克部队的标准射击方法有三种：

行进射（Koshin-Sha）[①]

日军坦克的37毫米和57毫米主炮可以自由俯仰，并能在某种程度上独立于炮塔进行小幅度转向，有助于在瞄准时进行微调。另外值得一提的是，日军坦克炮在瞄准时并不使用手轮调整方向，而是需要炮手紧紧抵住火炮肩托，并利用躯干力量带动整个火炮转动。在"行进射"期间，炮手可以紧紧抵住肩托，用身体力量克服坦克晃动，从而起到某种稳定作用。但另一方面，日军47毫米和75毫米坦克炮重量较大，因此没有火炮肩托，也无法"行进射"——炮手需在瞄准时操纵手轮。

跃进射（Yakushin-Sha）

采用这种方法时，炮手需提前做好射击准备。一旦发现目标，炮手会立即开火，

---

① 译者注：即"行进间射击"，坦克一边前进，一边开火。

随后驾驶员将自动加速前进，冲向另一个射击位置。

停止射（Teishi-Sha）

一旦发现目标，坦克将停止前进，并开火射击，之后立刻恢复前进。在此期间，所有坦克均各自为战，不受小队指挥。

由于装甲较薄，日军坦克车长会在开火时利用山脊、土丘和沟壑作为隐蔽。与之相比，其他国家的军队一般会让坦克进入半埋式阵地，只有炮塔暴露在外，但这种方法较少被日军采用。日军更愿意让山脊隐藏住整个车身。虽然这会让炮手无法观察目标，但车长可以探出舱口，引导炮手进行间瞄射击。不过，该方法无法确保精确性，只适用于在支援步兵时攻击"面目标"，对于坦克等"点目标"效果较差。在坦克作战记录中，这种依托山脊线开火的方法经常出现。在1939年与苏军作战时，日军坦克一般会爬上山脊，从能隐藏车体的位置开火，然后从反斜面撤退，以此躲避敌方火力。

夜袭

日本陆军有夜袭传统，而且与许多军队不同，他们对这一战术极为执着，无论训练和实战都是如此——这一点也适用于坦克。为进行夜袭，日军会在白天提前侦察前进路线和地标，并协调步兵前进路线。坦克需要纵队前进，关闭前灯，打开尾灯，以便引导后续车辆。如果驾驶员懂得在崎岖路面行车的技巧，将对夜间行车大有帮助。

夜袭的主要难题在于探测和锁定目标。虽然夜袭一方可以发射照明弹，或朝着开火闪光处射击，但总体意义有限。另外，炮口焰也会使炮手瞬间失明，导致其难以观察弹道落点。但日军战车学校的一名军官偶然找到了解决方法：只要在开火时闭上眼睛，炮手就不会被闪光影响。后来，几乎所有日本坦克兵都学会了这种方法。

反坦克战术

在1939年败于苏军之后，日军开始意识到反坦克问题的严峻性。日本坦克装甲薄，火炮初速低、口径小，劣势非常明显。为对抗盟军坦克，日军急需一种新式坦克。不过，改良型号——三式中战车和四式中战车——问世缓慢，导致日军只能使用装备47毫米主炮的"九七改"中战车。该坦克的主炮最多只能在最近距离打穿M4"谢尔曼"或T-34坦克的侧装甲或后装甲，而且不少日军坦克的武器性能甚至更差。有鉴于此，日军开发了几种方法，试图为坦克战提高胜算。

烟幕

烟幕由发烟罐、烟雾手榴弹，以及火炮或迫击炮发射的烟幕弹提供。一旦烟幕形成，日军坦克就会向对手侧翼或后方运动，以便从特定角度攻击其弱点位置。烟雾还能遮挡敌方炮手视野，帮助日军坦克逼近目标。不过，很少有报告显示日军曾用这种方法对抗美军。

战车第9联队第1中队的2辆九五式轻战车——1944年夏被击毁于关岛。该中队拥有15辆到17辆坦克，而联队主力则位于塞班岛。其指挥塔周围有白环，表明该车是一辆下属单位指挥官座车。九五式轻战车于1935年投产，9年后仍在一线服役，这充分表明了日军对装甲部队的忽视。另外，和1942年9月《机甲作战要务书》的规定不同，日军还经常把装甲部队拆分使用，以便支援步兵进行防御。

设伏

　　日军坦克会隐藏在峡谷、崎岖地形或植被之间。这种战术尤其适合沿道路进行；一旦敌方坦克靠近，日军就会从侧翼或后方发起攻击。这种战术在菲律宾被频繁使用。

瞄准弱点

　　炮手将瞄准敌方坦克的薄弱点，如履带、负重轮、舱口和观察孔（手枪射击孔）等。日军"九七改"战车曾在缅甸和菲律宾使用过这种方法，并近距离击毁过一些M3"李"和M4"谢尔曼"坦克。另外，日军步兵也会对敌军坦克发起自杀式攻击，即一拥而上，利用吸附式地雷和手榴弹将其炸毁[参见鱼鹰出版社出版的《二战步兵反坦克战术》（World War Ⅱ Infantry Anti-Tank Tactics，精英系列432）]，但在与坦克协同作战时，他们很少使用这种方法。

防御

　　在太平洋岛屿的防御战中，日军坦克会将驶入半埋式阵地，只有炮塔暴露在外，以便进行全方位射击。阵地后部有一个出口斜坡，坦克可以通过该斜坡前往其他既设阵地，或直接朝敌军方向进行机动。有时，日军会修整大型弹坑，使之成为坦克掩体；有时则只挖一个浅坑，并在其周围筑起土堤。这样的阵地通常会被移植的植被和树枝做伪装——如果需要除掉树枝，坦克只需旋转炮塔，或者由坦克兵亲自动手。这种坦克阵地可以相互支援，并被纳入普通碉堡的防御火力体系。日军还会在这些掩体周围设置步枪和轻机枪阵地，并进行妥善伪装，保护坦克免受近距离攻击。在反击美军登陆部队时，日军坦克也会提前进入掩体，以躲避空袭和舰炮轰击。

　　如果战车联队被配属给了某个师团，它们一般会在后方担任预备队，并隐藏在对方的观测盲区。在另一些情况下，为躲避炮火和空袭，日军战车则会进行严密伪装，或隐匿在村庄建筑之间。

　　有时，战车联队还可能趁着炮兵支援和步兵掩护，突袭敌方集结区，从而抢先挫败对手进攻。有时，战车联队还可以在后方就位，以便随师团预备队（通常是1个步兵联队）发动反攻。如果前线遭对方机械化部队突破，战车联队可以在后方纵深地带等待时机。一旦对方坦克脱离炮火支援，并逐渐散开，战车联队就会尝试进行伏击。此外，战车联队还可搭载步兵追击撤退的敌人。

队形

在行军、集结和战斗机动中，日军大多采用密集队形——其结构相对简单，种类也不如其他军队丰富。在训练中，日军经常演练队形变换，以确保流程快速平稳。

各下属单位（例如中队麾下各个小队）通常以番号为顺序展开。以中队下属的小队为例，如果需从纵队转为横队，其先头单位——第1小队将在横队右侧就位，并且面朝对手。而第3小队则会从最后方前往横队的最左侧。

战车中队的队形

战车中队有五种基本运动队形：横队（Outai）、纵队（Jyutai）、并立纵队（Heiritsu Jyutai）、疏开（Sokai）队形和丁字（Choji）队形。横队和纵队主要用于非战斗行军和阅兵，但也可用于越野行动，但前提是各坦克和单位必须拉开间隔。另外，纵队也经常用于夜间越野行军。并立纵队指各小队从右向左排列，但下属坦克并非排成横队，而是纵队（参见插图"运动队形"）。疏开队形是从运动转向战斗之后的主要队形（参见插图"中队攻击队形"的1处）。在该队形中，每个小队的4辆坦克将组成菱形队形——如果小队只有3辆坦克，此时应组成楔形队形或横队（参见插图"运动队形"）。在开阔地带，中队一般会让4个小队以菱形部署；如果只有3个小队，它们将齐头并进。

进攻时，日军战车中队会采用丁字队形——第1小队、第2小队、中队本部和第3小队将从右到左展开，并面向敌人。第4小队将在后方跟进，其位置在第2小队和中队本部中间。在上述单位后方，第4小队可以向左或向右机动，攻击敌军侧翼，或在中队遭受攻击时保护侧翼（参见插图"中队攻击队形"的2处）。如果只有3个小队，它们将被横向部署——因为日军相信开火线上的坦克"多多益善"，后援小队可以不必保留。如果该中队有第4小队，且该小队负责跟进，那么一旦各前方小队攻入敌方防御阵地，第4小队需要冲到最前方，攻击碉堡和战斗阵地。至于之前的先头坦克则负责向侧翼扫荡前线阵地，并提供火力掩护。

1934 年，在关东平原（Kanto Plain）群马县（Gunma）的演习中，几辆日军指挥车正在跟随八九式中战车前进，这些指挥车都配有伪装网。

在实战中，各坦克（以及各下属单位）的间隔并不固定，并受地形、植被、能见度和敌方火力等因素影响。在非战斗行军时，中队"段列"、整备分队和本部的卡车、汽车和摩托车将后续跟进，而在战斗中，这些车辆应（最好）位于轻型火炮射程外。

战车联队和师团的队形

直到 1942 年，日军才在《机甲作战要务书》中规定了战车联队和师团的坦克战术。战车联队的总体队形类似中队，只不过把基本单位换成了"中队"。

当时，战车师团均包括 2 个战车旅团，每个旅团包括 2 个战车联队。此外，每个旅团还会配属 1 个机动步兵大队、1 个 75 毫米野炮大队和 1 个工兵中队。在行动中，整个师团将投入 2 个旅团共同发起攻击，只留下 1 个步兵大队（即机动步兵联队的第 3 个大队）作为预备队。但在有些情况下，战车师团也会把 1 个战车联队留在后方，此时"缺联队"的旅团可能会得到第 2 个步兵大队作为补充。

在战车旅团中，2 个战车联队将共同发起进攻，步兵大队和工兵紧随其后，再之后是牵引式火炮——一旦遭遇敌人，炮兵将立即进入开火阵地。其设想是利用坦克发起波状突击。为此，旅团会把战车联队编为多个梯队。在下面这个场景中，我们假设了1个战车联队进攻的情况，该联队拥有5个中队，其中第5中队装备了炮战车（提供火力支援）——但在现实中，这种装备数量极少：

　　该联队的第一梯队包括2个战车中队，它们位于前方。每个中队有2个小队在前，1个在后，组成丁字队形。指挥坦克位于2个前方小队的中间靠后。炮战车中队被拆分，并在每个前方中队的外侧各配属1个小队，另1个小队和炮战车中队本部一道被部署在2个前方中队之间，这样就能掩护2个中队之间的空隙——一旦遭遇反坦克炮和坚固阵地，它们可以很快从当前位置前出，并摧毁威胁。联队本部的坦克位于2个先头中队中间靠后方，并与步兵中队和工兵中队的本部共同行动。步兵中队下属的各小队会跟随上述战车中队前进。工兵中队也会为每个战车中队配属1个小队，而第3个小队则会与中队本部共同行动，一旦需要克服障碍，该小队就会被派出。在开阔地，联队正面宽度一般为1000—1200码。2个先头中队正面宽度各约为400码，纵深约为250码。

在千叶县习志野演习场，九七式中战车正在崎岖地形练习机动；请注意，即使是在训练中，车组人员也做了伪装。两辆坦克间距约为30—40步，在作战时，其距离通常更大。

这名日军坦克手身穿夏季橄榄色作业服。为避免挂到杂物,该作业服上的纽扣都缝在暗处。其九四式手枪的皮套位于右臀后方——日军规定的标准佩戴方式。其腰带似乎是棕褐色的战时版,材料为橡胶帆布,而不是棕色皮革。

第二梯队一般位于第一梯队后方几百码处，包括第3和第4中队。这些中队均采用丁字队形，但比第一梯队更为分散。一般而言，轻战车中队会被置于这一梯队，并执行侦察和侧翼掩护任务。上述2个中队后方是机动步兵大队（不含配属给第一梯队的中队）。最后方是1个炮兵大队。

在战车旅团中，第2个战车联队可以在第1个联队后方跟进，但常见情况是与之齐头并进——这取决于许多因素，如地形、预想的敌军抵抗，以及合适的进攻路线数量等。在战车师团中，2个战车旅团可能会并排进攻，但也可能相隔一段距离，以便利用地形优势，或分兵夺取不同目标，如果需要突破极为强大的防御，或是实施迂回，2个旅团也可以梯次进攻，即1个旅团紧跟另1个旅团。与其他日军师团一样，战车师团可能会沿2条或3条路线平行开进，并将1条路线用于主攻。如果形势和地形允许，各部队还会对敌军实施迂回和包围。参见插图"遭遇战中的战车师团"和插图"战车师团预有准备的进攻"。

1944年编制下的战车师团

1944年年初，各战车师团解散了1个旅团本部，师团防空队、搜索队和1个战车联队也从其建制内剥离。这极大地影响了师团的战术。剩余的3个联队被并入1个旅团。在作战时，整个战车师团通常会编为2—3个支队，每个支队通常以指挥官（可能是战车旅团长、步兵联队队长、战车联队长，或某个步兵大队长）的名字命名，可能包括1个战车联队、1个步兵大队、1个炮兵大队和1个工兵中队。但由于战术形势和地形等原因，其实际组成差异很大，而且未必十分均衡。

战车兵

日军战车兵（Senshahei）通常从各地新兵选拔而来。一般而言，日军将首先选择驾驶执照的持有者（不过在 20 世纪 30 年代的日本，这些人员相当罕见）；其次会选择初中和高中毕业生——因为日军相信他们可能更喜欢机械设备，或者更愿意学习技术类技能。

新兵会被分配到各个战车联队，并接受为期 4 个月的训练——训练主要内容包括常规步兵训练，以及驾驶、射击、通信和维修技术。虽然由于时间所限，这种训练不可能面面俱到，但仍会让新兵掌握驾驶员、炮手、无线电员和机械师这四种岗位的基本知识。随后，上级会量才授职，将新人派往下属部队，并为其提供进一步的在岗培训。

坦克兵培训从一系列课程开始，这些课程旨在讲解坦克与汽车发动机的机械原理和运转。由于很多日本人从未见过机动车，因此教官经常需要"从零讲起"，比如"这是发动机……这是离合器……"新兵还必须学会汽车和坦克的基本驾驶，整个过程大约需要 1 个月时间。另外，他们还需要学会使用手枪、机枪和坦克炮。主炮实弹射击次数往往很少，不过在服役期间，炮手还会接受额外训练。至于维修培训的内容则非常细致——这是因为坦克的发动机和传动设备往往十分"娇贵"，因此需要小心维护。除此之外，新兵们还将学习最基本的无线电操作和旗语信号。

战车兵配有连体橄榄色作业服，其特点是左胸前有一个口袋，其冬季防寒版本则配有毛领，在胸前和大腿上也有更多口袋。作业服的配套头盔名为"九二式战车帽"（Type 92 tanker's helmet），并配有橄榄色帆布帽罩——另外，该头盔还有带毛皮内衬、外覆皮革、双眼护目镜的冬季版。在大部分情况下，日军战车兵都会穿着标准的棕色系带皮靴和绑腿，但在严寒地区除外。

不过，在很多情况下，日军战车兵都会身穿日军通用的标准制服，在热带地区，情况尤其如此。每名战车兵都会配备一把九四式 8 毫米手枪，该手枪平时被装在棕色皮套中，并通过腰带固定在战车兵的右后臀部。此外，它还有一条用于防止掉落的绕肩背带。此外，战车兵还可能在车内携带 1—2 支 6.5 毫米三八式骑枪（"三八"指"明治三十八年"，即 1905 年）和 1—2 枚手榴弹。如果被迫弃车，乘员还可以拆下机枪，以供在地面作战时使用。

出于防寒需要，日军为坦克兵配发了更厚重的冬季制服。这名坦克手的作业服有毛制衬里；其头盔、手套和靴子均为皮制，表面为棕色，内部也有毛制衬里。另外，冬季作业服的口袋也比夏季版更多。

富士宫少年战车兵学校的学员。他们年龄为 15—17 岁，将在当地接受 2 年密集训练，以便掌握坦克基础知识、使用和维修等技能。在毕业后，他们将成为军士和坦克车长。注意左侧学员佩戴的九二式战车帽，其帽体厚重，材料为麻纤维，内部有皮革内衬，外部有橄榄色帆布盔罩。

战车学校

随着坦克部队发展壮大，日军组建了多所战车学校。

千叶陆军战车学校（Chiba Tank School）成立于 1936 年 8 月，校址最初位于房总半岛千叶县习志野（Narashino）的战车第 2 联队军营内，4 个月后迁往该县的黑砂町（Kurosuna），主要负责为坦克部队培养军官和军士。坦克兵培训期为 6 个月，机械师培训期为 8 个月。1941 年，该学校不再负责培训机械师，其任务改由东京的"陆军机甲整备学校"（Armor Maintenance School）负责。

千叶陆军战车学校始终受训练场狭小问题困扰，导致大型演习无法开展。千叶陆军战车学校的学员来自本土、东南亚和太平洋地区的部队。由于常规军事教育只能提供短期培训，导致新乘员很难掌握必备技能，日军还启动了少年战车兵培训计划。招募对象是 15—17 岁的少年，一旦入选，他们将接受为期 2 年的训练，并在毕业后派往战车部队担任军士。相关培训最初在千叶陆军战车学校进行。

一名少佐在九七式中战车旁合影。他身着九八式军衣（"九八"即1938年），领口有九八式军衔章。虽然坦克车内空间局促，但日本军官和军士仍会随身携带军刀——因为军刀是其身份的重要象征。（中村胜实供图）

1941年12月，日军又在千叶地区成立了专门的"陆军少年战车兵学校"（Youth Tank School）。1942年，该学校迁至富士山脚下的富士宫（Fujinomiya）地区。到战争结束时，该校毕业者共有约3000人。

此外，陆军骑兵学校（Army Cavalry School，位于千叶地区，主要教授骑兵技能）也从20世纪20年代开始提供坦克培训。从1937年起，该学校不再开设骑兵课程，并转型成为战车学校，主要负责教授侦察技能，以及轻战车和"豆战车"的操作。

通信和维修

坦克通信

1943年以前，日军只有联队长、中队长和小队长的坦克配有电台。小队长则通过旗语、挥动手臂和灯光信号等方式下达命令和指示。中队长座车有2部电台，分别与联队和中队指挥网络相连（后者用于与小队长通信）。从1943年开始，双向电台开始在小队普及，小队长座车也安装了第2部电台，以便与下属车辆通信。但事实上，能收到上述电台的部队并不多。同样，大部分日军坦克也没有车内通话系统。不过，在某些型号中，车长可以用按键灯光系统向驾驶员发送简单指令。在"豆战车"和轻战车中，车长与驾驶员相距很近，因此可以通过脚踩后者肩膀下达命令。

✵ 坦克电台

九六式四号乙无线机（Type 94 radio set Mk 4 Otsu）[①]

服役年份，1934年；用于九二式重装甲车；重量，88磅；天线，全长23英尺，呈倒L形（垂直部分2米，水平部分5—7英尺）；通信范围，0.6英里；产量小。

九六式四号丙无线机（Type 94 radio set Mk 4 Hei）

服役年份，1934年；用于八九式中战车；重量，198磅；天线，全长29英尺6英寸，呈倒L形；通信范围，0.6英里；产量大。

九六式二号戊无线机（Type 96 radio set Mk 2 Bo）

服役年份，1941年；用于九五式装甲轨道车（Type 95 armored railroad

---

① 译者注："无线机"即电台。

car）；重量，1235磅；天线，全长29英尺6英寸，呈倒L形；通信范围，25英里；仅生产20部。

九六式四号戊无线机（Type 96 radio set Mk 4 Bo）

服役年份，1941年；用于九七式中战车和九五式轻战车；重量，110磅；天线，全长29英尺6英寸，呈倒L形；通信范围，0.6英里；仅生产80部。

三式车辆无线机甲型（Type 3 radio set Ko）

服役年份，1943年；用于装甲部队本部的九七式指挥战车（代号为"シキ"，Shi-Ki）；重量，1235磅；天线，全长6英尺6英寸，直立式；通信范围，9.5英里（电话），31英里（电报）；产量小。

三式车辆无线机乙型（Type 3 radio set Otsu）

服役年份，1943年；用于装甲部队本部的九七式指挥战车；重量，529磅；天线，全长6英尺6英寸，直立式；通信范围，2.5英里（电话），6.25英里（电报）；产量小。

车辆无线机丙型（从未正式列装，故没有官方编号）

服役年份，1943年；用于坦克间通信；重量，286磅；天线，6英尺6英寸，直立式；通信范围，550码（电话）；产量约200台。

● 注：详情可见后文配图"战车联队的无线电通信网络"

在日军坦克部队中，旗语也是一种重要通信手段——尤其是在战车小队没有电台或需要保持无线电静默时。日军旗语系统极为复杂，其旗帜有多种颜色和图案，可以传递命令，下达行动指示，甚至还能表明发令者的指挥等级，在二战各国军队中堪称独一无二。但他们的旗语也有缺点，例如容易在激战中出错。另外，它们还可能过于醒目，导致某一单位错误地执行了其他单位的信号；有时，信号旗会被灰尘、烟雾、雾气或雨水遮掩。作为替代，日军还经常通过挥舞手臂传递信息，但在低能见度的环境中，其效果反而不如旗语。因旗语不能在夜间使用，日军还配备了红白蓝三色手电筒。此外，如果需要命令行动开始或结束，他们还可以利用九七式35毫米信号枪发射照明弹。但这些可视通信手段的问题在于，车长必须紧盯上级单位指挥官的坦克——导致他们无法集中精力观察地形、搜索威胁和目标，也无法观察本单位其他坦克，容易导致队形散乱。另外，他们也将无法专心指挥车组。如果上述通信手段全部失灵，或无法理解，所有车长将效仿小队长的行动。

在联队指挥车上，2名无线电员正在用九六式四号丙无线机向中队长下达命令。这种电台也安装在九五式轻战车和九七式中战车上。

战车联队的无线电通信网络

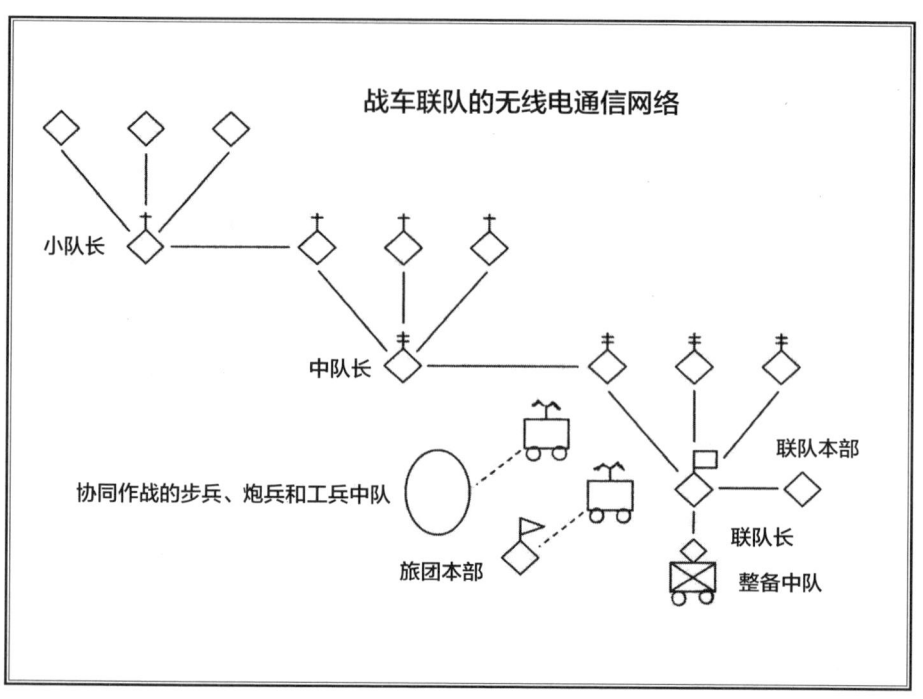

- 小队长
- 中队长
- 协同作战的步兵、炮兵和工兵中队
- 旅团本部
- 联队本部
- 联队长
- 整备中队

配有起重设备的九五式坦克回收车 [日军称为"九五式野战力作车",代号"**リキ**"（Ri-Ki）],该车相当罕见。[下原口修（Osamu Shimoharaguchi）供图]

坦克维修

坦克维修关系到部队行动效率。因此，日军各级战车部队都配有维修单位。在战车中队的"段列"中1个整备分队。同样，战车联队的"段列"中也有1支直属整备队（1940年扩编为"整备中队"）。战车师团则拥有1支大队级整备队，总人数近800人。日本陆军将维修任务分为五类：

1. 整备（adjustment）——日常例行保养。
2. 小修（minor repairs）——可在1日内完成的修理，包括更换零件。
3. 中修（medium repairs）——可在3天内完成的修理任务。
4. 大修（major repairs）——需要至少4天完成的修理任务。
5. 翻修（periodical repairs）——对车辆进行翻新大修，需要几周。

日军各级单位的维修能力如下：

九四式维修卡车（日军称为"九五式野战工作机"），这些车辆隶属于战车联队下属的整备中队，车上配有车床、钻床、切割机和发电机等电动和手动设备，可以维修武器和车辆。

九七式中战车的车组人员用注油器进行部件润滑——这项工作必须在每次行动前进行。预防性维修是一项无穷无尽的差事；每次停顿时，乘员都要保养车辆，检查风扇皮带、燃油管路、连杆和连接处，并进行加油和润滑。（中村胜实供图）

坦克车组：在驻地和前线完成整备任务。

中队整备分队：在驻地和前线完成小修任务。

联队整备中队：在驻地完成中修和大修任务，在前线完成小修任务。

师团整备队：在驻地完成大修和翻修任务，在前线完成中修任务。

野战自动车厂（field motor vehicle depot）：在驻地完成大修和翻修任务，在前线完成大修任务。

在装甲部队作战时，该体系将以如下方式运行。战车中队的整备分队位于中队"段列"中，该分队将尾随中队，寻找瘫痪坦克，并尽力修复，如果不能，则向联队整备中队求助。

整备中队包括一个修理小队（repair platoon）和一个回收小队（recovery platoon）。一旦战车中队的整备分队发来修理请求，修理小队将派出人员和装备；如果需要吊车，回收小队也将配合行动。另外，回收小队还可以将重伤坦克拖回后方。

师团维修队一般会在前线设置修理厂，负责修复从联队整备中队和其他师团直属单位送来的坦克和其他车辆。

野战自动车厂一般隶属于某个军（Army）或方面军（Area Army，相当于西方国家的"集团军"）。野战自动车厂最初的任务是修理卡车和汽车，但后来也可以修理和翻新坦克等履带式车辆。然而，鉴于野战自动车厂麾下人员大多不是专业坦克修理人员，因此在发动太平洋战争前，日军还组建了1支特殊单位，即"第1装轨车修理队"（Dai 1 Sokisha Syuri Tai），该部队包括231名专业维修人员，曾在菲律宾、马来半岛和缅甸战役期间为南方军（Southern theater）[①]的战车整备设施提供支持。

不过，日军坦克维修也始终受到重型设备（如重型抢修车）和备件短缺等问题影响。

[①] 译者注："南方军"是日本的一个"总军"，其地位接近西方军队中的"战区""方面军"或"集团军群"。

战　　例

马来半岛，1941 年—1942 年

日得拉（Jitra）

　　日得拉位于马来半岛西北沿海，靠近泰国边境。1941 年 12 月，英国和印度军队开始在当地匆忙构建工事，其阵地横跨一条河谷，宽 14 英里，但守军仅有 2 个步兵旅，而且很多工事和电话线都被雨水淹没，根本无法使用。河谷中有 2 条主干道和 1 条铁路向南延伸，其西面是沿海红树林沼泽，东面则是一些山丘。

　　在马来半岛另一侧，日军第 5 师团已在泰国境内的宋卡（Singora）登陆，并试图从北面进入马来半岛。该师团得到了佐伯挺进队（Saeki Detachment）的加强，该支队的核心是山根（Yamane）中尉的战车第 1 联队第 3 中队。日军对日得拉的防御情况知之甚少，因此整个进攻计划完全是在赌博。但挺进队队长佐伯中佐始终相信，最佳方案就是利用坦克沿主干道取得突破。他下令："如果一辆车不动，就抛弃一辆，如果两辆车不动，就抛弃两辆。直接向前冲，直到无法冲锋为止。"佐伯出身骑兵，这一命令无疑体现了他的风格。

✹ 佐伯挺进队，马来半岛，1941 年 12 月
（按纵队行军顺序排列）

战车第 1 联队第 3 中队第 3 小队（2 辆九七式中战车）

战车第 1 联队第 3 中队中队长座车（九七式中战车）

战车第 1 联队第 3 中队第 1 小队（3 辆九七式中战车）

战车第 1 联队第 3 中队第 2 小队（3 辆九七式中战车）

2 辆九五式轻战车（战车第 1 联队第 3 中队本部）

搜索第 5 联队第 4 中队（装甲车中队）

搜索第 5 联队第 2 中队（步兵中队）第 1 小队

搜索第 5 联队本部

通信小队

搜索第 5 联队第 2 中队（步兵中队，欠 1 个小队）

工兵第 5 联队第 12 小队

山炮兵第 5 联队第 9 中队

搜索第 5 联队第 1 中队（步兵中队）

殿后队

  12 月 11 日下午，日军发动进攻，佐伯挺进队担任先导，一头冲进英军防线。他们当面的印度部队从未见过坦克。尽管日军只有 11 辆坦克和几辆"豆战车"，但依然令对手惊慌失措，由于地面泥泞，印度军队埋设的反坦克地雷完全失效，这更加剧了守军的不安情绪。仅过了几个小时，守军就请求撤退。经过一番拉扯，上级终于允许他们撤退到河岸一线——但不是更适合防御的后方阵地。在夜间，匆忙动身的守军很快陷入混乱，而日军则在坦克带领下进入了日得拉市。12 月 13 日，英联邦军队被迫炸毁河桥，向南撤退。就这样，在 15 个小时内，第 5 师团就夺取了一条重要的南下道路，迫使英联邦军队撤往新加坡。此外，日军还抢占了许多完好的物资仓库，并接管了大批被遗弃的车辆——其中后者对日军尤其重要。

仕林河（Slim River）

  1942 年 1 月，在斯利姆河沿岸，英军依托防御阵地阻止了日军进攻，迫使后者在马来半岛停止前进。斯利姆河沿岸丛林茂密，可掩盖防御工事，是一道重要屏障，当地只有一条道路穿过丛林，而且已被掘壕据守的英军第 12 旅封锁。

  战车第 6 联队第 4 中队中队长岛田丰作（Toyosaku Shimada）少佐计划在夜间突破英军防线。但作为岛田中队的支援对象，步兵第 42 联队指挥官安藤（Ando）大佐对此表示怀疑：因为坦克在夜间进攻难度大、风险高，在丛林中尤其如此。但岛田丰作坚信，这是快速突破盟军防线的唯一方法，而且他对这一计划充满信心。

马来半岛，1941年—1942年。在佐伯支队推进期间，1辆九七式中战车碾过棕榈树。该车来自战车第1联队第3中队。其炮塔上的白色"志"（Shi）字是该中队的标识，车体侧面的"3"是车辆编号。日军战车联队往往缺乏统一的标识体系，而且各单位经常"自行其是"。

1941年12月—1942年1月，日军第25军正在马来半岛追击英军，第15军正迫使英军从缅甸撤往印度；而在吕宋岛上，第14军也步步紧逼，令美军向巴丹半岛退却——本照片即摄于此时。这辆八九式中战车来自战车第7联队，乍看之下似乎已经损毁，但这些"被毁迹象"只是伪装，并利用了粗壮香蕉树的树皮。注意车体正面打开的机枪手舱口，其内侧有石棉衬里。在当时，很少有坦克具备如此良好的隔热设计。

为进行夜袭，日军投入了 15 辆坦克 [包括第 4 中队的 10 辆九七式中战车和 2 辆九五式轻战车，以及战车第 6 联队第 1 中队（中队长：野口大尉）的 3 辆九五式轻战车]，同时战车第 6 联队第 1 中队的其他坦克则充当预备队，以便在次日发动后续进攻。大约 80 名步兵和 20 名工兵奉命徒步跟随岛田行动。鉴于对方缺乏协同经验，岛田少佐表示："对于这次战斗，你们都很担心，但不要慌。坦克会打败敌人，保护你们。你们千万不要开火。如果敌人试图上前攻击坦克，就用刺刀杀掉。工兵应在坦克掩护下清除沿途障碍物。跟在坦克后面，千万不要离开坦克。"

　　1 月 7 日晚，日军开始攻击。15 辆坦克在 100 名士兵伴随下沿公路前进。行动的发展完全如同岛田所料，将英军打得措手不及，而且开火的日军坦克为友军步兵和工兵吸引了敌方火力。在达成突破之后，日军一路抵达地罗叻（Trolak）。在当地，岛田面临着 3 个选项：转入防御，以便抵御反击，并等待友军抵达；调转方向，从背后攻击其余英军阵地，从而配合友军主力进攻；或者继续前进，攻击地罗叻以东的英军预备队。

　　第一个选项看似最为合理，但岛田兵力有限、孤立无援，如果英军从东面攻击，形势对日军而言将非常危险。第二个选项则无法实施，因为英军在地罗叻以东还有预备队，这会让岛田腹背受敌。由于英军实力不明，第三个选项同样非常冒险，但如果得手，日军就能夺取仕林河上的重要桥梁。在岛田看来，坦克的最大用途是进攻，而不是防御。这让他决定立刻发动奇袭，从而利用敌人的混乱。

　　在步兵和工兵肃清地罗叻的同时，岛田亲自率领坦克向东推进——他们冲进了英军的一座大型营地，其驻军包括印度第 28 旅和部分炮兵。当时正值黎明，上述部队被打得措手不及、四下逃散。岛田继续前进，最终抵达仕林河畔，并占领了桥梁。就这样，几辆日军坦克仅用 1 天时间就摧毁了英军 2 个旅把守的仕林河防线。现在，通往新加坡的道路已经敞开。

缅甸

日军进攻，1942 年 3 月—4 月

　　1942 年 3 月 6 日，在勃固（Pegu）附近，战车第 2 联队第 1 中队的 5 辆九五

式轻战车遭遇英军第 7 轻骑兵团（7th Hussars）的约 20 辆"斯图亚特"坦克。双方随后在 1000 码距离内爆发交火。九五式轻战车虽然配有 1 门 37 毫米炮，但威力远不如对手的同口径主炮，甚至很难给"斯图亚特"造成伤害。最终，日军有 4 辆九五式坦克中弹焚毁，还有 1 辆受损瘫痪。与此同时，日军也宣称击毁了 1 辆"斯图亚特"。

虽然在北非，英军把"斯图亚特"坦克视为一种过时装备，但在缅甸，第 7 轻骑兵团和第 2 皇家坦克团却用它给日本坦克制造了巨大威胁。当战车第 1 联队抵达缅甸时，他们用九七式中战车对"斯图亚特"残骸做了试射，发现 57 毫米穿甲弹根本无法击穿目标，甚至在任意角度和距离都是如此——这让日军极为不安。随后，他们还尝试了高爆弹，即让 3 辆坦克集火轰击"斯图亚特"炮塔侧面，但只在目标上制造了 1 个约 12 平方英寸的凹陷。这次试验让他们得出结论：虽然在使用高爆弹时，他们仍有可能摧毁"斯图亚特"，但总体机会不大。更让他们难堪的是，这次试验是三辆坦克对一辆坦克，而且对方还固定不动，而在实战中，对方往往会快速运动，不断转移阵地，并用灌木隐蔽车身，并在此期间开火还击。

在向印度边境撤退的漫长过程中，英军 2 个"斯图亚特"团轮流殿后，并偶尔发动攻势巡逻。4 月 25 日，第 7 轻骑兵团的 1 个排摧毁了 1 支日军摩托化步兵纵队。他们一直冲到车队队尾，然后又折回，并在近距离不断开火。4 月 27 日中午前后，战车第 1 联队的先头小队在文敦（Wundwin）附近发现约 20 辆"斯图亚特"，随后日军将坦克藏进密林，注视着英军不断靠近。这些"斯图亚特"来自英军第 2 皇家坦克团，其中先头坦克的车长暴露在舱口外，而且驾驶员观察口完全打开。日军小队的 3 辆九五式轻战车并没有立刻开火，而是不断等待，直到对方近在咫尺。此时，日军才开始集中发射高爆弹。排头的英军坦克被爆炸笼罩，迅速腾起火焰，后方的"斯图亚特"坦克则转为疏开队形，开始还击。此时，战车第 1 联队第 1 中队的其余兵力也赶到了战场。于是英军开始撤离，但他们依旧且战且退，阻击了日军一整天。

虽然日军坦克部队无力抗衡"斯图亚特"坦克，但仍为缅甸战役贡献良多。他们还缴获了一些"斯图亚特"，并将其纳为己用 [在卑谬（Prome），他们甚至用此类坦克发动过夜间渗透，但被英军发现和击退]。

英帕尔（Imphal），1944 年春

在英帕尔的一系列大规模作战中，战车第 14 联队奉命跟随第 33 师团山本支队（Yamamoto Detachment）行动，试图从莫雷（Moleh）向英帕尔（Imphal）前进。4 月 20 日，在英帕尔东南的滕努瓦尔（Tengnoupal），日军在该联队坦克支援下向英军阵地发动进攻，但遭到阻击，行动失利。由于坦克不适合山地和丛林作战，战车第 14 联队长上田信夫（Nobuo Ueda）中佐命令部下撤退。这让支队指挥官山本（Yamamoto）将军怒不可遏，上田信夫随后被革职，并被井濑清助（Kiyosuke Ise）大佐取代。

5 月初，战车第 14 联队改为跟随第 33 师团主力行动；为与后者会合，其麾下约 40 辆坦克在若开（Arakan）山区的简陋道路上行进了约 340 英里。途中有许多坦克抛锚。5 月下旬，该联队终于抵达了英帕尔以南的泥泞平原，并向第 33 师团报到。此时战车第 14 联队麾下只有 14 辆坦克可用。日军随后以此为核心组建了井濑支队。6 月初，该支队在宁格托乌孔格（Ningthoukhong）以北向英军发动进攻，但以失败告终，随后在附近转入防御。他们在当地坚守了约 1 个月时间，最终在 7 月中旬奉命撤退，人员在坚守期间损失惨重（包括新任联队长）。不仅如此，由于所属坦克大多在掩体中长期驻扎，加上经历过漫长雨季，很多坦克都深陷泥坑无法脱身，最终只能被乘员放弃。

尽管英帕尔战役旷日持久，但只爆发过 1 次真正的坦克战，其中一方是 1 辆日军缴获的"斯图亚特"，另一方是 1 辆英军 M3"李"（Lee）中型坦克。3 月 20 日，战车第 14 联队第 3 中队设下埋伏，迎击 1 支英军混合纵队，当时后者正在穿过坎巴山谷（Kabaw Valley）的密林地带，试图援救友军步兵。该纵队由第 3 卡宾枪骑兵团（3rd Carabiniers）的 1 个 M3"李"中型坦克排 [排长：米拉尔（Millar）中尉] 担任先导，第 3 卡宾枪骑兵团 A 中队 [指挥官：佩蒂特（Pettit）少校] 的指挥排负责殿后。M3"李"是一种美制坦克，也被称作"格兰特"，车体有 1 门 75 毫米炮，主要用于摧毁掩体，另外炮塔内还有 1 门 37 毫米炮。但日军用九五式轻战车巧妙设伏，攻击"李"的薄弱侧面——由于 M3"李"车体上的 75 毫米炮射界有限，炮塔上的 37 毫米炮俯角不够，因此日军完全处于对方的火力死角。

从小路一侧，3 辆九五式轻战车不断射击。37 毫米炮弹反复命中目标，但由于对方装甲厚重，这些攻击始终毫无收效。看到先头部队遇袭，英军 A 中队指挥

缅甸英帕尔平原，1944 年春夏。这辆九五式轻战车来自战车第 14 联队，在此次战役中隶属于第 33 师团。其车首的太阳旗旁有第 3 中队的标志。本照片中，车上九四式 37 毫米主炮的装甲炮盾已不翼而飞，只剩下了炮座支架。车首的九七式 7.7 毫米机枪座也因中弹损坏而丢失。虽然这辆缴获的九五式轻战车没有附加装甲，但有趣的是，战车第 14 联队长上田大佐曾要求各中队为第 1 小队的先头坦克（即整个中队的领头坦克）安装车首附加装甲——材料则来自盟军 1942 年遗弃的 M3"斯图亚特"坦克。另一方面，由于日军参谋本部规定，为坦克安装附加装甲是"破坏政府财产"的非法行为，因此，该联队只好在车身上焊接了六个铁制支架，然后用螺栓将附加装甲固定在上面。但上述愚蠢的官僚行为后来"歪打正着"，产生了类似间隙装甲的防护效果。1944 年 4 月 20 日，附加装甲的九七式中战车参与了对滕努瓦尔的进攻，虽然整个进攻以失败告终，但这些坦克却抵挡住了英军 6 磅（57 毫米）反坦克炮的打击。

排立刻上前参战。就在此时，1名日军小队长——花房（Hanabusa）少尉——驾驶1辆缴获的"斯图亚特"绕过重重掩护，机动到了A中队指挥排1辆M3"李"后方，开炮打穿了其弱点位置——发动机舱。一些英军车组或死或伤，其余则跳车逃生。随后，上述坦克在一片空地上爆发了短促交火，最终又有5辆九五式轻战车被击毁，第6辆则受伤被俘。在缅甸，这也是日军与英军坦克在有准备的情况下进行的最后一次交战。

荷属东印度群岛

爪哇，1942年3月

日军侵占荷属东印度群岛的速度比预想更快：随着婆罗洲（Borneo）、帝汶岛（Timor）和苏门答腊岛（Sumatra）迅速陷落，群岛主岛——爪哇岛——顿时陷入孤立。在这种情况下，日军大本营将攻占当地的时间提前了1个月，并命令第16军在2月底登陆。

根据计划，第16军将在爪哇岛北海岸的三个地点同时上岸，其主力部队——第2师团和军部直属部队——将该岛最西端的默拉克（Merak）登陆，夺取首府巴达维亚（Batavia）。① 与此同时，东海林支队（Shoji Detachment）将在当地东面的埃雷坦韦坦（Eretan Wetan）上岸；第48师团和坂口支队（Sakaguchi Detachment）将在克拉甘（Kragan）登陆，夺取爪哇岛东部。

根据计划，第2师团将在上岸后从默拉克出发，向东朝巴达维亚前进。为此，该师团需要夺取芝安登河（Tjianten River）上的3座桥梁，其位置从南到北依次位于兰加士勿洞（Rangkasbitoeng）、帕拉拉詹（Pamarajan）和科波（Kopo）。为抢在荷军炸桥之前夺取目标，搜索第2联队[联队长：野口（Noguchi）中佐]奉命首先登陆，然后兵分三路向桥梁全速进攻：其中K挺进队（"K" Advance Group）和右挺进队（Right Advance Group）均配有5辆"豆战车"，将分别向科波和兰加士勿洞前进。左挺进队配有3辆"豆战车"，负责进攻帕拉拉詹。

---

① 译者注：即今天印度尼西亚的首都雅加达。

1942年3月，第2师团搜索队在爪哇岛使用的九七式轻装甲车，该车配有1门37毫米火炮。

✦ 爪哇岛上的日军装甲部队，1942年3月

第2师团
　　战车第2联队第2中队和第4中队（21辆九七式中战车）
　　搜索第2联队（16辆九七式轻装甲车）

东海林支队（Shoji Detachment）
　　战车第4联队第1中队（10辆九五式轻战车）

第48师团
　　战车第4联队第3中队（10辆九五式轻战车）
　　战车第2联队第3中队（10辆九七式中战车，5辆M3"斯图亚特"）
　　第48搜索联队（16辆九七式轻装甲车）

坂口支队
　　第56步兵团装甲车队（8辆九七式轻装甲车）

北苏门答腊
　　战车第4联队第2中队（10辆九五式轻战车）

　　3月1日午夜，日军搭乘18艘"大发"登陆艇离开运输船，驶向默拉克海滩，最终于凌晨2时30分上岸。一抵达，他们便熄灭了灯光，一路向西冷（Serang）推进，沿路不断与盟军小股部队交战。凌晨4点，他们抵达西冷附近的一座桥梁，并迅速控制住桥梁守军。之后，搜索联队开始兵分三路。右挺进队负责从西冷前往兰加士勿洞，在途中，他们遇到了3辆卡车和几十名荷兰士兵，并当场将他们俘虏——这些人刚刚接到警报，准备增援西冷地区。日军让一辆缴获卡车

走在最前面,试图误导下一座桥的守卫。上午9时30分,右挺进队抵达桥梁附近,看到守卫挥手示意他们通过。但不知何故,日军的骗局不久就被戳穿,桥梁随即被荷军炸毁。困在日军一侧的守卫四散逃跑,对岸的守卫则向日军开火。但日军最终仍将盟军击退,并攻占了兰加士勿洞。3月2日下午3点,右挺进队与联队主力会合。

在进入西冷时,K挺进队指挥官中村(Nakamura)的"豆战车"不慎触雷,驾驶员受重伤,但中村本人安然无恙。凌晨4时50分,该部队抵达科波,但发现桥梁已被炸毁。在进入科波时,日军"豆战车"遭到荷属印尼军队攻击,但中村会说印尼语——听到劝降喊话,对方便放下了武器。

左挺进队于上午9点抵达帕拉拉詹,指挥官白石(Shiraishi)随即发动突击。在半路上,他看到盟军士兵企图引爆预先埋设的炸药,于是将他们打死。这时,一辆荷兰装甲车从后面驶来。白石再次开火,将其击毁。日本步兵冲到桥上,拆除了炸药。但从当地渡过芝安登河后,搜索联队没有找到通往西冷—巴达维亚主干道的道路,于是改为向茂物(Buitenzorg)推进。3月2日傍晚,他们在巴伦甘(Balungan)附近遭遇了50—60名盟军士兵,后者依托反坦克路障顽强抵抗。日军一面派遣"豆战车"与守军交战,一面命令主力离开公路,穿过森林从侧翼进攻。在这一系列攻击下,盟军被迫从当地撤出。

3月3日下午,在被许多路障耽搁后,搜索联队终于抵达洛维良(Leuwiliang),发现当地的芝沙达尼河(Tjisadane River)大桥已被炸毁。见状,2名日军战车兵从先头"豆战车"上跳下,试图徒步搜索渡口,不久便被对岸丘陵上的盟军打死。随后,不断有机枪子弹和炮弹落在日军先头部队周围。"豆战车"立刻还击,野战炮也上前朝河对岸开火,但到当天战斗结束时,渡河行动仍没有成功。

当晚,第2步兵团指挥官那须(Nasu)将军率领步兵第16联队抵达洛维良,并命令部队尝试在夜间渡河。这项工作非常艰难,但步兵仍在该镇以南不到2英里处完成了任务,随后从侧翼将盟军据守的丘陵攻克。3月5日上午,搜索联队乘木筏渡过芝沙达尼河,开始向茂物推进,3月6日上午,该城被那须支队攻占。搜索联队随后奉命在3月8日之前做好准备,以便从茂物向梳邦(Soebang)推进。但就在向梳邦进军途中,他们收到消息,称荷兰军队已经投降。

在爪哇岛战役中，还有部分日军坦克部队被配属给第2师团，但它们只是充当预备队——除了在后方扫荡盟军残兵败将之外，并未参加主要战斗。

太平洋岛屿

瓜达尔卡纳尔岛，1942年10月

在荷属东印度群岛战役结束后，日军以战车第2联队第4中队为骨干组建了独立战车第1中队。1942年10月14日，该部队跟随一个由6艘船组成的船队开赴所罗门群岛，最终在瓜达尔卡纳尔岛登陆。3天后，第3小队的一辆九七式中战车被美军舰炮击伤，导致一个诱导轮受损，但由于没有备件，该坦克未能被日军修复。

日军计划在10月23日对美军阵地发动第二次总攻，其中一支参与部队是住吉支队（Sumiyoshi Force），其组成单位主要来自第17军第2师团和步兵第35旅团，主力包括步兵第4联队（欠3大队）、野战炮兵第2联队第3大队、野战重炮兵第4联队和独立战车第1中队。根据计划，该支队将穿过马坦尼考（Matanikau）河口，攻击对岸的美海军陆战队阵地西端。

✵ 独立战车第1中队，瓜达尔卡纳尔岛，1942年10月

中队本部 [中队长：前田纯人（Yoshito Maeda）大尉]：1辆九七式中战车，2辆九五式轻战车

第1小队 [小队长：原田早苗（Sanae Harada）中尉]：3辆九七式中战车

第2小队 [小队长：池田司（Tsukasa Ikeda）中尉]：3辆九七式中战车

第3小队 [小队长：山路（Yamaji）见习士官]：3辆九七式中战车

段列 [段列长：中林（Nakabayashi）准尉]：2辆修理车，1辆卡车

总兵力：104人，12辆坦克

美军在瓜达尔卡纳尔岛缴获的九七式中战车，1942 年 10 月摄。该车来自前田大尉指挥的独立战车第 1 中队。值得注意的是，该车的车长舱门为两瓣式设计，其中左侧舱门为马蹄形（下图近处），右侧舱门为半圆矩形（上图近处），车长只需要打开右侧舱门就可以探出车外。其车身两侧有两行英文，显示了其新主人的名字："海军陆战队第 19 团第 3 营 / 第 25 海军建筑营"（3rd BN. 19th MARINES/ 25th N.C.B.）——两者实际是同一单位。

从 10 月 19 日开始，战车中队一直在对河口西侧的海岸实施侦察，他们发现，一旦退潮，坦克就可以从沙洲抵达对岸。第一天，第 2 小队接近河岸并安全返回，美军没有反应。但在次日，当第 3 小队抵达河岸时，1 枚 37 毫米反坦克炮弹击中了小队长座车，导致坦克主炮失灵、1 名乘员受伤。第三天，第 1 小队推进到河岸，与 1 门反坦克炮交火并将其摧毁，自身则没有任何损失。

前田中队长知道，河口周围地势开阔，将使坦克完全暴露在美军火力之下，因此建议步兵先在炮火支援下肃清对岸敌军，之后坦克才会渡河，并与其联手向机场发动攻击。但这一建议却由于炮弹短缺而被否决。住吉支队长出身炮兵，相信坦克完全可以顶住机枪火力，为步兵消灭对岸守军。这种态度让前田中队长顿时感觉下次行动必然凶多吉少：因为在几番试探后，美军想必已经料到日军会使用坦克。事实上，他的判断并没有错，在对岸，美国海军陆战队部署了更多 37 毫米反坦克炮和 75 毫米半履带自行火炮，M3 轻型坦克也在附近待命。

10 月 23 日下午 2 时 30 分，日军 10 辆坦克出发，与步兵共同前往海滩。在行进途中，前田大尉的座车发生故障，因此坐上了第 3 小队指挥官座车。在距离河岸大约 500 码时，美军炮火开始落在他们周围。为躲避炮击，步兵纷纷躲进丛林。当这些坦克在下午 5 点左右抵达马坦尼考河沿岸时，他们发现自己完全孤立无援。随着天色渐暗，第 2 小队指挥官池田中尉决定不等步兵自行渡河，原田中尉的第 1 小队紧随其后。这些九七式中战车一露面就遭到猛烈炮击，尽管如此，池田座车还是穿过西岸，并在河中前进了大约 10 码。随后，一发炮弹击中了炮塔，将池田及其炮手当场炸死。坦克则在松软的河沙中停滞不前，2 名幸存乘员跳车逃生。第 2 小队的 2 号车和 3 号车设法渡河，但在东岸陷入泥潭，随后全部被美军火力摧毁。

与此同时，原田中尉也乘坐第 1 小队的先头坦克开始渡河，这时地雷或炮弹炸毁了它的履带，因此车组人员只好跳车撤退。第 1 小队第 2 辆坦克沉入河中，2 名乘员溺水身亡；第 3 辆九七式中战车被炮弹击中，乘员全部丧命。这时，前田大尉指挥的第 3 小队指挥官座车才慢慢抵达战场。当它驶到渡河点时，立刻被炮弹击中，前田大尉和小队长山路见习士官同时阵亡。此外，中队本部的 2 辆九五式轻战车也在渡河后被击毁。在战斗结束后，参与渡河的 44 名日军坦克手只有 17 人幸存，而且其中 7 人受伤——独立战车第 1 中队几乎全军覆灭。整个夜间，

塞班岛，1944 年 6 月。这辆九七式中战车多次中弹，最终被彻底击毁。其炮塔上涂有白色的"菊水"纹章，表明其来自战车第 9 联队第 5 中队（中队长是柴田大尉）。该车首下装甲上涂有两面小太阳旗，57 毫米炮已被震落，只剩下反后坐装置仍暴露在外。

这辆"九七改"中战车的炮塔上有一道白色虚线，表明它是驻塞班岛战车第 9 联队长五岛正大佐的座车。这种坦克配有 47 毫米主炮，在该联队的每个中队各有 1 辆。其侧面的日文为"阿苏"，取自日本的一座山。

日军步兵不断试图强渡马坦尼考河,但都被海军陆战队员和及时赶到的 M3 和 M2A3 轻型坦克击退。次日晚上,日军再次尝试渡河,同样全部失败。

塞班岛,1944 年 6 月

1944 年中期,日军预计美军将在塞班岛西岸中部或南部登陆,且其地点可能在中部的加拉潘(Garapan)和塔纳帕格港(Tanapag Harbor)、南部的查兰卡诺阿(Charan Kanoa),以及东岸的马吉辛湾(Magicienne Bay)等地。当时,塞班岛上的战车第 9 联队拥有 48 辆坦克。根据计划,如果美军在前 2 处地点登陆,联队主力将在加拉潘以东 2 英里处集结;如果美军在后 2 处地点登陆,联队主力将在阿斯利托机场(Aslito Airfield)以北 0.5 英里处集结,同时在查兰卡诺阿村内留下 1 个中队。

6 月 15 日,美国海军陆战队第 4 师在查兰卡诺阿登陆。战车第 9 联队第 4 中队随即从登陆场两翼发起零星反击。他们在这些行动中损失惨重,14 辆坦克中仅有 3 辆幸存。6 月 16 日下午 5 时,步兵第 136 联队、战车第 9 联队主力和海军特别陆战队部队也奉命发动反击,目标直指美国海军陆战队第 2 师(位于海军陆战队第 4 师以北)阵地中央。经过之前一晚的行动,上述日军仍处于混乱状态,直到第二天凌晨 3 时 30 分,这次反击才最终打响。根据估计,日军一共投入了 37 辆坦克和大约 500 名步兵。但他们遭到了 M4A2"谢尔曼"坦克、M3A1 半履带式 75 毫米火炮、37 毫米反坦克炮、火箭筒和大炮的迎头痛击。最终,日军至少有 24 辆坦克被击毁,约 300 名步兵阵亡,被迫在上午 7 时撤退。这次行动也是太平洋战场上规模最大的坦克对决。与此同时,美国海军陆战队则有约 100 人伤亡。

✸ 战车第 9 联队,塞班岛,1944 年 6 月

战车第 9 联队 [联队长:五岛正(Tadashi Goshima)大佐]

第 1 中队 [中队长:幸积三(Sekimi Yuki)中尉]:17 辆九五式轻战车

第 2 中队 [中队长:佐藤恒成(Tsunenari Sato)大尉]:10 辆九七式中战车,1 辆"九七改"中战车,3 辆九五式轻战车

第 3 中队 [中队长：西馆法夫（Norio Nishidate）大尉]：同第 2 中队
第 4 中队 [中队长：吉村成夫（Nario Yoshimura）大尉]：同第 2 中队
第 5 中队 [中队长：柴田胜文（Katufumi Shibata）大尉]：同第 2 中队
整备中队 [中队长：岛饲守（Mamoru Torikai）中尉]

● 注：第 1 中队和第 2 中队被派往关岛。

下田四郎（Shiro Shimoda）伍长是战车第 9 联队第 3 中队本部一辆九五式轻战车的乘员，他对当时的情况回忆道：

6 月 17 日凌晨 2 时 30 分，战车第 9 联队的所有坦克都发动了引擎。由于是第一次参加战斗，我非常兴奋。但当越过山脊看到海滩时，我顿时屏住了呼吸。无数的曳光弹和照明弹将夜空照得如同白昼。敌军曳光弹拖着红色尾迹径直飞来，仿佛在等待我们的坦克一样。

由于地形限制，战车队别无选择，只能排成两列纵队。通常，战车队是横列配置，但由于当地环境，我们被迫采取不利的战法。坦克冲下山脊线，突入敌阵。步兵搭载在我们坦克后部。我的坦克车长中尾曹长大喊道："朝空中开火！"这是为了用曳光弹威慑敌人，但由于是纵队，直接向前开火就会损坏友军坦克，因此他才让我们向空中射击。我将机枪扬起，扣动了扳机。中尾曹长则不断给主炮装弹。

我们坦克上的大部分步兵要么阵亡，要么单纯抛下了我们。由于进攻队形是不寻常的纵队，各坦克很快陷入混乱，指挥系统也随之瘫痪。纵队先头坦克继续向（美军防线）纵深推进，一场混战随之爆发。但我只能下意识地扣动扳机。敌军发射照明弹，美军火炮和火箭筒不断摧毁我们的坦克。美军的 M4"谢尔曼"坦克突然出现，我们向它们开火，但由于对方装甲太厚，我们的炮弹就像棒球一样从它们身上弹开。战车第 9 联队的坦克接二连三被毁，冒出烈火与浓烟。少数幸存的步兵此时也已倒下。中队长的战车在从我们身旁经过时中弹，顿时被火焰吞没，车上没有一个人逃脱——他们肯定是在那一瞬间就丧命了。

1945年，吕宋岛。战车第2师团的一式炮战车[代号"ホニⅠ"（Ho-NiⅠ）]，该车配有1门75毫米主炮，前挡泥板上还安放着1枚高爆弹。这种车辆最初被设计为机动火炮，但后来经常充当坦克歼击车。

在吕宋岛，美军从战车第2师团缴获的另一个战利品：SS装甲工程车（日军称为"SS机"或"装甲作业机"）。该车隶属于师团工兵队，车头有扫雷犁，不仅可以清理反坦克地雷，还可以突破铁丝网和茂密树丛。

我所乘坐的坦克也遭到一记重击——发动机停止运转，履带受损，转向轮脱落，只剩下主动轮还在空转。中尾（Nakao）曹长命令道："大家跳车！"我拆下机枪递给驾驶员浅沼（Asanuma）上等兵，然后在自己爬出来后又将机枪拿了回来，随后中尾和浅沼也下了坦克。我们跳进前面的浅沟，在此期间，曳光弹不断从我们头顶飞过。

激战仍在继续。仍有坦克在我们几十米外前进，并被美军逐一消灭。川上（Kawakami）曹长是我的战友，他从受损的坦克中跳出，挥刀独自冲向敌方阵地。我自知无法继续旁观，多次也想抱着机枪冲锋，但中尾曹长阻止了我。他说："不要着急送死，战斗才刚开始！你要相信我！" 2个小时后，我们仍在观战。

随着天色渐亮，开火声渐渐平息，战斗的结果逐渐清晰可辨。24 具坦克残骸散落在战场上，冒着滚滚浓烟，景象格外恐怖。中尾曹长命令我们撤回位于查查（Chacha）的中队本部。当我们爬上乱石嶙峋的山坡，试图寻找道路返回时，仁科（Nishida）曹长的坦克从我们身旁驶过，正在向后方开去。他把坦克停在山脊上，大声喊道："友军全灭！"——这就是战车第 9 联队的末日。

该联队幸存的少数坦克继续作战。6 月 23 日，日军分别用 5 辆坦克 2 次进攻美国海军陆战队和陆军阵地，但参战坦克大部分被摧毁。次日，日军又对美国海军陆战队发起 2 次反击，其中 1 次出动了 7 辆坦克，但其中最终只有 1 辆逃脱。

吕宋岛，1945 年 1 月—2 月

1944 年 8 月，随着美军攻占马里亚纳群岛和荷属新几内亚，战车第 2 师团被派往菲律宾的主要岛屿——吕宋岛。1944 年 10 月，美军在莱特岛登陆，正式"重返菲律宾"。1945 年 1 月 9 日，美军开始进攻吕宋岛。山下将军不想把战车第 2 师团投入毫无意义的反击，并将他们留在后方。不仅如此，他还将部下撤往北部山区，并试图将当地作为与美军的战场。此举一方面是为了保存实力，也是为了剥夺美军的舰炮支援和机动性优势，并迫使其将补给线延伸到内陆。

美军一登陆，战车第 2 师团便开始向吕宋岛腹地后撤。在撤退途中，他们备受空袭和燃料短缺困扰，脆弱的桥梁也带来了不少麻烦。另外，该师团也在各地发动了许多小规模牵制攻击，还把零散坦克派往各个路口和村庄，并就地掘壕据

守,试图阻挠美军前进。与此同时,师团主力则在圣何塞(San Jose)附近设防。2月1日,美军开始向该镇推进。在随后一周多的恶战中,该师团损失了原有220辆坦克中的108辆。之后,日军装甲部队往往化整为零、分散行动,或支援步兵进攻(这导致日军坦克经常被"重点照顾"),或在路障附近掘壕据守。在吕宋岛上,小规模坦克战一直持续到战争结束。

战车第2师团(师团长:岩仲义治中将)吕宋岛,1945年1月

战车第3旅团(旅团长:重见伊三雄少将)
  战车第6联队[联队长:井田君平(Kimihira Ida)大佐]
  战车第7联队[联队长:前田孝夫(Takao Maeda)中佐]
  战车第10联队[联队长:原田一夫(Kazuo Harada)中佐]
机动步兵第2联队
机动炮兵第2联队
师团速射炮队
师团工兵队
师团整备队
师团辎重队
师团通信队
师团患者收容队

战车第7联队和田小十郎(Kojuro Wada)准尉的回忆

  和田小十郎是战车第7联队第3中队的1名小队长,他这样回忆吕宋岛上乌达内塔(Urdaneta)附近的战斗:

  (1945年1月)17日上午8时左右,六七名步兵慌忙从我们身边跑过,他们来

自桥梁附近的 1 处岗哨，还大叫道："美军坦克来了！"

我问："只有坦克吗？"

"还有游击队。"

我命令小队所有坦克做好准备，并询问步兵："敌人坦克有多少？"

"很多——20 多辆。"

坦克纷纷启动引擎，卸下炮口防护罩。我们从公路上退到棕榈树下。我在路上跑了六七米，把一根芒果树枝插在小队前方的空地上，并且大声喊道："敌军先头坦克到这里之后再开火……我们的火炮能打穿 M4 坦克拖带轮周边装甲，所以不要慌张！如果敌人步兵来了，就用机枪。"我听到 2 号和 3 号车高喊口号回应我。

当我把头伸出舱口时，看到 3 号车上的铃木（Suzuki）军曹虽然没有说话，但正在挥动手臂，示意 M4 坦克正在靠近。我听到了微弱的履带声……一辆、两辆、三辆敌军坦克出现在棕榈树之间；其车体前部的白星清晰可见。它们越来越近：100 米……70 米……50 米……30 米……但由于我们伪装得很好，因此敌人根本没有察觉。在坦克后方很远处，是身穿各色衣服的游击队。我命令炮手小谷（Kotani）不要过早开火。最终，美军坦克抵达了树枝开火标志，这时我们的 3 号车率先开始射击，2 号车和我的座车也紧随其后。

就在弹壳落地的同时，驾驶员山下（Yamashita）大喊道："命中！"领头的美军坦克开始燃烧，并向道路另一面偏转过去。在我看来，它真的是相当庞大。敌军第二辆坦克也在多次中弹后起火燃烧。山下伍长很兴奋，不断大喊着："命中！命中！"随后，我们三辆坦克开始集中火力攻击第三辆敌军坦克。但此时，我们的位置已经暴露。这辆敌军坦克转身驶下公路，试图拉开距离对付我们。在短时间内，我们小队的 3 辆坦克打出大约 60 发炮弹，但都被 M4 的厚重装甲弹开，在弹开时，我能看到这些炮弹发出的白紫色闪光。这让小谷军曹喊道："真可恶！"这时，正在装填炮弹的山下伍长发出一声惨叫：敌方炮弹打飞了车上的铆钉，扎进了他的右膝盖。上等兵加藤（Kato）为山下伍长拔掉铆钉，用绷带包扎好。

我看到右肩方向腾起火焰，同时传来震耳欲聋的爆炸声。坦克颤抖了一下，发动机发出异响。正在开炮的小谷军曹急切地问："发生了什么事？"我告诉小谷不要开炮，然后爬出坦克，发现发动机舱的一侧正在喷出红色火焰——原来发动机被敌方炮弹击中了。

硫磺岛，1945年2月至3月。美军缴获的1辆"九七改"中战车。该车隶属于战车第26联队，联队长为西（Nishi）中佐。

硫磺岛上1辆"九七改"中战车的后方特写，其中可见机枪座。炮塔右侧的舱门既可用于逃生，也可用于补充弹药。远景处可见折钵山（Mount Suribachi）。

我们面前的M4坦克已经瘫痪，但炮塔仍在缓缓移动。我自言自语道："敌军坦克手还在。"小谷军曹在坦克里说道："只剩5发穿甲弹了！"我命令车组人员弃车。

铃木军曹和小贝（Kokai）军曹的坦克仍然可以行动，但后者的炮盾被敌军贯穿，小贝军曹及其炮手双双受伤。考虑第3辆M4坦克已被多次击中，乘员可能惊慌失措，我命令铃木军曹机动到敌方坦克侧面抵近开火。铃木军曹的座车冲到目标坦克右侧，但炮弹还是被弹飞了。他只能继续前进，不断靠近射击。就在同一时刻，美军坦克开火了：最初什么也没发生，但铃木的坦克突然燃烧起来。与此同时，浓烟也从M4侧面升起，然后变成火焰——原来它们同时击中了彼此。

占守岛

占守岛位于千岛群岛的最北端，与堪察加半岛隔海相望，其北方就是日苏边界。这一偏远岛屿有约8000名日军驻守，其中包括了战车第11联队。该联队拥有20辆"九七改"中战车、19辆九七式中战车和25辆九五式轻战车，联队长是池田末男（Sueo Ikeda）大佐。下属6个战车中队指挥官分别为船水（Funamizu）大尉、宫家（Miyaie）大尉、藤井（Fujii）大尉、伊藤（Itoh）大尉、古泽（Furusawa）大尉和小宫（Komiya）大尉。另外还有一个由高石（Takahashi）大尉指挥的整备中队。

8月15日，日本宣布投降后，该联队便停止了坦克维修活动，火炮和弹药也被运走。但鉴于实际投降要等到2周之后，日本当局便下令部队停止进攻行动，同时保留防御能力。与此同时，斯大林一直希望控制千岛群岛，并决定抢在美军之前夺取当地。

8月18日，苏军投入8000多人对占守岛发动进攻。此时日军坦克并未做好战斗准备。当池田大佐从位于士魂台（Shikondai，位于岛屿西南端）的联队本部出发时，其麾下仍有20辆坦克正在忙着接受维修。下午5时左右，该联队抵达岛中心地区的天神山（Mt Tenjin），下午6时30分，他们向北推进到四岭山（Mt Shirei），并在当地遭遇苏军1个连——此时日军兵力已增至30辆坦克。

下午6时50分，他们发起攻击，并将当面苏军打垮。晚上7时50分，池田大佐决定攻击该岛北端附近的苏军滩头。日军坦克闯进海滩，冲入四下逃散的苏联守军之中。但与此同时，后者也在匆忙中卸下了反坦克炮。由于海滩上浓雾弥漫，日军坦克很难发现这些火炮的位置。经过 2 小时鏖战，双方都损失惨重。这场战斗导致 100 多名苏军士兵阵亡，日军则有 21 辆坦克被击毁，96 名坦克手毙命，其中包括池田大佐及其麾下 4 位中队长。8 月 20 日，双方达成停火协议，日军向苏军交出了岛屿。

这张照片同样从后方拍摄，展示了硫磺岛上的另一辆"九七改"中战车。在硫磺岛上，该型坦克一共有 11 辆，照片中的这辆战车的炮塔向后方旋转，车体后部牵引索下方有 1 颗日本陆军的五芒星标志，其尺寸略小，颜色为白色。为防止闲杂人员搜索纪念品，海军陆战队还在车上添加了"请勿靠近"标志。

总　　结

　　大多数日军中战车配有 57 毫米短管主炮，虽然足以支援步兵，但很难对抗坦克。至于轻战车的 37 毫米主炮穿甲能力更为糟糕，甚至连支援步兵都相当勉强。在 1942 年，日军列装了改进型 37 毫米炮（与原有型号相比，药筒尺寸更大）和 47 毫米炮，在穿甲能力上终于有所提升，但其总体数量仍十分有限。此外，日军还研制了配备 75 毫米炮的"重型"中战车，不过该战车从未被投入前线，而是计划留到"本土决战"时使用。日本坦克装甲薄，重量轻，总体机动性能良好。不过由于前线地区桥梁脆弱、道路简陋和水网密布，其机动能力仍然受到了不少制约。此外，日本还是世界上首批使用坦克柴油发动机的国家之一——与汽油发动机相比，这种设计大幅提高了车长和乘员的存活率。

　　在太平洋战争的早期战役中，日军坦克发挥了重要作用。虽然其中许多行动规模较小，却为日军提供了宝贵经验。

　　1939 年，日本与苏联爆发之间爆发了一场战争，其中的坦克对抗表明，日军在坦克设计、战术和理论上存在许多缺陷。它还清楚地显示：日本坦克的设计根本不适合坦克对抗；传统步兵指挥官也在坦克运用领域表现拙劣，并严重低估了苏军的装甲力量。在此之后，日军更加重视反坦克能力，并致力于研制新式坦克（如配备 47 毫米炮的新炮塔"九七改"中战车）。看到 1939 年—1940 年德国装甲部队的成功之后，日军还修改条令，组建战车师团。然而，太平洋战争的主要战场是海上和空中，由于环境使然，日军只能小规模运用坦克——其战场不仅地形不利，而且被盟军火力完全压制。另外，日本新式坦克的生产也屡遭阻碍，最初用于对苏作战的战车师团则逐渐过时。战争后期，这些老旧车辆被派往塞班岛和吕宋岛。虽然部分日军拥有战术技巧，但仍无法抵消坦克自身的劣势，最终导致他们被盟军轻松击败。

装甲配置

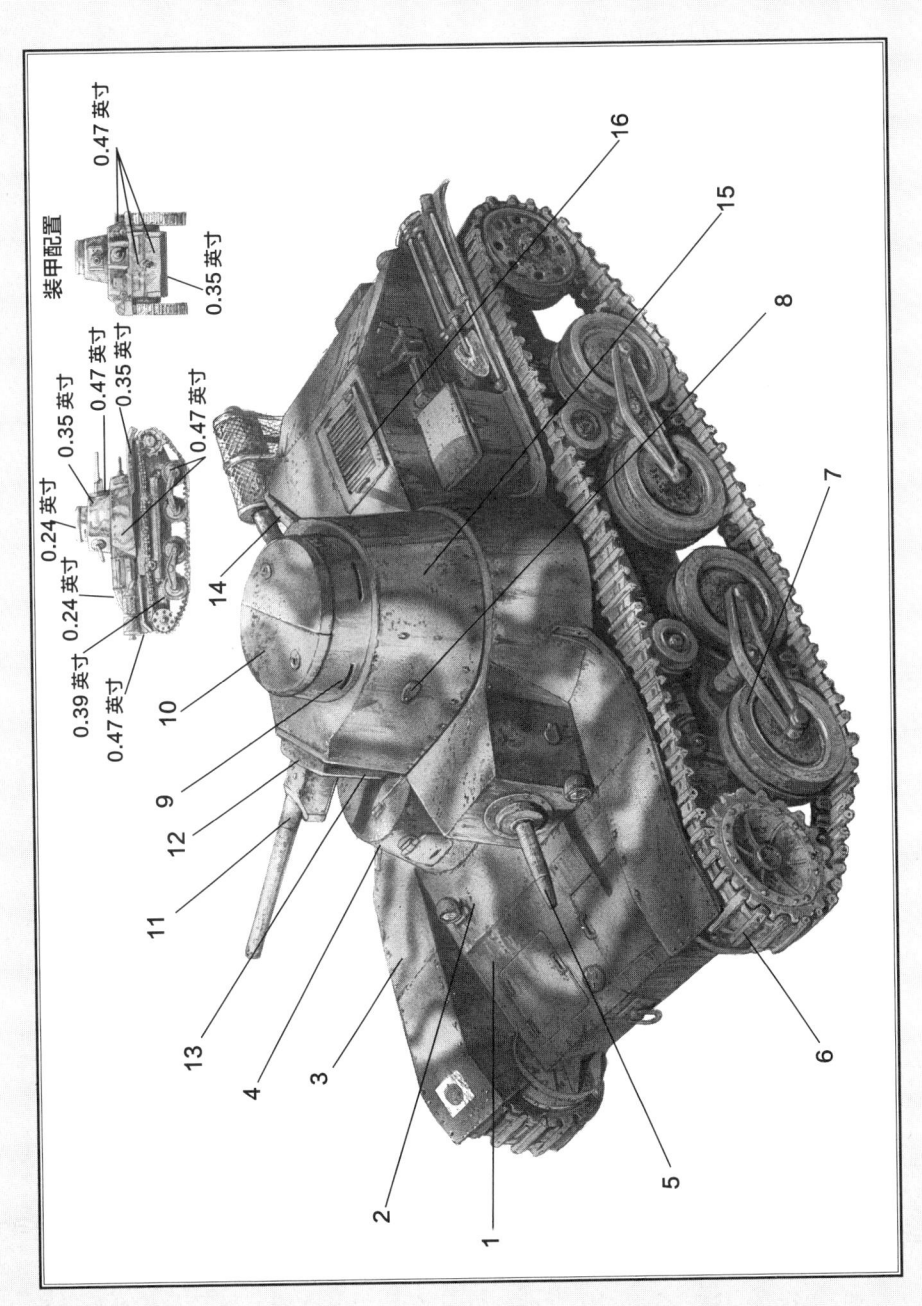

0.47 英寸
0.35 英寸
0.35 英寸
0.47 英寸
0.35 英寸
0.24 英寸
0.24 英寸
0.47 英寸
0.39 英寸
0.47 英寸

日本坦克的特点

日本坦克的特点

早期日本坦克有许多共同特征，其中各有利弊。虽然后续设计（尤其是战时开发的中型和重型坦克）在武器、装甲、发动机和悬挂系统方面有所改进，但始终无法与盟军设计的相媲美，而且也缺乏实战检验。事实上，日军大部分投入战斗的坦克都属于战前设计，例如图中这辆于1935年研制的九五式轻战车（日军内部代称为"イ号"）。日本坦克工艺和材料质量出色，传动部件尤其精良，并大量使用了调心球轴承。整个传动系统换挡平稳，变速箱和壳体的啮合面均经过手工刮削处理，从而确保了精度。传动齿轮没有做表面硬化处理，而是采用了热处理工艺。悬挂系统结构坚固，而且关键部件都有额外保护（悬挂弹簧有4毫米装甲）。乘员进出舱口宽敞，但车内空间局促。日本坦克功率与重量比极高（大约每吨25马力），这是由于其引擎性能优秀，同时也与车上大量使用了铝材料和轻质合金有关（减轻了装甲重量，但牺牲了防护）。发动机舱内还配有石棉垫，隔热性能良好，空气隔层则可以保护成员和发动机免遭炎热气候影响。

在这辆九五式轻战车上，我们可以看到日军坦克的许多基本特征、缺陷和优点。它们包括：

1. 车体采用铆接和焊接工艺制造。

2. 采用轻质表面硬化装甲（而非均质装甲）。

3. 采用三色迷彩。

4. 驾驶员座椅位于右侧。

5. 车体有1挺九七式7.7毫米机枪，配备30发弹夹、装甲枪管套和1.5

倍潜望式瞄准镜。

6. 全钢履带（无橡胶垫）。

7. 平衡式悬挂系统。

8. 手枪射击孔和观察口无防弹玻璃保护。

9. 指挥塔观察口为长条式（无玻璃块或潜望镜）。

10. 车长指挥塔舱盖为两瓣式。

11. 小口径低初速主炮（37毫米九四式）。

12. 主炮可利用炮耳枢轴俯仰，并在有限范围内左右移动（无装甲防护）。

13. 主炮旁无共轴机枪。

14. 机枪安装在炮塔后部；要利用该机枪，炮塔必须转向后方。

15. 炮塔人员数量有限（指挥官兼任炮手，另有1名装填手）。

16. 使用风冷柴油发动机。

1. 中队以横队运动

2. 中队以纵队运动

3. 中队以并立纵队运动

4. 小队队形

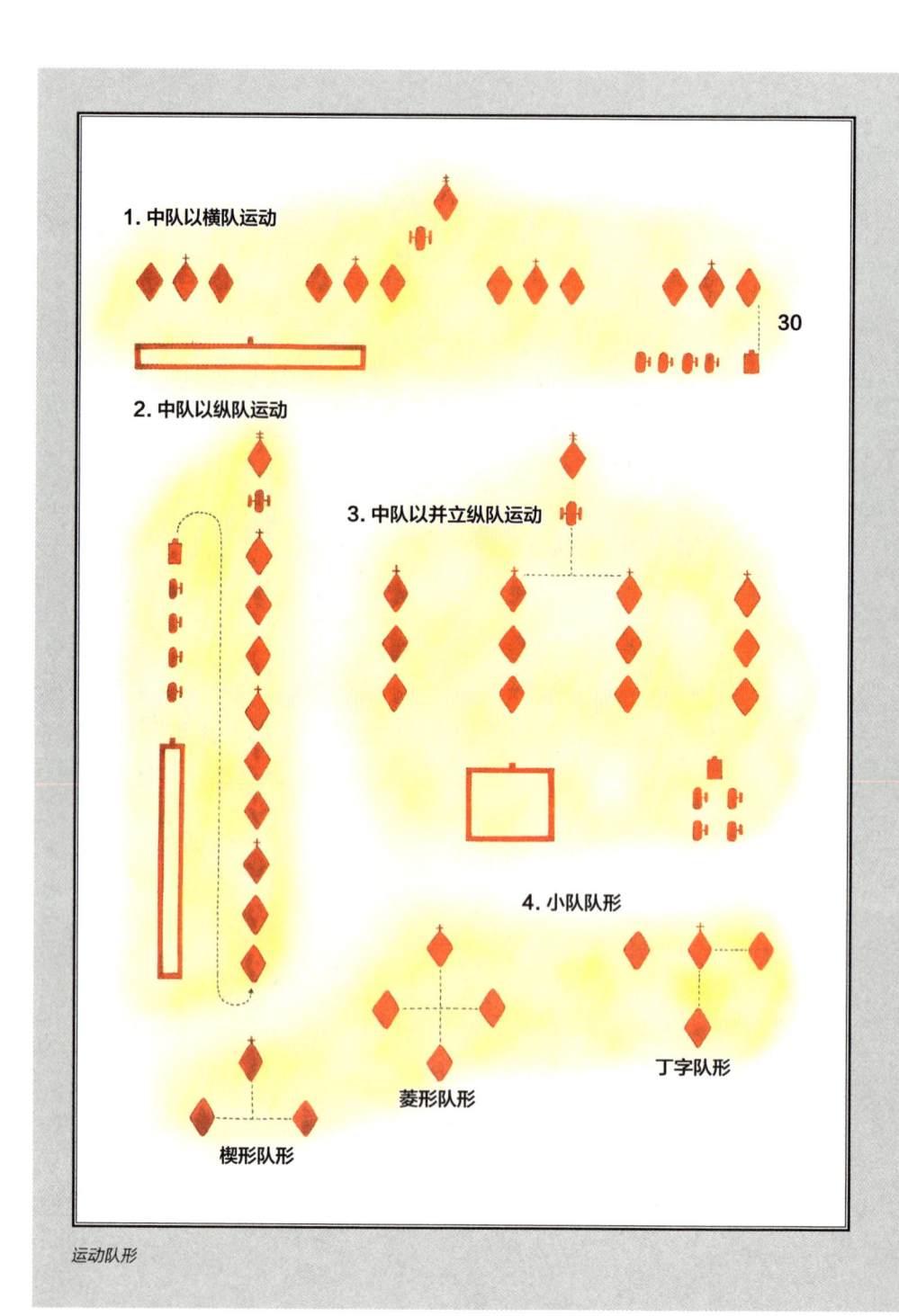

楔形队形　　菱形队形　　丁字队形

运动队形

运动队形

（运动方向为从下往上）此类队形主要用于阅兵和非战斗行军，也可在战时用于公路行军和越野运动。在横队中，中队长座车需位于第2小队和第3小队之间，在纵队中则应位于最前方。中队本部的车辆和"段列"应在坦克后方跟进。车辆或装备之间的间距以"步"（75厘米或30英寸）为单位表示。在野战状态下，其间距将更宽（本插图采用了日军战时资料使用的车辆符号，其注释可见插图"进攻中的战车中队"）。

1. 中队以横队运动。从左到右依次为第4小队、第3小队、第2小队和第1小队。中队长位于队列前方30步；非装甲车辆位于队列后方30步；各坦克相距10步。

2. 中队以纵队运动。从前向后依次为第1小队、第2小队、第3小队[以及第4小队（如有）]。在停止前进时，车辆之间应相距5步。

3. 中队以并立纵队运动。从左到右依次为第4小队、第3小队、第2小队和第1小队。中队长座车位于队列前方30步；非装甲车辆位于队列后方30步。

4. 小队队形——其下属坦克可能为3辆或4辆。在楔形队形中，小队长座车位于主力前方30步，其他坦克相距60步。在菱形或丁字队形中，各坦克前后左右均相距30步。在有些情况下，小队也会组成纵队和横队；在排成横队时，小队长座车可位于中央或最前方。

1. 疏开队形

中队本部

60

60

第1小队

第4小队　第2小队

第3小队

400-450

2. 丁字队形

第3小队　中队本部　第2小队　第1小队

第4小队

200

注　释

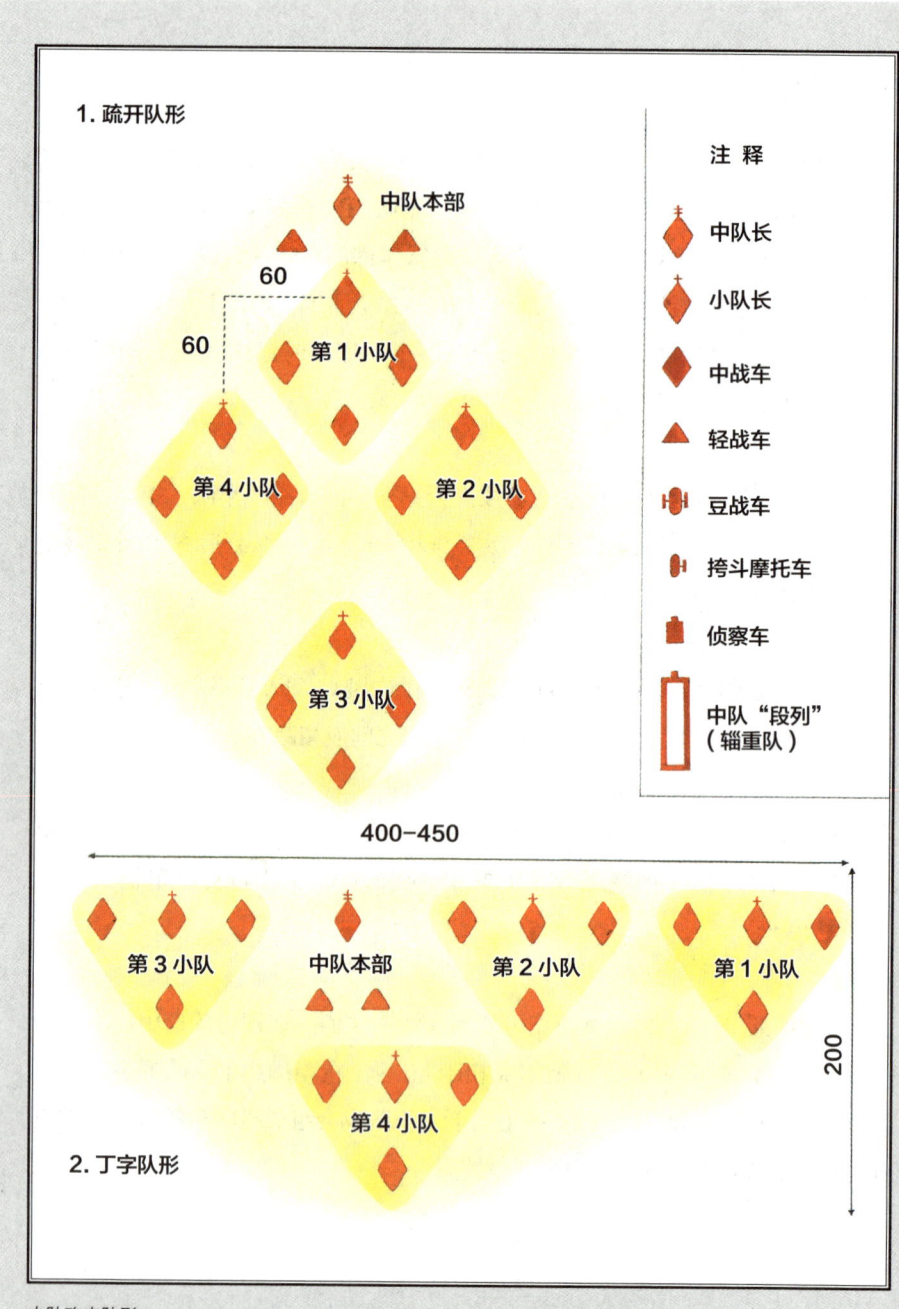

◆ 中队长
◆ 小队长
◆ 中战车
▲ 轻战车
🚗 豆战车
🏍 挎斗摩托车
🚙 侦察车
▯ 中队"段列"（辎重队）

中队攻击队形

286

中队攻击队形

　　战车中队主要有两种攻击队形：疏开队形（1）和丁字队形（2）。在图中，中队本部拥有1辆中战车和2辆用于侦察的轻战车。所有距离均以"步"为单位。

　　各小队的队形未必与中队相同，可以自由组成楔形、菱形或丁字队形，并具体取决于地形、植被、能见度、敌方火力和可用坦克数量等因素。中队本部的行政人员和中队"段列"位于后方，从而远离直瞄火力。如有可能，还应远离敌方迫击炮和轻型火炮的射程。受支援的步兵可能在坦克正前方组成横队，也可以在坦克之间以班为单位列队（但在实战中，为躲避轻武器火力，他们通常会位于坦克后方）。疏开队形可以让中队发动波状突击，攻击拥有反坦克武器的防御工事。丁字队形适用于需要组成宽大正面时，可以确保正面火力最大化，同时第4小队（如有）则在后方跟进，以便见机行事，对敌人实施包抄。

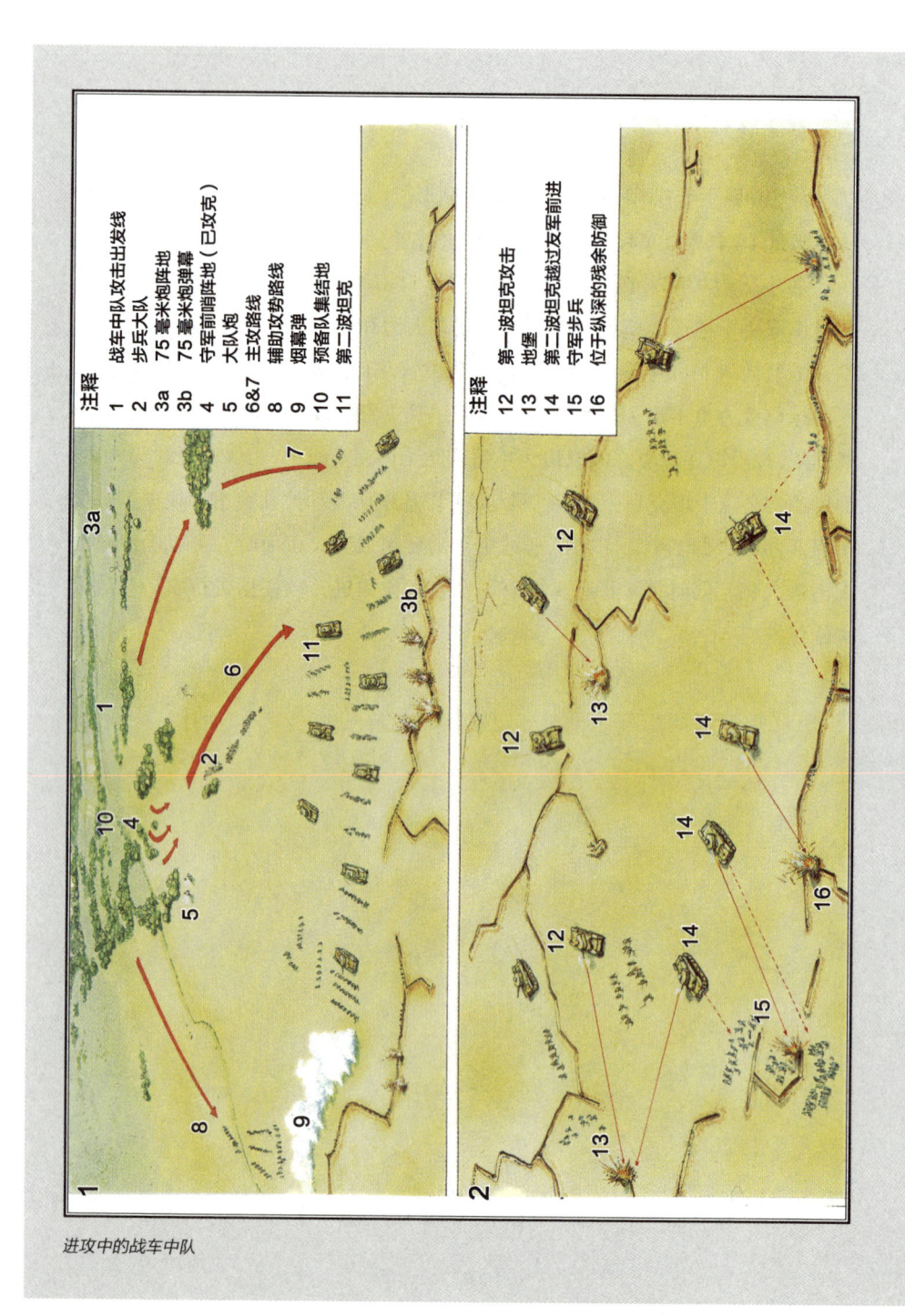

注释
1 战车中队攻击出发线
2 步兵大队
3a 75毫米炮阵地
3b 75毫米炮弹幕
4 守军前哨阵地(已攻克)
5 大队炮
6&7 主攻路线
8 辅助攻势路线
9 烟幕弹
10 预备队集结地
11 第二波坦克

注释
12 第一波坦克攻击
13 地堡
14 第二波坦克越过友军前进
15 守军步兵
16 位于纵深的残余防御

进攻中的战车中队

✵ 进攻中的战车中队

在配属给步兵师团时，战车联队（规模相当于1个大队）通常会为3个步兵联队各提供1个中队。同时，这些步兵联队还会得到1个轻型炮兵大队作为支援。在联队中，战车中队将不再进一步拆分，而是直接支援负责主攻的步兵大队。在本图所述的进攻中，该大队不仅拥有2门70毫米大队炮，还配属了1个轻型炮兵中队（共4门75毫米炮）。

1. 先头步兵小队攻克前哨防线。坦克在步兵掩护下突破前线阵地。与此同时，日军还向对手左翼发动了辅助攻势，师团炮兵也用烟幕弹遮蔽了当地守军的视线。

2. 第一波坦克碾过对手前沿阵地后，第二波坦克奉命前进，攻击防御纵深，并抵御一切反击；与此同时，第一波坦克负责扫清阵地，为步兵提供火力掩护。

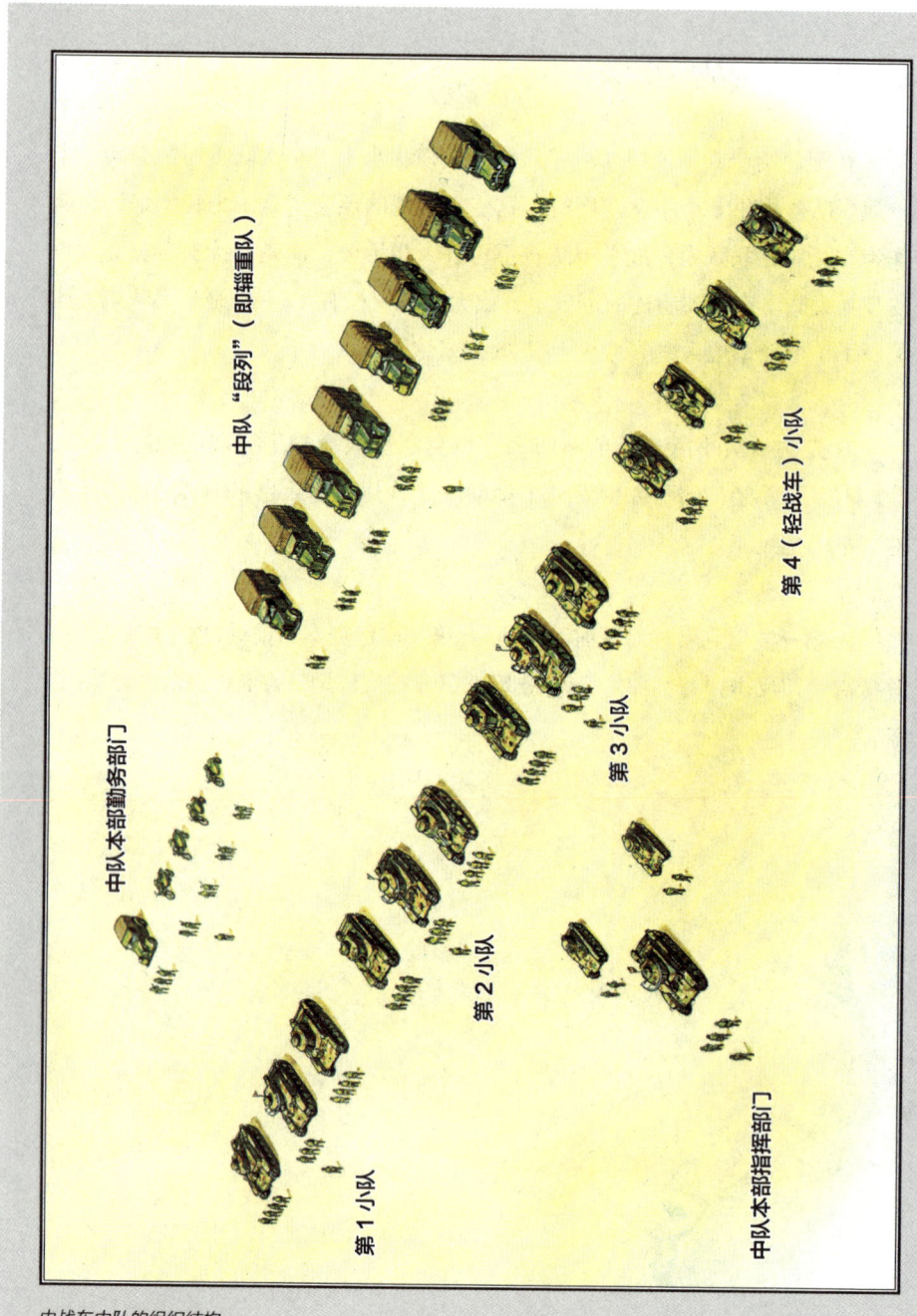

中战车中队的组织结构

中战车中队的组织结构

日军战车中队的组织和构成千差万别：其本部可能有1—3辆坦克，麾下一般拥有3个或4个小队，每个小队各拥有3—5辆坦克。图中是一个混合中队，其中包括3个中战车小队和1个轻战车小队。中队本部包括两部分：即指挥部门（本示例包括1辆九七式中战车和2辆九七式轻装甲车）和勤务部门（包括1辆九五式小型乘用车，以及4辆九七式挎斗摩托车）。第1小队至第3小队各有3辆九七式中战车，第4小队有4辆九五式轻战车。中队"段列"包括5辆五十铃九七式四轮卡车和3辆五十铃九四式六轮卡车，其指挥官军衔为曹长，其他成员包括3名军士和21名士兵。中队本部则包括坦克车组人员、中队长、指挥班长、给养军士、兵器军士、号手和司机等人。

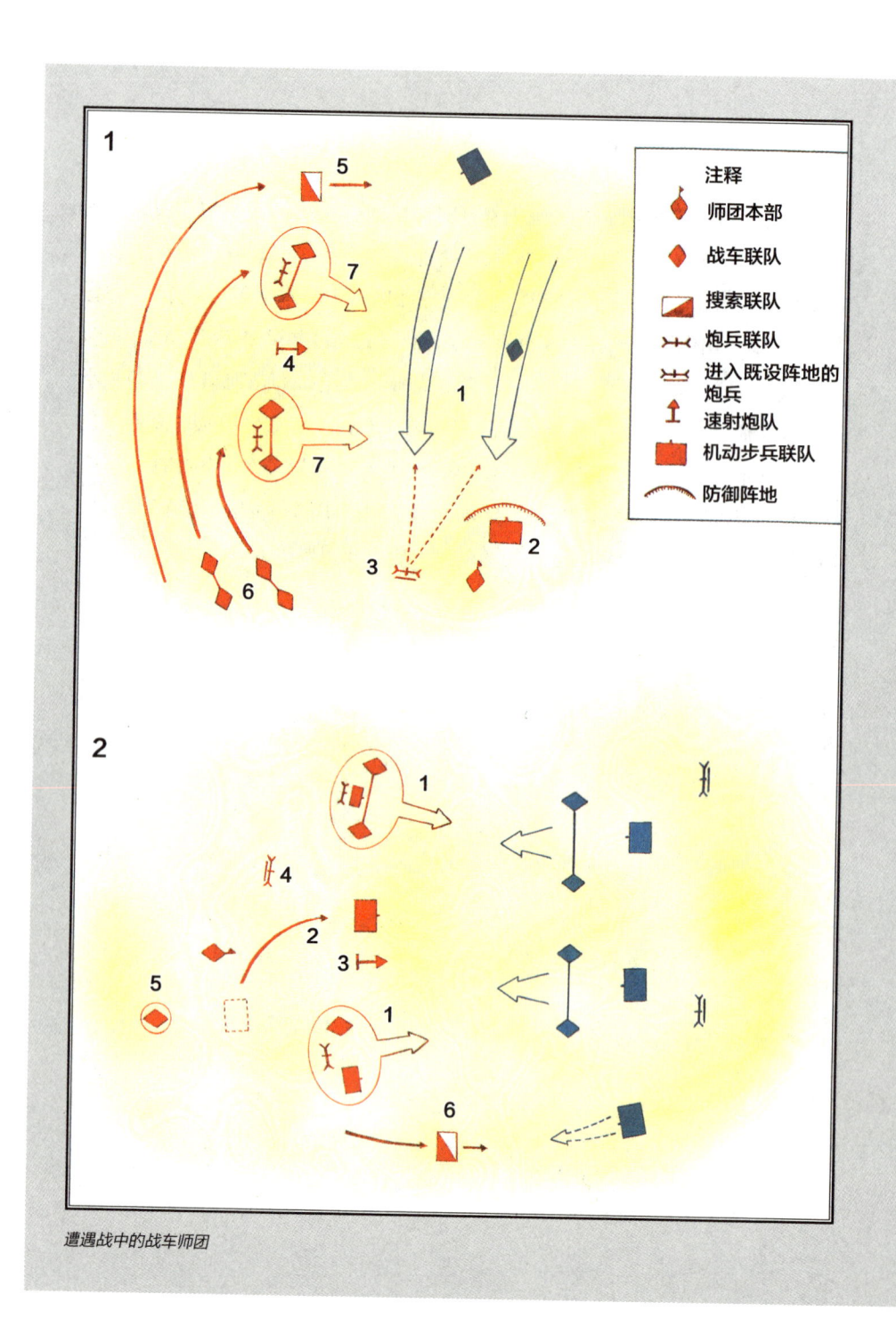

遭遇战中的战车师团

注释
- 师团本部
- 战车联队
- 搜索联队
- 炮兵联队
- 进入既设阵地的炮兵
- 速射炮队
- 机动步兵联队
- 防御阵地

遭遇战中的战车师团

日军规定，不论在行进间所遭遇的敌军强弱，相关部队都应尽快发动攻击，以免对方从行军队形转为战斗队形。虽然本插图描述的是战车师团，但战车联队也会以类似方式发动进攻，此外，这些坦克部队也会得到步兵、炮兵和工兵加强。在图中两种情况下，各部队的位置和运动路线都取决于地形。图中日军用红色表示，盟军用蓝色表示（而在日军绘图中，敌军通常用黑色表示）。

1. 战车师团攻击盟军装甲部队。图中，日军机动步兵联队（2）构建了一处防御阵地，试图阻击盟军装甲部队（1）推进。该联队拥有一些常见配属单位（不含配属给战车旅团的中队），包括速射炮队和防空队（承担对地支援任务）。同时，炮兵联队（3，不含配属给战车旅团的大队）也将支援机动步兵联队。师团速射炮队（4）的主力在侧翼占据位置，攻击推进中的盟军装甲部队。师团搜索联队（5，规模为大队级）则负责掩护2个战车旅团（6）的侧翼，使其能顺利发起机动。此外，该联队还应拦截盟军预备队发动的侧翼攻击。2个战车旅团将在多个炮兵大队配合下进入有利位置，从而包抄或包围敌人。理想情况下，各旅团将同时进攻（7），但这不是硬性要求——只要形势有利，它们还可以单独行动。在各旅团中，下属的2个战车联队将齐头并进。

2. 战车师团与盟军装甲编队迎面遭遇。当时，2个战车旅团均组成纵队（1），而且每个纵队均有1个机动步兵大队、1个炮兵大队和1个工兵中队提供加强。但另一方面，其中1个旅团也抽出了1个战车联队充当师团预备队（5）。机动步兵联队（2）和速射炮队（3）的其余兵力则进入阵地，以便正面（也可以从侧翼）迎接盟军进攻。炮兵联队其余部队（4）则建立起支援阵地，以便支援友军发动进攻。1个战车联队充当预备队（5），他们负责做好准备，以便发起反击，或加强进展最大的旅团。该联队还得到了1个步兵中队和工兵的加强。搜索联队（6）负责掩护友军暴露的侧翼，并准备阻击盟军的包抄企图。

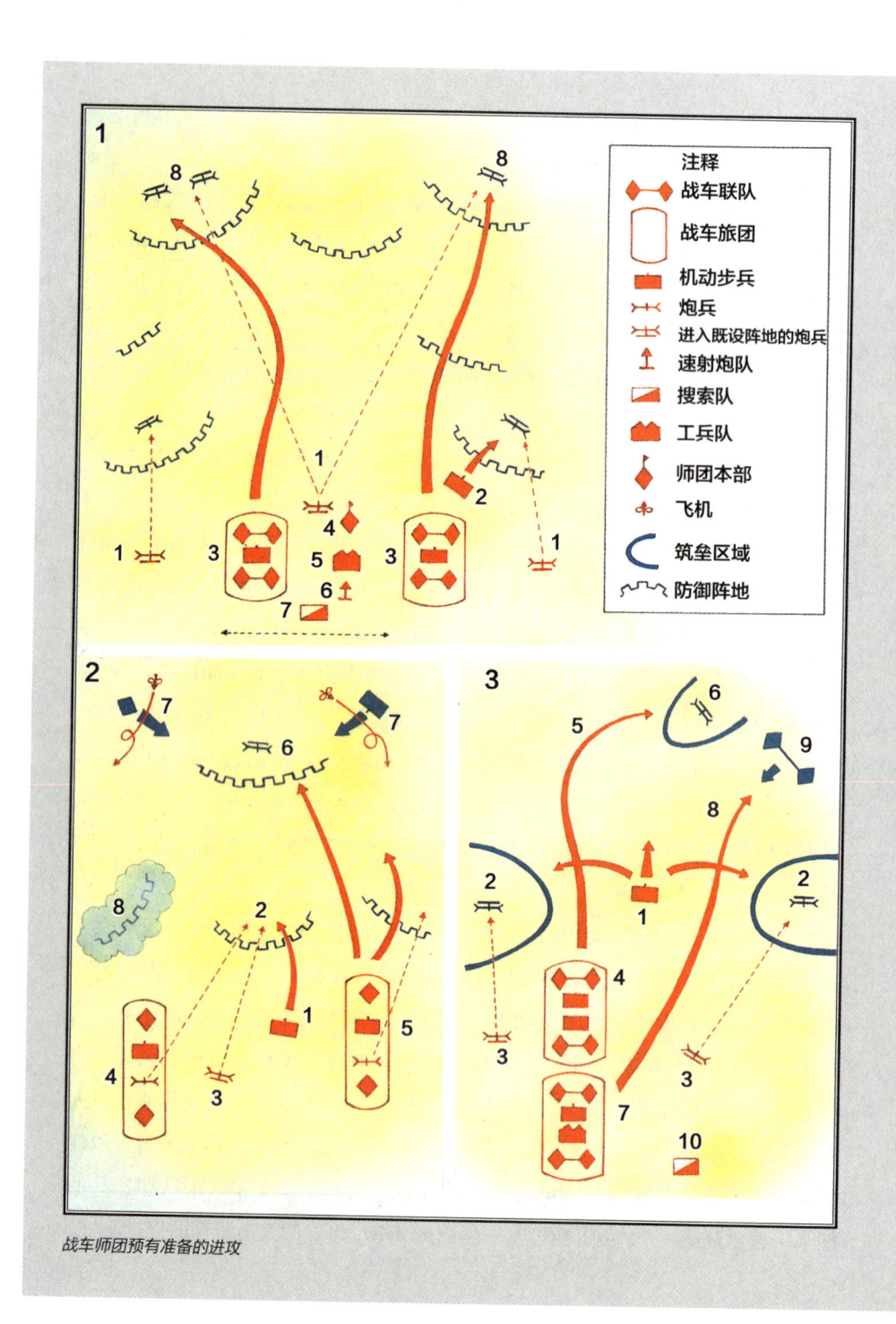

注释	
◆	战车联队
◯	战车旅团
■	机动步兵
⋈	炮兵
⋈	进入既设阵地的炮兵
↑	速射炮队
◢	搜索队
▲	工兵队
◆	师团本部
✈	飞机
⌒	筑垒区域
⌒⌒	防御阵地

战车师团预有准备的进攻

294

✦ 战车师团预有准备的进攻

1. 攻击修筑精良的纵深防御阵地。在此类行动中，炮兵大队（1）将靠前部署，朝目标前方阵地和纵深阵地开火。机动步兵联队（3，但不含配属给战车旅团的大队）负责攻击前线的最关键地段。2个战车旅团（3）齐头并进，2个战车联队和步兵大队发动波状冲锋。其位置最好是敌方部队的交界处——这是因为当地敌军协调较差，而且进攻者遭遇的火力也可能较弱。为便于指挥和控制，师团本部（4）将靠前设置。工兵队（5，不含配属给战车旅团的中队）和速射炮队（6）紧随其后，以便在必要时投入战斗、巩固战果。搜索联队（7）负责掩护师团后方，并在师团突破盟军防线时确保侧翼安全。之后，2个战车旅团将继续攻击敌军阵地纵深（8）。

2. 两路突破。机动步兵联队（1，不含配属给战车旅团的大队）在炮兵联队（3，不含配属给战车旅团的大队）支援下攻克外围阵地（2）。左翼旅团（4）攻击盟军主阵地（6），在该旅团推进期间，其配属炮兵将为机动步兵联队的攻击提供火力支援。炮兵向盟军侧翼阵地发射烟幕弹（8）。右翼旅团（5）向同一目标推进，同时可派遣部分部队攻占附近的盟军阵地，或对这些阵地进行火力压制。最后，该旅团将攻击盟军主阵地的侧翼，一旦成功，他们将准备抵抗盟军的反击（7）——理想情况下，日军飞机也将参战，攻击来袭之敌。

3. 突破筑垒地带。机动步兵联队（1，不含配属给战车旅团的大队）得到突击工兵的大力加强——突破防御（2）并守住缺口的侧翼。炮兵（3）支援主攻，并为在盟军阵地纵深的后续战斗提供支持。第1个战车旅团（4）在步兵和工兵加强下完成突破，同时支援步兵推进；一旦突破成功，该旅团将发动一轮辅助攻势（5），并以盟军炮兵为攻击目标（6）。第2个战车旅团（7）紧随其后穿过突破口，成为新一轮主攻的发起部队（8）。此外，该旅团也需要应对盟军的反击（9）。搜索联队（10）在速射炮队加强下担任师团预备队。

注　释

1. 参见鱼鹰出版社出版的新先锋系列 NV 83《俄国内战中的装甲部队：白军和协约国部队》(*Armored Units of the Russian Civil War: White & Allied*)；以及新先锋系列丛书 NV 95《俄国内战中的装甲部队：苏俄红军》(*Armored Units of the Russian Civil War: Red Army*)。

2. 关于日军装甲部队的详细介绍，读者可参见鱼鹰出版社出版的新先锋系列 NV 137《日本坦克，1939—1945》(*Japanese Tanks 1939-45*)。

3. "炮战车"一般指装有低初速火炮的坦克，其整体设计经过改进，专门用于发射高爆弹，为步兵提供支援——盟军所谓的"榴弹炮坦克"。但这种专用车辆极少列装，其余"炮战车"则大部分安装了大威力火炮，负责执行反坦克任务。

4. 本书提到的大部分日军坦克、车辆和装备代号均为"九×式"。其名称来自日本使用的纪年法，在换算为公元纪年时，只需将"九"换作"三"即可，例如"九五式"代表日本纪年 2595 年，对应公元 1935 年；同样"一式"代表日本纪年 2601 年，对应公元 1941 年。

参考书目

乔治·福蒂（George Forty），《日本陆军手册，1939–1945》(*Japanese Army Handbook 1939-45*)［格洛斯特郡：萨顿出版社（Sutton Publishing），1999年出版］

戈登·罗特曼，《二战太平洋岛屿指南：一份军事–地理研究》(*World War II Pacific Island Guide: A Geo-Military Study*)［康涅狄格州韦斯特波特（Westport）：格林伍德出版社（Greenwood Publishing），2002年出版］

美国陆军，敌情战术手册 TM-E 30-480《日本军队手册》(*Handbook on Japanese Military Forces*)［华盛顿特区，1944年9月15日出版］

"二战战术手册"系列丛书

WORLD WAR II TACTICS

英国鱼鹰社
(OSPREY PUBLISHING)

Elite丛书中译本

备受中国军迷痴迷的二战战术大全

- 01 二战战术手册：步兵班、排、连、营战术
- 02 二战战术手册：巷战与火力支援战术
- 03 二战战术手册：美军快速航母特混舰队和装甲步兵战术
- 04 二战战术手册：冬季、山地作战和反坦克战术
- 05 二战战术手册：沙漠和江河突击战术
- 06 二战战术手册：U艇、滑翔机和日本坦克战术
- 07 二战战术手册：两栖突击战术
- 08 二战战术手册：侦察和伪装战术
- 09 二战战术手册：丛林和空降战术
- 10 二战战术手册：野战通信和步兵突击战术

鱼鹰社产品长盛不衰的秘诀之一

■ 精美的插画！专业插画师绘制，彩色场景示意图，细节丰富、场景考究；

鱼鹰社产品长盛不衰的秘诀之二

■ 专业的考证！生动还原各国武器装备、战术的运用场景和实际运用情况。通过横向对比，梳理不同战场上的战术，剖析各国战术的实际运用情况和优缺点。